Asia-Pacific Human Rights Review 2001
アジア・太平洋人権レビュー2001
Initiatives and Challenges Against Domestic Violence in the Asia-Pacific Region
ドメスティック・バイオレンスに対する取組みと課題

(財)アジア・太平洋人権情報センター(ヒューライツ大阪)編

はじめに──家庭内暴力（DV）との闘いの人権的・政治経済的・文化的枠組み

　家庭内暴力の問題は、私生活の問題から国際問題に『格上げ』された。それは、1990年代に開かれた国連の2つの会議、1993年のウィーン世界人権会議および1995年の北京世界女性会議のもたらした国際社会の大きな意識改革のひとつの成果であるといえる。この両会議において、女性の権利が人権であること、女性の人権問題のなかでも、女性に対する暴力がこれまで見過ごされてきた最も重大な人権侵害であることが確認されたのである。

　ところで、このような女性に対する暴力問題のなかでも、国家ないしは市民社会の中で起こる問題とともに、家庭内の女性に対する暴力問題が注目をひくようになったのには、もうひとつ家庭というプライバシーの世界のなかの問題が国際社会に注目されるようになったことが注目される。このように「プライバシー」の世界についても、市民社会そしてとくに国家が責任を持つという新しい認識が生まれたことが注目される。このような国際社会の意識の変革は、これまでの国家および市民社会の男性中心主義的な発想に真っ向から挑戦するものである。つまり、西欧近代市民社会の常識は社会を「パブリック」と「プライベート」の2つの部分に峻別し、前者のみを国家と市民社会の公的な民主主義の支配する領域としてきた。そして、後者は、家庭内の夫婦の私生活の場としてこれに干渉しない、という発想が支配してきた。たとえば、警察の、いわゆる「民事不介入」の原則によって、これまで多くの女性が家庭内暴力について警察に訴えながら、まったく相手にされないできたのである。国家は今や、自分の支配する社会の中で起こる家庭内暴力に責任を持ち、シェルターの整備などに心がけるなど、その被害者を保護し、一般的に家庭内暴力をなくす諸政策を採用するべきであるという方向に、国際社会の国家責任の倫理基準が確立されたのである。

　しかし、たとえ国家と市民社会の介入によって、家庭内暴力の被害に遭っている女性の人権を国家と社会とが守ることになっても、それで問題が解決したことにはならない。むしろ、国家に家庭内暴力の撤廃を任せるのでなく、むしろ市民社会の総力を挙げて、家庭内に暴力的なジェンダー関係を作り出しているさまざまな構造的・文化的な諸条件を抜本的に克服していく必要がある。それには、まず暴力の発生する家庭の中のジェンダー関係が、社会の中の不平等なジェンダー関係、人間関係のなかで不安定・不安全な状態に置かれていることが、多くの場合に家庭内暴力の原因となっていることを認め、社会のなかのジェンダー関係、その他の権力関係を改める必要がある。

　とくにネオリベラル・グローバル経済の下で、あらゆる人間関係が市場の大競争（メガコンペティション）にさらされるなかで、暴力を肯定する傾向がメディアを通じて広がり、また労働問題・雇用問題での女性の差別が、家庭に波及して、家庭の崩壊現象が多発していることも直視し、その対策は、国家

のみならず、企業始め市民社会の当事者が、家庭外の潜在的な暴力関係原因をなくして、そのしわ寄せによる家庭内暴力の多発状況に対して対策を立てる必要がある。そして、最も大切なことは、家庭内暴力を今日まで支えてきたジェンダー暴力を許容する家父長主義文化の克服を、21世紀の日本およびアジア・太平洋地域に男女共同参画社会を構築するための最緊急課題として取り上げるべきであろう。

㈶アジア・太平洋人権情報センター会長　武者小路公秀

はじめに 2

第Ⅰ部
Part1 Initiatives and Challenges Against Domestic Violence in the Asia-Pacific Region
ドメスティック・バイオレンスに対する取組みと課題

Domestic Violence as an Infringement of Human Rights
8 ドメスティック・バイオレンスは人権侵害
サビトリ・グネセケレ　訳：小森 恵

Measures for the Prevention of DV and the Protection of Victims
諸国におけるDV防止と被害者保護の政策

Law for the Prevention of Spousal Violence and the Protection of Victims
19 日本のDV防止法の成立と問題点
戒能民江

Domestic Violence Law in Korea
23 韓国の性暴力・家庭暴力関連法施行状況と課題
金 在仁　訳：郭 辰雄

Domestic Violence Law in Taiwan
28 台湾におけるDV防止法について
戒能民江

Legal Framework of Domestic Violence in Indonesia
38 インドネシアにおけるDVの法的枠組み
リタ・セレナ・コリボンソ　訳：岡田仁子

Domestic Violence against Women in Thailand: Focusing on Masculinity and Male Perpetrators
45 タイにおける女性に対するDV
男らしさと男性加害者
ビラダ・ソムスワスディ　訳：小森 恵

Malaysia's Experience with the Domestic Violence Act
57 DV禁止法に関するマレーシアの経験
アイヴィ・ジョサイアー／ショーバ・アイヤー　訳：岡田仁子

Reflections on Women and Violence in Bangladesh
65 バングラデシュにおける女性に対する暴力の考察
サイラ・ラフマン　訳：藤本千泰

Domestic Violence and New Zealand Women
71 DVとニュージーランドの女性
ファリダ・スルタナ　訳：岡田仁子

82 資料1●家庭内における女性に対する暴力──ラディカ・クマラスワミ報告（抜粋）
95 資料2●女性に対する暴力の撤廃に関する宣言（外務省仮訳）

第II部 アジア・太平洋地域の人権の動向

Part2 Development of Human Rights Activities in the Asia-Pacific Region

国連の動向とアジア・太平洋地域の人権
Development of Human Rights Activities in the United Nations and the Asia-Pacific Region

United Nation's Human Rights Activities in 2000
- 100 **2000年の国連の動き**
 中井伊都子／ウィダー中條オルガ／谷口真由美／墓田桂／ヒューライツ大阪事務局
- 116 資料1●条約委員会によるアジア・太平洋地域の2000年の国別人権状況審査
 奥田悦子／岩谷暢子

アジア・太平洋地域の政府・NGOの動向
Development of Human Rights Activities among the Governments and NGOs in the Asia-Pacific Region

New National Human Rights Institutions in Asia
- 135 **アジアにおける新しい国内人権機関**
 ジェファーソン・プランティリア　訳：小森 恵

The 5th Annual Meeting of the Asia Pacific Forum of National Human Rights Institutions
- 137 **アジア・太平洋国内人権機関フォーラム第5回年次会合**
 山科真澄
- 140 資料2●アジア・太平洋国内人権機関フォーラム第5回年次会合結論
 訳：山科真澄

The Initiatives for the UN World Conference Against Racism (WCAR)
- 143 **反人種主義・差別撤廃世界会議に向けた動向**
 川本和弘

Development of Human Rights Education in the Asia-Pacific Region
- 147 **アジア・太平洋地域における人権教育活動の動向**
 ジェファーソン・プランティリア　訳：小森 恵

2000年採択の主要国際人権文書
Major International Human Rights Documents adopted in 2000

- 152 資料3●社会権規約委員会一般的意見14──到達可能な最高水準の健康についての権利（第12条）
 訳：申 惠丰
- 169 資料4●自由権規約委員会一般的意見28──男性と女性の権利の平等（第3条）
 訳：藤本晃嗣
- 176 資料5●武力紛争への子どもの関与に関する子どもの権利条約の選択議定書
 訳：平野裕二
- 180 資料6●子どもの売買、子ども売買春および子どもポルノグラフィに関する子どもの権利条約の選択議定書
 訳：平野裕二
- 186 資料7●人種差別撤廃委員会一般的勧告25──人種差別のジェンダーに関連する側面
 訳：村上正直
- 188 資料8●人種差別撤廃委員会一般的勧告26──人種差別に対する救済（第6条）
 訳：村上正直
- 189 資料9●人種差別撤廃委員会一般的勧告27──ロマに対する差別
 訳：村上正直
- 194 資料10●職業および世系に基づく差別
 訳：反差別国際運動日本委員会
- 195 資料11●人種差別撤廃委員会最終見解 日本
 訳：反差別国際運動日本委員会／監訳：村上正直

5

筆者紹介

Savitri Goonesekere ●サビトリ・グネセケレ
コロンボ大学副学長、国連女性差別撤廃委員会委員
Vice-Chancellor, University of Colombo

戒能民江 ●かいのう・たみえ
お茶の水女子大学教授
Professor, Ochanomizu University

金 在仁 ●Kim Jae-In
韓国女性開発院主席研究員
Director-General, Korean Women's Development Institute

Rita Serena Kolibonso ●リタ・セレナ・コリボンソ
弁護士、ミトラ・ペレンプアン女性危機センター所長
Lawyer, Executive Director of Mitra Perempuan Women's Crisis Center

Virada Somswasdi ●ビラダ・ソムスワスディ
チェンマイ大学女性研究センター所長
Director, Women's Studies Center, Chiangmai University

Ivy N. Josiah ●アイヴィ・ジョサイアー
女性支援機構所長
Executive Director, Women's Aid Organisation

Shoba Aiyar ●ショーバ・アイヤー
女性支援機構ソーシャルワーカー
Social Worker, Women's Aid Organisation

Saira Rahman ●サイラ・ラフマン
オディカー企画運営委員
Executive Committee Member, Odhikar

Farida Sultana ●ファリダ・スルタナ
シャクティ移住者資料センター部長
Manager, Shakti Asian Women's Support Group in Auckland, New Zealand

Part1 Initiatives and Challenges Against Domestic Violence in the Asia-Pacific Region

ドメスティック・バイオレンスに対する取組みと課題

Domestic Violence as an Infringement of Human Rights

ドメスティック・バイオレンスは人権侵害

サビトリ・グネセケレ●*Savitri Goonesekere*

1.はじめに

　ドメスティック・バイオレンス（domestic violence、以下、DVという）あるいは家庭内暴力（intra family violence）は、世界の女性活動家たちが、核家族や拡大家族の中で起きている身体的あるいは性的虐待を表すときに使う言葉である。同じ文脈における情緒的あるいは心理的虐待は、ようやくいま、この定義に含まれようとしている。身体的あるいは性的虐待は、法律や政策や計画で対処するうえでは、かなり実体のある概念だ。情緒的あるいは心理的虐待は、とりわけ法廷で立証するのは難しい。ようやく最近になって、近代医学は、人間の体の肉体的、性的、および情緒的状態の間に複雑で微妙な関係があることを認識し始めた。身体的あるいは性的暴力が伴わない心理的虐待は、DVの領域においてしばしばおろそかにされている。

　本稿では、DVを、家族内の対人関係の文脈で起きる、すべての形態の家庭内暴力を指すホリスティックな概念として捉える。歴史を通して、あらゆる文化において、家庭内の暴力行為は、家長（つねに男性）が他の家族に対して影響力や権力をもっていることを理由に正当化されてきた。したがって法律は、その権力の行使の正当な結果として、家庭内暴力を合法化してきた。ローマ法は「家父長権」の概念を認めた。ドイツ法は「munt」すなわち夫の夫婦間における権力という類似した概念を認めた。これは、男の家長、すなわち家父長は、家庭の権力を行使するうえで、人殺しさえできることを意味した。イスラム法、ユダヤ法、フランス・ドイツ法、そして英国コモンローから派生した多数の法体系は、夫および父親の「正当な懲罰の権利」だけを認めることで、この権力に一定の制限を加えている。

　英国コモンローは夫と妻を「一心同体（1つの肉体・1つの人格）」として認めた。これは女性の個人としてのアイデンティティの完全なる否定を正当化する概念だ。ヨーロッパ諸国の法律の基礎となったナポレオン法典は、女性は未成年者や正気を失った人と類似しており、それゆえ十分な法的能力に欠けていると見なした。アフリカやアジアの法制度には、暴行を訴えられたときの弁護として、

夫や父親さらには教師の「正当な懲罰」の権利を依然として認めているものがある。その他の法体系の慣習法、ドイツ法、そして英国コモンローも、妻と他の男性との姦通行為を発見した場合、夫には殺す権利があるという概念を認めていた。「痴情に基づく犯罪」は適法で合法的な暴力の対応として認められ、挑発行為を根拠に正当化された。今日でも、一部の法体系では、挑発を弁明に使うことができ、それによって謀殺（殺意ある殺人）から故殺（殺意なき殺人）に軽減されることがある。南アジアや中東の一部の国々に存在する殺人を含む「名誉犯罪」は、女性のセクシュアリティを管理するために男性の権力行使を合法的にするもので、よく似た論理を根拠にしている。

過去数十年間、恣意的な国家権力は良き統治と責任の規範によって抑制されてきたにもかかわらず、男性の権力行使におけるこの暴力の合法化は、多数の国の法体系にいまも残されている。このように、国家の拷問や権力濫用は法律の管理下に置かれたのに、男性の家庭内における権力濫用や拷問、すなわちDVは、ある程度、これら管理の外にずっと置かれてきた。刑法は、殺人、暴行、レイプなどの犯罪を罰したが、DVの責任軽減や免除のために、緩やかな懲罰、挑発行為、あるいは承諾などの抗弁の概念が使われた。今日に至っても、多くの法体系において、夫婦間レイプは滅多に犯罪として見なされない。一部の国では、近親姦は重大な犯罪として処罰されないし、一定の親等（血縁関係）や親戚関係（婚戚）内での性関係を禁止している婚姻法の下でのみ犯罪と見なされている。英国コモンローは、近親姦を家族関係における犯罪として教会裁判所が取り扱っていたため、犯罪として認めなかった。この考え方は大英帝国の法律に反映され、アジアやアフリカの旧英国植民地国における近親姦に関する法規範に影響を及ぼした。

このように、家族のプライバシー保護という考え方は、DVを公共に反する罪として認めないための論理的説明として使われ続けてきた。家庭における男性の権力の合法的行使に挑戦するのは、たいていの国にとって困難であった。本稿では、過去20〜30年の間、国際人権法においてどのような進展があったのか、またそのことが、DVを女性の人権侵害とする当然の認知にどのようなインパクトをもちうるのかを検討する。

2. 人権とDV

DVを私的な家庭の問題とする見方は、初期の国際人権基準に反映されている。世界人権宣言（1948年）と2つの国際人権規約（自由権規約および社会権規約、1966年）は、社会の基本単位である家族の幸福を保護する重要性を認めている（世界人権宣言第16条、第23条、第25条、社会権規約第7条、第10条、自由権規約第23条）。これら文書は、国家の権力濫用から個人を保護する基準は設定しているが、家庭内で権力濫用の危機にある個人の権利については保護していない。これら文書から出

てきた国際人権は(これらをまとめて「国際権利章典」と呼ぶ)、私人ではなく国家の行為に関係する規範であった。それとは別に、恣意的な干渉から家族のプライバシーを保護する概念が、このうちの2つの文書に反映されている(世界人権宣言第12条と自由権規約第17条)。家族のプライバシーは、家庭内暴力の内包を不問に付すために、論理的根拠として多くの法体系において使われている。

これら3つの文書には、DVを、伝統的に家庭で男の暴力の犠牲となってきた女性や子どもの権利侵害であると認める根拠になる条項が、ばらばらではあるが、いくつか存在する。自由権規約には、子どもは家族から保護を受ける権利があることを示す明確な条項(第24条)がある。世界人権宣言(第25条)と社会権規約(第10条)は、子どもの特別なケアや保護に言及する際に、このことを意味として含んでいる。また、母親としての女性を保護する必要性に言及している。母性は保護されているが、妊婦に対する家庭内の暴力や虐待は、個人としての彼女の権利の侵害であると示唆しているものはない。拷問や、身体的自由の侵害から保護される権利の概念も、その権利を妨害する国家の行為から保護されるべき個人の権利として捉えられている。おそらく、これら文書で、DVのケースを特定的にカバーしている条項は、結婚は自由な同意を基礎にしなくてはならないと宣言し、強制的な結婚から保護される権利を規定した条項だけであろう(世界人権宣言第16条、社会権規約第10条、自由権規約第23条)。

こうした状況のなか、女性差別撤廃条約(1979年)が、女性に対する暴力全般、すなわちDVの問題を取り上げなかったことは当然であった。暴力に関する条項は第6条だけで、人身売買における女性の性的搾取に言及している。女性への偏見を植えつける慣習を廃止するという国家の責任に関する一般的条項と、婚姻における自由な同意と母性の保護に関する条項は、付随的にこのテーマに関係をもっている(女性差別撤廃条約第5条、第11条、第16条)。拷問等禁止条約(1984年)は、国際人権基準の範囲外にある私的な暴力行為の捉え方において類似したアプローチを見せた。条約の第1条は、この条約は公務員あるいは公的資格で行動している人による拷問だけを扱うということを明確にしている。

女性の活動が広がり、女性の権利や女性問題に関する研究が進み始めた頃、女性に対する暴力防止の必要性に目を向けないかぎり女性の平等は実現しないという認識が徐々に出てきた。この変化は、ジェンダーに基づく差別の撤廃と女性に対する暴力の撤廃の間の関係性を生み出した。このジェンダーに基づく差別と女性に対する暴力の新しい分析は、女性差別撤廃条約の女性に対する暴力に関する一般的勧告19(1992年)の採択、そして、その後の女性に対する暴力撤廃宣言(1993年)の採択へとつながった。拷問や非人道的で品位を傷つける扱いや処罰が最初に国家テロの観点で概念化されていたな

ら、この新しい分析は、私的領域における同様の行為として家庭内暴力を内包できたはずである。

これら2つの文書は、女性に対する暴力全般、とりわけDVに関する国際人権基準の発展に大きな貢献を果たした。一般的勧告19は、ジェンダーに基づく暴力は、「差別の一形態であり、男性との平等を基礎とする権利および自由を享受する女性の能力を著しく抑圧するものである」という考えを基礎にしている（一般的勧告19第1節）。この女性に対する暴力と差別のつながりは、女性は、その性と家庭内における男性との不平等な力関係ゆえに、国際権利章典において国際法が認めている人権を否定されている現実を認めている。その結果、家族の不平等な力関係から生じるDVあるいは家庭内暴力と差別は、公的領域における人権のすべてを否定していると認められる。したがって、勧告の第6節は、ジェンダーに基づく暴力は、生命、個人の安全および自由に対する市民的権利、拷問および非人道的で品位を傷つける処遇から保護される権利、雇用や教育へのアクセスおよび健康に対する社会的経済的権利、そして家庭内における平等な権利を侵害するものであると宣言している。とくに最後の権利は、婚姻における平等な権利や法の前における平等な権利に言及している国際権利章典の基準につながる。

一般的勧告19は、この点に関する女性差別撤廃条約の基準が、非国家の行為者によって家庭内およびコミュニティ内の関係のなかでも維持されるべきであると再確認している。このような考え方は、人権保障に対する国家責任についての伝統的な見解を越えている。女性差別撤廃条約第2条(e)は、「あらゆる個人、組織、あるいは企業」による女性差別撤廃の措置をとる義務を締約国に課している。したがって条約は、国際法の下で伝統的な責任の対象機関である国家と、そうではない非国家の行為者の両者をカバーしている。それゆえ、女性差別撤廃条約一般的勧告19は、女性の人権侵害に対する個人の責任と、個人がこれら権利を侵害しないように確保する締約国の責任の間のつながりを明らかにした。その結果、「家族のプライバシー」という概念は、もはや国家が介入しないことを正当化するためには使えない。事実、国家は、人権侵害となる公務員の作為的な行為と、家族の構成員も含む非国家の行為者による人権侵害から個人を保護することを怠った不作為の両方に対し、責任をもつようになる。

これは、家庭内暴力は家族のプライバシーに関わる問題であるとか、国際法は政府あるいは政府の代理で行動する個人の直接的な行為による人権侵害に責任を課しているという伝統的な見解から見れば、非常に力強い進展である。国際法では伝統的にもっぱら国家の責任に焦点が絞られてきたことに対して、フェミニストの学者は批判をした。たとえばセリーナ・ロメニは、女性は国際法において系列的に異質な対象であり、（彼女たちは）国際社会を形成している国際高級クラブ内では異邦人であるため、国際人権基準で適正に保護されていな

い、という事実を強調した（Romany: 1994, p85）。米州人権裁判所がベラスケス・ロドリゲス事件で明確に述べた不作為による人権侵害に対する国家責任の原則は、国家責任に関する女性差別撤廃条約一般的勧告19の考え方を支持している。いま、この解釈を使って、拷問等禁止条約の下、締約国は不作為に対して責任があると議論することは可能に思える。拷問等禁止条約の第1条は、拷問が「公務員あるいは当局の同意または黙認で」行われた場合、国家に責任があるとしている。黙認は、直接的な承認あるいは不作為による共同謀議となりうる。DVの事件介入を怠った締約国は、確かに、この暴力の犯行への公務員の共同謀議を根拠に責任を問われうる。

女性差別撤廃条約一般的勧告19は、国家に防止義務があるDVの形態に言及している。その形態として、強制的な結婚、持参金（ダウリ）殺人、性器切除、辛辣な言葉による攻撃、息子の優先、リプロダクティブ・ライツの侵害となる強制的不妊手術や中絶、殴打、レイプ、そして性的虐待を挙げている。義務的な法的介入の必要性については、刑事罰を科すことと民事救済（補償など）を与えることを求めている。とりわけ勧告は、法改革を行って、「家族構成員の暴行あるいは殺害における名誉の抗弁」を削除するよう要求している。女性差別撤廃条約第16条は、強制的な結婚や児童の結婚の撤廃に関する世界人権宣言と国際規約の条項を、特定的に強化している。第5条は、締約国に、女性の平等を認めていない否定的な習慣を矯正するために、介入と適切な措置の実施を求めている。一般的勧告19は、これら基準を、DVを招く習慣、伝統、慣行の撤廃に関して、さらに具体的な基準で強化している。

ウィーン人権会議の後、国連女性に対する暴力撤廃宣言の採択が続いた。前文は、この宣言は女性差別撤廃条約の実施を強化するためのものであり、新しい条約の基礎をなすものではないことを明確に述べている。暴力を、女性差別を助長する不平等なジェンダー関係の本質的な一面として捉えている。したがってこの撤廃宣言では、ジェンダーをもとにした暴力による人権侵害は公的空間でも私的空間でも起こりうる（第1条）と認めることで、女性差別撤廃条約とその一般的勧告19を補強している。夫婦間レイプに代表される家庭内暴力、女性の性器切除、そしてその他有害な伝統的慣行は、ジェンダーに基づく差別とジェンダーをもとにした暴力の両方の概念に入れられる。宣言の第4条は、女性差別を支える習慣や伝統を廃止するという締約国の義務に関して、女性差別撤廃条約第5条に共鳴しており、国家は女性に対する暴力を撤廃するという国際法下の義務を回避するために、習慣や伝統あるいは宗教的配慮を引き合いに出すべきではないと明言している。これは、文化相対論者のアプローチは、DVやその他の形態の女性に対する暴力に関する国際人権基準の否定を正当化できない、という明確なステートメントである。

1994年、経済社会理事会は、国連人権委員会が出した女性に対する暴力の特別報告官任命の提案を承認した。特別報告官は、国連人権委員会および経済社会理事会から任務を受けてきた。だが、女性に対する暴力撤廃宣言、そして、女性差別撤廃条約の実施をモニターしている女性差別撤廃委員会と協議しながら調査活動をするという特別報告官の任務は、ともに、この委員会の活動と密接なつながりがあるはずであると思わせる。しかし特別報告官は、概ね、人権高等弁務官に報告を行ってきた。特別報告官は、女性差別撤廃条約の活動を促進している国連女性の地位向上部より、むしろジュネーブの人権高等弁務官事務所から支援を受けている。それにもかかわらず、DVを含む暴力に関して各国の状況をモニターすることで、本条約、一般的勧告19、女性に対する暴力撤廃宣言が示す考え方を実施できるのは、女性差別撤廃委員会であるという事実に注目しなくてはならない。今日では、世界の166カ国が、差別および人権（第1条、第2条、第3条）、習慣的な慣行（第5条）、そして買春や人身売買（第6条）に関する女性差別撤廃条約の一般条項のもと、これらの側面に関して報告するよう求められている。国別報告に対する委員会の結論的見解は、つねにこの点に言及している。

　最近の重要な人権条約である子どもの権利条約（1989年）には、DVに関する意義深い条項がある。これは、家庭における子どもへの暴力にとくに関係している。この条約は、差別禁止の一般的規範により（第2条）、国際権利章典と女性差別撤廃条約を強化している。加えて、この条約は、子どもの健康を損なう習慣や伝統的慣行をなくすために締約国が介入するよう具体的に求めている（第24⑶条）。強制的な若年の結婚、纏足、性器切除、その他の形態の変形・切除、息子の優先、処女性のテスト、性別による中絶の決定、女子の嬰児殺しなどの慣行は、もはや、宗教上の価値観や地域特有の価値観を引き合いに出して正当化できなくなった。これらの慣行を大目に見ている国家の不作為は、このような慣行を強化あるいは合法化することを認める法律あるいは国家の行為と同程度に、子どもの権利条約の設定する国際人権基準を侵害しているといえる。

　子どもの保護の権利に関して子どもの権利条約の条項（第19条、第32条、第34条、第36条）がカバーしているのは、家庭内における身体的、性的、心理的虐待から保護される権利である。親や保護者そして国家は、これら権利の侵害から保護を与えなくてはならない。条約には、虐待の被害者のリハビリテーションや社会への再統合への支援に関する一連の条項が含まれている。これらの条項は、ジェンダーに基づいた少女に対する暴力に関する国際人権基準が提供している保護を強化してきた。これら条項は、女性に対する暴力の問題に取り組むという国家および私人の責任を支援する環境作りに貢献してきた。

　国際刑事裁判所規程（1998年）は、もう1つの一里塚として、また、女性に対す

る暴力の視点から国際人権法を批判したフェミニストの活動家でもある学者への賞賛として捉えることができる。ニュルンベルグ憲章(1945年)は、戦争責任と人道に対する罪への個人と国家の責任の概念を認知する国際法の原則を作ったとして認められた。しかし、これら原則は、女性に対する系統的な暴力を取り上げなかった。このギャップは、後のジェノサイド条約(1948年)でも埋められなかった。ジュネーブ条約(1949年)と議定書(1977年)は、国際および国内紛争における人権基準の侵害の責任の一部を、国家および非国家の行為者すなわち民間の個人に課した。だが、ジェンダーに基づく暴力の領域を国際人権法の法理に含めて拡大したのは、国際刑事裁判所規程である。

タリバン政権下にあるアフガニスタンのように、一集団としての女性に行使されるジェンダーに基づく暴力は、規程ではジェノサイドの概念に入れられていない。これは、ジェノサイドは「民族、種族、人種あるいは宗教集団」を破壊する意図をもった行為(第6条)を対象にしているからだ。だが、そのような行為は「人道に対する罪」の定義に入る。これは、「国家あるいは組織の方針」を根拠にした一般市民、人口に対する広範囲で系統的な攻撃を指し、規程が規定している行為に該当する。このため、人身売買における女性や子どもの奴隷状態、拷問、レイプ、性奴隷、強制的売春、強制的妊娠、強制的不妊手術、あるいはジェンダーに基づく同様に重大な性暴力行為や迫害は、人道に対する罪になる。広範囲で系統的な暴力という概念は、必然的に、これらの国際基準をDVに関して使えないという意味を含んでいる。DVを助長する意図的で一貫したパターンが、「人道に対する罪」の新しい定義の中に入るかどうかさえ異論がある。しかし、前述のように、女性の人権に関する国際基準における最近の進展は、「拷問」の概念に家庭内暴力を含むことができる、そして、不作為あるいは訴追不履行を根拠に国家責任をもち出せるということを示唆している。

したがって、国際人権法におけるこれらの進展は、国際権利章典の人権基準はDVあるいは家庭内暴力の問題に当てはまるということを、非常にはっきりとさせた。性に基づく差別のない平等の権利に関する一般的な規定は、いまでは、DVから保護される女性の権利と結びつく。国際人権章典にあるすべての人の人権を尊重する義務の概念は、国家および民間すなわち非国家の行為者は、作為あるいは不作為による人権侵害をしてはならないという義務に示されている。国際人権章典にある結婚への自由な同意、母性の保護、雇用や保健を含む経済的権利などを扱った条項は、後年、女性差別撤廃条約や子どもの権利条約ができたことで強化された。

これらの変化は、DVを生命やリプロダクティブ・ヘルスに関する人権の侵害として認識する環境を作ってきた。妊婦への暴行は、いまや、単に法によってその違法性が正当に認められた家庭内暴力としてだけではなく、リプロダクティブ・ライツや女性と子どもの生存および自己

発展の権利の侵害としても認識されている。WHO、UNFPA、さらにはUNICEFなどの国連機関は、この暴力から女性を守る介入やプログラムの開発に力を注いできた。性器切除に反対するキャンペーン全体は、人権侵害を根拠に進められてきた。人身売買や強制売春における性暴力も、いまでは、奴隷制の現代的形態であり人権侵害であると徐々に認識されつつある。性に関する個人の自由の権利を認めることと、女性の性的搾取を防止する責任の間に緊張があるため、この分野に国際基準を設定することについていくぶんかの議論がある。しかし、女性差別撤廃条約委員会は国別報告に対する最終見解の中で、家庭における女性の性的虐待と搾取を防止する締約国の義務に一貫して注目してきた。見解は、低所得の女性と少女を、売春によって家計を助けるプレッシャーから保護する必要性に言及している。

いまでは、DVを条約ベースの人権侵害として概念化できるが、利用できる救援や救済は、国際法実施の制約により制限される。二元論の法制度をもつ大半の国々において、国際条約は、その基準が法律制定あるいは裁判所決定のいずれかにより国内レベルに統合されてこそはじめて国内法になる。したがって、国際的な責任は、多国間条約を批准した後の報告の段階においてしか出てこない。子どもの権利条約がほぼ全世界的に批准され、女性差別撤廃条約は166カ国により批准されているため、ジェノサイドや人種差別のようにジェンダーに基づく差別は、ユス・コーゲンス（強行規範）、すなわち条約の拘束力に関係なく適用される慣習国際法の一部であるという意見は成り立つはずだ。同じように、拷問が慣習国際法の侵害として認識されるなら、それを国際人権の侵害として扱える根拠が出てくる。しかし、慣習法のこの幅広い概念はまだ認知されていない。その結果、これら条約における報告のプロセスは、締約国にDVの問題に対応するよう圧力をかける極めて効果的な方法となってきた。

女性差別撤廃委員会が1998年および2000年の会期で、インドネシア、タイ、中国、ネパール、インドに対して行った結論的見解は、報告をしたアジア諸国が、DVや家庭内暴力に介入しているか、あるいは法律や政策の実施を怠っていないか、という観点から審査されたことをうかがわせる。たとえば、韓国はDVに関する強固な法律および政策上のイニシアチブをとったことで賞賛された。委員会は、ミャンマーでは妻の虐待が一般的でないことに注目し、政府に、DVをなくすことを目的に、それに関するデータを集めるよう勧告した。このように、問題の「国際化」は、国内における法改革や政策変更の触媒となりうる。たとえば、1995年の北京の行動綱領は、この分野における国内計画の策定を呼びかけ、国内レベルの対応を刺激してきた。

最近採択された女性差別撤廃条約の選択議定書（1999年に採択され、2000年に発効）は、国際レベルでの苦情申立手続きを規定している。そのため、この選択議定書に基づき、それを批准し

た締約国を訴える最初のケースは、DVの救済における不作為を訴えるケースになるかもしれない。それでも、国内法と国内政策は、今後もDVの被害者救済を提供する根拠となり続けるだろう。

3.DVの基準を国内法に統合することについて

　国際法に二元論的アプローチをとっている国が多国間条約を批准すれば、その国内法を国際基準に調和させる義務を果たさなくてはならない。

　英国コモンローの最も家父長的な法的価値観の一部は、女性に対する暴力に関する国際基準が設置されるずっと以前に実施された法改革によって、新しい価値観と取り替えられた。たとえば、妻の売買などの慣行、同居権の回復、あるいは制限的な離婚法は、19世紀に改正された。しかし、そのような古い法的価値観は英国植民地に持ち込まれ、アジアやアフリカにおける現代法の一部にいまも残っている。婚家を出た妻に対する同居権の回復による夫の救済は、いまもインドで認められている。スリランカの数多くある結婚に関する法律の1つは、いまでも、英国の法的価値観を反映している。あるスリランカの婚姻および離婚法（Kandyan Marriage and Divorce Act）は、相互の同意あるいは回復不能な結婚の破綻を理由に、いずれかの配偶者による離婚を許してはいるが、男性は姦通を理由に女性と離婚できるが、女性の場合は近親姦と残虐性を備えた姦通を証明しないかぎり離婚できないという条項を残している。

　近親姦は、英国法の影響を受けて、南アジア刑法では犯罪として扱われていない。しかし、近親姦の犯罪は1995年の改革でスリランカ刑法に導入された。その理由は、近親姦はスリランカにおける非常に深刻なDVの一形態であり、とりわけ移住労働者の家族において少女の性的虐待につながっているからだ。スリランカおよびインド亜大陸のイスラム法は、夫の過誤、虐待、残虐性を理由に妻が法的に離婚をすることを認めている。エジプトの法律は、最近、妻の離婚の権利を認める方向に動き出した。

　夫婦間レイプの刑事犯罪化は、女性差別撤廃委員会の結論的見解で言及されている。だが、英国法の影響を受けたアジアやアフリカの多くの国々において、これは犯罪ではない。「一心同体」の概念を認めたコモンローは、妻は結婚生活を通して性交渉をもつことに訂正不能の同意を与えたのだから、夫が妻をレイプすることなどありえないという考え方をもっている。暴行が「正当」であるならば、夫は妻を殴ることができたし、自由を制限することもできた。だが、英国で、DVに関する改革が1975年より実施された。最高裁判所はR対R事件で夫婦間レイプの罪を認めた（1992年）。カナダ、ニュージーランド、アイルランド共和国、イスラエル、オーストラリアの一部の州など、その他のコモンローの国々は、夫婦間レイプの犯罪を認めてきた。南アジアのスリランカとインドは、裁判上の別居後は夫婦間レイプの概念を認めている。

性器切除などの慣習は、エジプトやアフリカのブルキナファソにおいて、最近の法制化で禁止されるようになった。エクアドルはDVに関する法律を導入し、刑事犯罪としてのレイプと近親姦の定義を拡大した。ダウリの暴力はパキスタンとインドでは法律によって禁止されているが、バングラデシュは、DVを含む女性や子どもへの暴力行為に対処するため、女性と子どもに対する暴力条例（1995年）という特別規定を導入した。南アフリカはDVに関する特別法を施行して（1998年）、暴力を憲法違反および人権国際基準（女性差別撤廃条約も含まれる）違反に結びつけた国の1つとなった。

国際基準に準拠して罪を確認し、法律を適切に整備することは、重要な試みである。しかし、DVは複雑な問題で、女性の権利侵害の抑止力となる処罰だけで対処できるものではない。女性の状況は刑法の抗弁の中で認められなくてはならない。たとえば、謀殺を故殺に減刑する挑発行為という抗弁は、概ね、長期にわたる虐待のなかには挑発行為が継続的に存在するということは考慮に入れていない。挑発は「重大で突然」でなくてはならない。英国の裁判所は、R対Aluwalia（1992年）などの主要な事件で、「バタード・ウーマン（殴打される女性）症候群」や「継続的挑発」の抗弁を認めることで対処してきた。「責任軽減」の抗弁も、継続的な虐待を受けてきた女性にとって利用可能だ。

当事者主義に基づく訴訟アプローチだけが、法制度におけるDVの唯一の対応策であってはならない。法律は、補償、虐待者による新たな攻撃を防止するために虐待者に対する拘束命令や排除命令の発令、カウンセリング、コミュニティや家庭における被害者支援などの概念を、裁判前、裁判中、そして裁判後に至るまで取り入れなくてはならない。さらに議論を呼ぶのは、女性に選択権を与え、示談をすすめることで訴追を回避できるという考え方だ。妻の殴打や近親姦などの問題は、地域社会が基準を設けて暴力を締め出すべきだという理由から、国家介入を必要としているようだ。

一部の国々では、DVの被害者のための公営シェルターなどの取組みが始まった。DVを受けた女性や子どもにサポートを提供して、コミュニティ支援の環境を作ることをめざして警察に設置された「女性と子どものためのユニット」は、新しい取組みとして多くの国に広がっている。これは、被害者支援において国家と非政府セクターの間にしばしば協力が存在することを表している。たとえ、女性団体の関与や女性団体による国家行動の監視が、女性の人権を保護するための当事者主義のアプローチにも正当性があるということを前提にしているとしてもである。DVに関する新しい試みは、国家に、健康、教育、雇用アクセスの権利など、社会経済的権利実現の課題に取り組むよう促している。DVそれ自体は、個人の安全と身体的安全の権利の侵害を表しているが、その原因は、しばしば、貧困であったり、経済的社会的能力の剥奪であったり、ジェンダーに基づく

ドメスティック・バイオレンスは人権侵害●サビトリ・グネセケレ

17

差別であったりする。

　憲法判例も、女性の人権に関する国際基準を国内法に統合させるひとつの重要な方法となった。インドやコロンビアでは、「生命の権利」を国家が保障するという概念は、最高裁判所が、ジェンダーに基づく差別や女性に対する暴力は、平等に関する基本的諸権利と生命の権利の侵害であるという見解を打ち出すきっかけとなった。コロンビアでは、憲法裁判所が、1992年に、DVに対する法的救済がないことは、生命と個人の安全の権利の保障を国家が怠ったことになるという決定を下した。インドの最高裁判所は、Visdhaka対ラジャスタン州事件（1997年）と、被服輸出振興協会対Chopra事件（1999年）で、この分析を取り入れた。前者の事件は国家の不作為が関わっていたが、純粋な私人の行為を扱った後者の事件では国家の不作為は明確ではなかった。Bodhisalva Ghautam対Subha Chakraborthy事件（1996年）で、似たような私人による生命の権利の侵害があれば、夫によるDVやレイプのケースでは起訴ができると考えられた。

　したがって、女性の生命の権利を保護するための法律を実施しないという国家の不作為は、国内法の下で国家責任を課すと見なされる。さらにすすんで、女性の人権を侵害する国家および個人の行為者を、国家の不作為と権利侵害の共同謀議を根拠にするか、あるいは、直接的な私人の責任を理由にするかして提訴するという概念は、突破口になるように思える。このアプローチは、近隣地域でDVに保護を提供する責任を促進できる。立法化、裁判所の決定、憲法判例あるいは政策介入など、国内の法制度におけるホリスティックな対応は、国際と国内の調和のとれた行動を通した国際人権規範の実施を確保することに貢献できる。

参考文献：
・Bringing International Human Rights Law Home, UN Publications (2000).
・Celina Romany 'State Responsibility Goes Private' in Rebecca Cooke ed. Human Rights of Women, University of Pennsylvania Philadelphia (1994) p.85.
・Human Development in South Asia 2000: The Gender Question, Mahbub Ul Haq Human Development, Pakistan 2000.
・Hilaire Barnett, Introduction to Feminist Jurisprudence, Cavendish Publishing Ltd., London (1998).
・Rhonda Caplan, 'Intimate Terror', in Rebecca Cooke ed. Human Rights of Women, University of Pennsylvania Philadelphia (1994) p. 116.
・Reports of Committee on the Elimination of Discrimination against Women, General Assembly Official Records, Sessions 16th to 23rd, United Nations, New York.
・Savitri Goonesekere, Human Rights and Legal Status of Women in the Asian and Pacific Region, United Nations (ESCAP) New York (1997).
・The Optional Protocol, Text and Materials United Nations 2000.

（訳：小森恵／アムネスティ・インターナショナル日本・大阪事務所職員）

●諸国におけるDV防止と被害者保護の政策

Law for the Prevention of Spousal Violence and the Protection of Victims

日本のDV防止法の成立と問題点

戒能民江●Kaino Tamie

1.DV防止法の成立

　2001年4月6日、「配偶者からの暴力の防止及び被害者の保護に関する法律」（DV防止法）が成立した。施行は本年10月13日、暴力相談支援センターなど予算措置を伴うものについては、来年4月1日である。

　ようやく、日本においても、DV被害者の安全確保とDV防止を目的とした法律ができたことになる。DV容認社会変革のための第一歩が踏み出された。

　DV防止法の立法作業は、参議院共生社会調査会における2年にわたる議論を経て、同調査会に設置された「女性に対する暴力に関するプロジェクト・チーム」によって行われた。女性の人権確立をめざして、超党派の女性議員のリーダーシップが発揮されたという意味で、画期的な立法である。

　それだけに、調査会会長提案ということから、慣例によって参議院での審議が省略され、衆議院でも法務委員会での2時間の審議だけに終わったことは、残念である。日本社会のDV許容意識は相当根深いこと、法案には多くの解釈上の疑義が残されていること、法案の規定が不十分で運用上困難が予想されていることを考えると、国会で十分な審議を行うべきであった。

2.DV防止法制定の経緯

　日本でDVが女性の人権問題として政策に位置づけられるようになったのは、1995年北京世界女性会議以降である。すでに、80年代後半には民間シェルターが開かれており、90年代初めには、「夫・恋人からの暴力」調査研究会による全国実態調査が行われた。DV防止法への道は、NGOによって切り拓かれてきたといってよい。さらに、今回の立法の背景には、女性に対するあらゆる暴力根絶をめざす、国際女性の人権運動があったことを忘れてはならない。

　1996年男女共同参画2000年プランは、女性に対する暴力根絶を女性の人権課題として掲げた。翌年、男女共同参画審議会は「女性に対する暴力部会」を設置し、2000年7月、同審議会は

19

女性に対する暴力防止へ向けて最終答申を発表している。しかし、同審議会は新たなDV立法に消極的であり、結局、政府による立法化の道は選択されなかった。

3.立法作業における攻防

参議院共生社会調査会女性に対する暴力プロジェクトチーム（PT）は、2000年春以降精力的にヒアリングを行い、20数回に及ぶ審議を重ねた。専門家や援助機関だけでなく、被害を受けた当事者から直接意見を聞いたことは特筆される。だが、審議は密室で行われ、保護命令をめぐる法務官僚との攻防に終始したと聞く。今回のDV防止法の眼目は、違反したときに刑事罰が付加される保護命令制度の導入である。民事制度である保護命令違反に対して刑事罰を科すことは、民事と刑事を峻別する日本の現行法体系に反すること、日本の裁判所は精密司法を原則としているので、短期間に簡易な審理で権利制限を内容とする保護命令を出すことに慎重なこと、保護命令の中核である「退去命令」は財産権侵害にあたることなど、法務官僚は次々と反対意見を繰り出してきたという。

法務官僚との攻防で、結局、妥協を余儀なくされたのは、PT側である。刑事罰付きの保護命令制度の導入と引換えに、保護命令申立ての要件が厳しく制限された。法案名称も、当初の「配偶者からの女性に対する暴力防止法」から「女性に対する」が削除され、「配偶者からの暴力防止法」となった。

4.DV防止法の概要

DV防止法は、前述のような経緯から、立法趣旨を明確に示すために、「前文」を掲げた。前文では、DVが犯罪にあたる行為であり、女性の人権侵害であることを明記している。DV防止法の目的は、被害者の安全確保とDV防止にある。そのための法的仕組みの中心にあるのが、違反した場合に刑事罰が科される保護命令制度である。被害者は、徘徊とつきまといを禁止する「接近禁止命令」と暴力をふるう配偶者を家から追い出す「退去命令」を地方裁判所に申立てできる。保護命令に違反した場合は、1年以下の懲役あるいは100万円以下の罰金となる。

国および自治体にはDV防止と被害者保護の責務を課し、都道府県にDV防止センターの設置を義務づけた。DV防止センターは、相談や情報提供、一時保護などの業務を行い、一時保護は民間シェルターに委託できる。

医師など医療機関に関して被害者の意思を尊重したうえでの通報規定と情報提供努力義務が定められた。また、相談員、警察官、裁判官、医師などの職務関係者には被害者の安全確保と秘密保持に関する配慮義務や研修義務が課された。なお、3年後には見直しが行われる。

5.DV防止法の問題点

厳しい見方かもしれないが、DV防止

法の成立でいったい何が変わるのか、疑問が残る。たしかに、保護命令制度の導入は革新的であり、保護命令違反に刑事罰が科されたことで、DVは間接的に犯罪とされた。一歩前進したと評価できる。

だが、あまりにも問題点が多すぎる。とくに、被害を受けた当事者や援助機関に失望感が大きい。

第1に、対象が「配偶者」と限定されていて、恋人や婚約者、元夫などが含まれないことである。とりわけ離婚後のDVが、結婚中すでに身体的暴力をふるわれており、引き続き暴力の危険がある場合以外対象とならないのは、DVの現実にそぐわない。

第2に、保護命令を申立てできる暴力の範囲が身体的暴力だけであることも、実情に反する。殴る、蹴るだけが暴力ではない。心理的暴力、精神的抑圧、性的暴力、経済的暴力などが複合的にふるわれて、女性の精神状況や生活がコントロールされていくのが、DVなのである。

第3に、警察やDVセンターに事前に相談していないと、保護命令は申し立てることができない。警察やセンターに行かなかった人は、公証人の宣誓供述書が必要となる。男性100％で馴染みの薄い公証人役場に、果たしてどれだけの人が行くだろうか？

第4に、保護命令の内容に問題がある。2週間という短い「退去命令」は、その間に女性のほうが逃げなさいというかのようである。子どもは直接保護命令の対象とならないので、子どもの安全も、母親と一緒でないと保障されない。保護命令が迅速に出される保証がないので、その間の危険は自己防衛するほかはない。警察の適切かつ迅速な対応が強く求められる。

さらに問題なのが、DV防止センター機能の弱さと不明確さである。立法者意思では、DV防止センターとして婦人相談所が想定されており、場合によっては「その他の適切な施設」を使ってもよいというものである。だが、内閣府の説明では、都道府県ごとに、DV防止法のセンター機能のうち1つでもあれば、女性センターや福祉事務所、警察、人権擁護機関のどこにでもセンターを設置してよいことになっている。

相談できるところはたくさんできたほうがよい。保護命令の申立てにも便利であろう。だが、DV対応の中枢機関を作らず、センター機能の全国統一基準も実施要領も作成しないというのでは、DV防止法の意義が半減する。いままで欠けていたのが「DV専門の中心的な機関」であり、どの機関もDVに責任を負わず、被害者はあちこちたらいまわしにされてきた。DVは緊急時の保護だけで終わらず、その後の生活再建支援まで視野に入れた総合的対応を必要とする問題である。だからこそ、諸外国では、諸機関の連携による総合的対応の法的仕組みを作ってきたのである。諸機関の連携の中核にあって、調整機能を果たす専門機関が不可欠なのだ。全国の都道府県に必ず設置されている婦人相談所を改善して、専門機関とするのが妥当である。

外国人女性への対応や民間団体への財政援助が明記されていない点なども、問題である。

6.施行に向けて

このほど、内閣府の男女共同参画会議に「女性に対する暴力専門調査会」が設置され、DV防止法の運用上の課題の検討が開始された。また、被害者や援助団体、専門家などと関係各省庁との意見交換会も開催された。まず、法解釈の明確化や医療機関、警察官、裁判官、公証人、法務事務官、相談員などの研修を早急に行わなくてはならない。古くて新しい問題であるDV防止に正面から取り組むために、施行までに十分な議論を重ね、周到な準備を行う必要がある。

●諸国におけるDV防止と被害者保護の政策

Domestic Violence Law in Korea

韓国の性暴力・家庭暴力関連法施行状況と課題 [1]

金 在仁●Kim Jae-In

1.女性の人権と女性への暴力に関する韓国立法の発展

　1948年制定された憲法では男女平等権が保障されている。その後、男女差別に関連する状況は1980年代になってから質的に変化を見せている。男女差別的な意識や慣習、制度などを改革し、国家や社会発展に男女がともに参画できるようにするために、女性運動が繰り広げられた結果、政府と女性団体は、ともにこのことを女性政策の基本目標として表明している。こうした発展は国内の政治・経済・社会・文化的与件の成熟と女性運動の成果であるととともに、男女平等と女性の社会参画を促進するための国連の活動および国際的な立法と政策の動向から影響を受けたものであるということができる。

　1980年代に入って女性運動は、民主化運動に積極的に関わりながらも、女性の低賃金、雇用機会の制限、結婚退職制、定年差別、母性保護と育児の社会的支援の欠如、妻への暴力、性的な暴力、買売春問題など多様な領域での女性の人権侵害についての問題を提起してきた。そしてその問題を解決するための主要な手段として、専門家たちとともに法人を自らつくり、これを貫徹するために実際に発生した女性の人権侵害についての問題を積極的に社会問題化させ、世論形成、立法請願活動そして有権者活動などの努力をしてきた。そのなかで雇用での女性差別問題に対しては、女性の能力開発・活用の必要性を痛感した政府と社会の共感を得て、1987年の憲法改正（10月）と「男女雇用平等法」制定（12月）などの立法を通じて女性差別禁止の法制化が実現した。1989年12月に家族法改正案が国会を通過し、1990年1月に公布され、「養育児保育法」が1991年1月に制定された。男女平等と女性の発展をすすめるための政策方向を提示した北京行動綱領の履行を後押しするために1995年12月に制

---

1) この論文は、キム・エルリム、ユン・トクキョン、パク・ヒョンミの研究を挿入、整理したものである。

定された「女性発展基本法」と、雇用のみならず、教育、財貨、施設、サービスの利用と提供、法と政策の執行における男女差別を禁止し、被害救済制度を準備するために1999年2月に制定された「男女差別禁止および救済に関する法律」は、その代表的なもので、発展した形態の法制度的な男女平等保障装置だということができる。

しかし、1980年代初めから女性団体が絶え間なく買売春、性暴力、家庭暴力2)、セクシュアル・ハラスメント、日本軍慰安婦問題のような女性に対する暴力問題を重大な人権侵害問題として認識させようと努力し、フェミニスト・カウンセリングや被害女性たちのためのシェルター提供などの活動を展開してきたが3)、1990年代に入ってようやく女性に対する暴力問題が社会問題として浮かび上がることで、はじめて立法の課題となった。性に関わる問題や家庭内での暴力問題、買売春問題は長い間蔓延しながらも、公けに論じることが妨げられてきた。これは、男性の性的逸脱と外道(妻以外の女性と関係をもつこと)、家庭暴力に対して寛大な二重的社会意識があること、そして、法を制定し、解釈、適用、執行する権限をもつ者の絶対多数が男性で構成されている体制の中で刑事法体系が形成・運営されてきたことが、女性に対する暴力問題を社会問題と人権保障の立法課題として浮上させることを遅延させてきた主たる要因であるということができる。

1953年に制定された刑法は「婦女」に対する強姦と淫行、人身売買、人に対する醜行などを処罰する規定を置いているが、そのことは性道徳や貞操の侵害に対する制裁であって、身体の主体として望まない性的行動を受けない権利の侵害に対する制裁ではなかった。また強姦罪が成立するのは、拒否することができない暴行や脅迫がある場合のみであり、加害者が配偶者や自己または配偶者の直系尊属の場合には告訴することもできない。したがって女性たちは、多様な形態の性的な暴力を受けたとしても、加害者の処罰を要求する方法が制限されており、捜査や裁判過程では、貞操を忘れ去った、あるいは毀損した者、またはそうなってしまうような行動が防止できなかった者として非難を受ける場合が多かった。そのために被害女性たちは結婚ができなかったり、離婚される状況を甘受できないために、性暴力の被害事実を告訴することすらできなかった。さらに家庭暴力問題に対しては、男性の、家庭問題に介入してはならないという強いタブー意識と、家庭暴力問題を取り立てて重要な問題として捉えず、妻や子どもを自分が思いどおりにできる所有物として扱う男性主義的意識が強い法的保護の下で放置されてきた。

1961年に制定された「淪落行為など防止法」(売春防止法)は性を売買する行為すべてを処罰する双罰主義的禁止

---

2) 韓国ではDVを指す言葉として「家庭暴力」が広く使われていることから、DVと表記せず「家庭暴力」という表現を尊重した(訳注)。
3) 女性暴力問題に関する女性団体の活動は韓国女性の電話連合(1999年)が発刊した「韓国女性人権運動史」参照。

主義をとっているが、売春女性個人の道徳的逸脱を問題視し、それに対する矯正を中心内容としていた。法の執行も、売春女性だけを捜査、処罰し、捜査・処罰された売春女性を明白な法的根拠もなしに1年間職業訓練施設に収容した。

このように女性に対する暴力に関する現実と法の問題を社会構造的かつフェミニズムの視点から打開するために、女性たちの多様で積極的な努力が行われてきた。その結果として1993年5月、「日帝下軍慰安婦被害者生活安定法」が通過し、1993年6月にはウィーンで開かれた世界人権会議で日本軍慰安婦（挺身隊）問題が国際人権運動の主要な事案として浮かび上がった。また1994年1月、「性暴力犯罪の処罰および被害者保護などに関する法律（以下「性暴力特別法」）」が制定され、1997年8月、1998年12月の2度にわたって改正された。1995年1月には「淪落行為など防止法」が矯正保護の対象を男女とし、売春行為者の社会復帰支援を制度化する方向で改正された。1995年12月には刑法が改正され、第32条の表題を「貞操に関する罪」から「強姦と醜行の罪」に変更した。1997年12月には「家庭暴力犯罪の処罰などに関する特例法（以下「家庭暴力特例法」）」と「家庭暴力防止および被害者保護などに関する法律（以下「家庭暴力被害者保護法」）」が制定され、1999年1月には家庭暴力特例法が改正された。

これらのうち、性暴力特別法と家庭暴力関連法のような特別法をつくった歴史は、世界的に見ても参考になる立法例であるのみならず、わが国の刑事法においても相当な発展をもたらしたという点で重要な意義をもっている。そうした立法は、性暴力・家庭暴力は国家が積極介入して、予防し、規制せねばならない社会的犯罪であることを明らかにし、これまで刑事法が、国家の刑罰権行使から自由権が不当に侵害されることがないように、被疑者、被告人の人権保護を重視してきたのに対して、被害者の人権保護を重視し、刑事法の特例を準備したことにその特性と意義がある。

現在、性暴力特別法は施行されてからほぼ6年経っており、家庭暴力関連法は施行されてから1年8カ月を過ぎた。この間政府、司法機関（警察、検察、法院）、民間相談所、その他被害者保護施設などが主軸となって、法の施行が実効性をもつように努力してきた。その一環として性暴力特別法は制定法の立法上の不足点を補完し、被害者をいっそう保護するために1997年8月22日、1998年12月28日の2度、家庭暴力特例法は1999年1月21日に、それぞれ改正され、関係法令の制定・改定も実現した。

2.性暴力・家庭暴力関連法の施行状況

(1) 国家と地方自治団体の取組み

性暴力と家庭暴力を根絶するために、女性部、保健福祉部、法務部、大検察庁などでは女性政策基本改革として、女性部の職制の変更、相談所および保護施設での運営費支援、セミナー開催および教育研修時の女性に対する暴力の問題

に関連する教科目の挿入などの措置をとっている。

(2) 性暴力・家庭暴力事件の発生と特性

大検察庁が発刊した「犯罪分析」によれば、性暴力犯罪の発生件数は1994年に7,415件であり、1998年には7,886件と増加した。

警察庁の統計資料によれば、家庭暴力特例法が施行された1998年7月から1999年9月までに警察が検挙した家庭暴力件数は総数で12,613件であった。そのうち1999年に発生した件数は、1998年より41.3％増加して8,928件（70.8％）である。

(3) 性暴力・家庭暴力犯罪の申告および告訴

1998年に性暴力特別法違反で検挙された1,931件のうち、検挙のきっかけが被害者の申告による場合で655件（33.9％）と最も高い。1998年7月から1999年9月までの家庭暴力による検挙数12,613件のうちで申告は11,465件（90.9％）と最も高い。そのうち被害者本人の直接の申告は10,564件（83.8％）である。

(4) 性暴力・家庭暴力の司法処理と被害者保護

1998年7月から99年9月までで、警察庁は12,613件の家庭暴力事件を検挙し、このうち60.6％にあたる7,639件を受け付けた。そのうち、実際に処理した件数は7,165件であり、処理率は93.8％にあたる。多くの被害者が医療機関、相談所および保護施設などに引き渡された。

大検察庁の「犯罪分析」によれば、1998年の性暴力特別法犯罪者は3,201名であり、このうち刑事起訴したのは2,271名（70.9％）、不起訴が757名（23.6％）である。

1999年9月1日から全国検察庁で「家庭暴力専門検事制」が実施され、全国43カ所の地検と支庁に専門検事を置いている。

法務部保護観察課の資料によれば、性暴力特別法犯罪者として執行猶予、宣告猶予がつき、保護観察を受けている者は1999年で504名で、社会奉仕命令となった者が417名、収監命令が36名である。家庭暴力は1998年7月から1999年9月までで総数3,052件が受け付けられており、このうち1,874件（61.4％）が処理されている。

(5) 相談所保護施設、医療機関の被害者保護

1999年——性暴力相談所48カ所、家庭暴力相談所81カ所、女性の電話「女性1366」は142カ所にある。

1999年——性暴力被害者保護施設7カ所、家庭暴力被害者保護施設23カ所がある。

3. 性暴力と家庭暴力関連法の実効性と人権保障機能の強化のための提言

1. 性暴力に関する現行法と捜査・裁判手続きの改善が必要である。
1) 性暴力犯罪の類型と処罰に関する

規定の改定が実現されなければならない。

親告罪の廃止、強姦罪の被害対象の拡大（強姦罪の対象を婦女から男女へ改定、夫婦間の強姦罪の認定、非同意姦淫罪の新設、信頼関係にある者による性暴力犯罪に対する加重処罰）、親族関係による性暴力犯罪における親族関係範囲の拡大と親権の制限（親族関係の範囲の拡大、性暴力犯罪を犯したり、幇助した親権者の親権剥奪および制限）、セクシュアル・ハラスメントの性暴力犯罪化および加害者処罰などがなされなければならない。

2) 性暴力事件の司法処理と被害者保護制度の改善が実現されなければならない。

捜査および裁判態度の改善、捜査および裁判期間の制限、被害者の行いや性の遍歴の証拠採択の問題、陳述の反復と尋問方法の改善、被害者の情報請求権と手続き参与権の認定、被害者と信頼関係にある者の同席許可の拡大と被害者が弁護人の助力を受ける権利の認定、保護処分の活用、賠償命令制度の導入などがなされなければならない。

2.家庭暴力に関する刑法と捜査、裁判手続きの改善が必要である。

1) 家庭暴力の当事者の範囲と申告義務に関する規定の整備が行われなければならない。

家庭構成員の範囲の問題、家庭暴力被害者の範囲の問題、家庭暴力について申告義務規定がない点について整備が行われなければならない。

2) 家庭暴力事件の司法処理と被害者保護制度の改善が行われなければならない。

反意志不罰罪と親告罪に対する不処分の改善、被害者と信頼関係にある者の同席の許可、警察の積極的な現場出動と応急措置、臨時措置の多様化と実効性強化、家庭暴力事件処理の多様化、保護処分の専門化と実効性強化、賠償命令の適用対象と賠償範囲の拡大などが実現されなければならない。

3.秘密漏洩禁止と報道禁止に関する性暴力特別法と家庭暴力特例法の法廷型調停が必要である。

4.被害者保護施設の機能活性化と支援拡大が必要である。

5.司法機関の改善が必要である

1) 男性偏重の構造の改善、女性暴力専門部署の設置、正確な統計の作成と公表が実現されなければならない。

6.女性の人権と女性に対する暴力関連法律の体系的教育を強化することが必要である。

1) 一般人に対する教育と広報、捜査機関、裁判機関従事者に対する教育、国家と地方自治団体の公務員、相談所、保護施設、医療機関の従事者に対する教育もなされなければならない。

7.法の施行評価と暴力撤廃運動のための大衆メディア、市民団体の連帯活動が必要である。

(訳:郭辰雄／在日韓国民主人権協議会事務局長)

●諸国におけるDV防止と被害者保護の政策

Domestic Violence Law in Taiwan

台湾における DV防止法について

戒能民江●*Kaino Tamie*

1.台湾における DV防止法の成立

　1998年6月、台湾では「家庭暴力防止法」が制定・公布され、1999年6月から全面施行された[1]。台湾社会における全面的なDV防止への取組みが開始されたのである。約4年の準備期間を経て成立した台湾「家庭暴力防止法」の特徴は、DV防止と被害を受けた当事者保護を目的に、民事、刑事、行政の各側面からの総合的対応を規定したことにある。民事保護命令を中核に据え、各機関の連携によるコミュニティ・ベースでの問題解決をめざしたネットワーク型対応のDV特別立法として、注目される。

　東アジア地域という共通の社会的・文化的背景と同じ出自の法体系をもつ日本にとって、台湾のDV防止法を中心としたDV問題への取組みの経験は、貴重な示唆を与えてくれる。第1に、DV問題認識の視点の転換と問題解決の戦略について、第2に、DVという新しい問題に対応するための新たな法概念と伝統的な法概念や社会通念との調整について、台湾がどのような選択を行ったか検討することは、極めて有意義であると考える。

2.家庭暴力防止法 成立の経緯

(1) 家庭暴力防止法立法化の背景
(a) 台湾社会とDV

　女性に対する暴力撤廃宣言が述べるように、女性に対する暴力は「階層、階級および文化の境界を越えたもの」である[2]。とりわけ、DVは個人的な男女間のトラブルや家庭内のもめごととして、社会の奥深く隠され続けてきた問題である。日本と同様に、台湾においてもDVが女性の人権侵害であり、法的対応が必要な社会問題として認識されるようになったのは、つい最近のことである。

　台湾ではDV防止法の全面施行に伴い、市民および専門職・担当職員の意

---

1) 正式名称は、台湾家庭暴力防治法。中華民国87年（1998年）6月24日総統公布。
2) 女性に対する暴力撤廃宣言前文。同宣言は、1993年第43回国連総会で採択された。

識改革と情報提供に力を注いでいる。中央政府内政部（日本の旧自治省にあたる）発行の市民向けリーフレットには、「法入家門、暴力遠離」というスローガンが掲げられている。「家庭内の暴力に公権力が介入して暴力を防止する」という意味である。「法は家庭に入らず」という法観念が支配し続け、家庭内の暴力は個人的な問題として放置されてきた社会のあり方を根本的に変革し、家庭内や男女間の暴力を根絶しようというDV防止法の基本理念が明確に表現されている。

　DV防止法制定以前、台湾におけるDV防止の困難は次の4点に求められてきた[3]。

　第1に、台湾では、DVは家庭内紛争だとされ、家庭内の事情が公的機関に知られることは「家の恥」を社会にさらすことであるという観念が強いことである[4]。被害を受けた女性や子どもが我慢を強いられるのに対して、加害者には何の制裁もない。暴力が繰り返され、温存されるという悪循環は断ち切ることができない。台湾では実家や兄弟姉妹のところに逃げる女性が多いのだが、夫は実家をも脅迫し、あるいは力ずくで妻を実家から連れ戻して、さらにひどい暴力をふるう。家族はなすすべもなく、娘を夫の許に返すだけという状況であった[5]。

　第2に、被害者の安全を確保し、加害者に制裁を加えて暴力を防止する法制度がないことも、暴力の温存と被害の拡大の要因となっていた。台北市政府は、すでに1980年代末にはNGOとの連携によるDV対応を開始していた。しかし、法的根拠がないところでは、たとえば、シェルター・スタッフが夜中に被害者とともに警察に援助を求めても、警察には権限がないことを理由に援助を断られ、逃げてきた女性の行き場がないという事態が生じていた[6]。

　第3に、実際の対応にあたる警察官やソーシャルワーカー、医師、裁判官など専門職の教育・訓練が実施されていなかった。DVの特質や影響を理解したうえで対応が行われないと、女性に二次被害を与え、情報の秘匿が守られずに被害者を危険にさらすことになる。

　第4に、父権主義的な儒教文化の影響である。女性は儒教の「三従」の教えに従わなければならず、夫の所有物として扱われてきた。暴力をふるう男性を夫とした女性はつねに夫の「力に怯えて生活するしかなかった」のである。このような父権的な文化の下で、DVは「父権的家族社会でのひとつの特徴にすぎない」とされてきた[7]。

(b) 夫殺し事件——DV法制定への直接的契機

　しばしば衝撃的な事件の発生が、立法化を急速に促すことがある。日本でも、殺人事件の続発を機に、昨年5月ストーカー規制法が極めて短期間で成立

---

3) 現代婦女基金『家庭暴力防治草案説帖』（1997年）4頁以下。
4) 陳慈幸「台湾家庭暴力防治法に関する紹介」比較法学雑誌33巻3号（1999年）219頁。
5) 湯靜蓮修女ほか『我通一走出婚姻暴力的陰影』（張老師文化事業股份有限公司、1997年）12頁。
6) 高鳳仙「DV防止に関する立法運動と統合的ネットワークの樹立」2000.9.1国際シンポジウム「夫・恋人からの暴力防止への戦略」報告に基づく。
7) 注4) 論文222頁。

したことは記憶に新しい。

台湾でDV防止法制定の直接的契機となったのは、1993年に起きたDV夫殺人事件である。長年にわたり夫から暴力をふるわれてきた女性が、熟睡中に夫を果物ナイフで刺して死なせたもので、1995年最高法院(日本の最高裁判所)で懲役3年の実刑判決が下された。

ちょうどアメリカで起きたO・J・シンプソン事件とともにマスメディアで大々的に取り上げられ、DVへの関心が一気に高まった。台北市のDVホットラインへの電話相談件数が激増し、月に400〜500人の女性たちが相談を寄せたという。本件での妻への暴力は妻の家族への強姦や脅迫、子どもへの危害も加わった相当深刻なものであり、妻はぎりぎりまで追い詰められた結果、夫を殺害したものである。最高法院は正当防衛を認めず、情状酌量を認めただけであったが、その後、同様の事件で心神耗弱を認めた減刑判決が相次いだ。

多くの女性たちが同情をもってこの裁判の経過を見守り、DV問題の検討が政府内外で開始されるきっかけとなった。この事件によって、台湾社会の「法は家庭に入らず」観念は大きく変更を迫られることになったのである。

(c) 台湾における女性運動と性暴力への取組み

日本でもDV殺人事件は少なくない。配偶者に殺された被害者は年間189名、うち女性が68.3%、男性が31.7%を占める[8]。統計上のDVデータはないが、DVの結果として、あるいはDVから身を守るために「殺人」という結果になったケースは多いと思われる。しかし、日本ではDV殺人事件が起きても、残念ながらDVへの社会的関心が高まることはない。現在もなお、DV夫殺人事件への視線は依然として厳しい。

台湾が日本と異なる展開を遂げたのには理由がある。1987年の戒厳令解除以来、設立が続いた新しいタイプの女性NGOによる運動の蓄積と、NGOとのパートナーシップを進めてきた台北市の先駆的な試みがあったからである。

第2次世界大戦後の台湾における女性運動は、3期に分けられる[9]。

第3期にあたる1987年戒厳令解除後は、第2期以降に展開した市民的女性運動(civil women's movements)が本格的に発展した。1987年から1990年代初めにかけて、多くの女性NGOが設立されている。Chenによれば、台湾の女性NGOは「水平型分立」状況であり、活動対象が個別化・専門化されており、問題によって連携するという活動スタイルをとっている。女性問題へのアプローチはそれぞれ異なるが、共通しているのは女性の権利の獲得が目標になっていることと、立法を重視し、女性問題を政治的アジェンダに掲げて積極的に政策決定過程に関わっていることである[10]。

女性NGOの法改革運動は、民法改正や労働条件の改善に加えて、いち早

---

8) 警察庁「犯罪統計書」平成10年版による。
9) Fen-ling Chen, Working Women and State Policies in Taiwan, 2000, Palgrave, pp.113-116.
10) 1990年代に女性NGOが推進した立法として、1995年児童および少年交易防制条例、1996年民法改正、1997年性侵害犯罪防止法、1999年刑法改正などがある。

く女性に対する暴力問題をテーマに取り上げた。1987年には山岳民族の少女の人身売買と強制売春を問題にした「レインボー・プロジェクト」を展開し、1994年には台湾大学の事件をきっかけに大規模な反セクシュアル・ハラスメント・デモが行われた11)。女性NGOのひとつである台北市現代婦女基金会は、1987年の設立当初から性暴力問題に取り組み、1987年には女性保護センターを設けて援助活動を開始している。また、キリスト教団体の天主教善牧社会福利基金会が1988年にシェルター活動を開始し、台北市から委託事業として財政援助を受けている。さらに注目すべきは、女性NGOが積極的に国会議員を送り出していることである。

このような女性NGOの活動基盤と政策実現のための政治的チャンネルがあったからこそ、具体的な事件を即座に立法運動へと結びつけることができたのである。

(d) 台北市の先行的試み

DV防止法制定の前史としてさらに重要なのは、台北市において約10年にわたり先行的なDV対応施策が展開したことである。1998年法は、いわば台北モデルを全国化・一般化したものであり、コミュニティ・ベースの総合的対応の試みは台北市ですでに実験済みといえる。

詳細は別稿に譲るが12)、台北市は1988年以来、社会福祉局を中心としてDV対応を組織的に進めてきた。1997年以降は「台北市家庭暴力防止委員会」が全体を統括し、警察、医療、教育、社会福祉など関連機関の任務と権限を定めて連携を図る仕組みを作った。それぞれの機関では自治体で行うことができる範囲で対応の改善を図り、被害者への援助サービスを提供してきた。警察についても、台北市の積極的介入方針に基づき、1996年に警察の対応マニュアルを作成して実績を積み上げてきた。

しかし、ガイドラインやマニュアルが形式上整備されても、行政機関の活動の法的根拠がないので、ソーシャルワーカーに問題が集中して他の機関は積極的に動かないという問題を抱えていた。とくに警察の介入姿勢の限界が指摘されていた。

(2) 家庭暴力防止法立法過程の特徴

台湾DV防止法の立法作業は、1994年、中央政府内政部が女性NGOに対してDV防止法研究を呼びかけたことをきっかけとする。さっそく女性NGOが英米、香港などのDV防止法を参考に法案の論点整理を行い、引き続き台北市などがスポンサーになってセミナーが開催された。特筆すべきは、留学先のアメリカで先進的なDV防止法を研究していた高等法院(高裁)裁判官の手で、1995年に第一草案が作成されたことである。高裁裁判官は女性問題活動家でもあり、その後も牽引車的存在として女性国会議員とともに立法作業をリードして

---

11) 宮園久栄・戒能民江「台湾」諸外国における女性に対する暴力研究会『諸外国における女性に対する暴力についての施策——委託調査報告書』(1999年3月)10頁。
12) 同上43〜46頁。

31

台湾におけるDV防止法立法過程の特徴は、次の3点に求められる。

　第1に、女性NGO主導の、女性の国会議員と女性NGOとの連携による立法であったことである。女性NGOの活動の蓄積から引き出された明確な視点が立法に生かされた。

　第2に、各分野における専門家を結集して、集中的な研究会方式で立法作業が行われたことである。1996年に現代婦女基金会の呼びかけで「家庭暴力防止法制定委員会」が設置され、研究者、裁判官、弁護士、公務員などが参加して専門的な議論が行われた。また、草案作成の節目ごとに公聴会や審査会を開いて、合意の形成と法案改善に努めた。

　第3の特徴は、DV防止法が女性に対する暴力防止の一環として法制化されたことである。法の名称は「家庭暴力防止法」となり、立法院での審議の最終段階で妥協を余儀なくされたとはいえ、法律全体として「女性に対する暴力」防止の視点は明確である。1997年の「家庭暴力防止法制定委員会」全体検討会議で示された立法の基本方針で、新しい問題であるDV問題の解決のために伝統的・消極的対応から根本的に転換すること、したがって、先進的な外国法を積極的に摂取して有効な問題の解決のために総合的な立法をめざすことを宣言している。

　さらに、女性に対する暴力防止のための一連の法改革がDV防止法と同時進行したことも指摘しなければならない。1997年に性侵害防止法が制定され、DV防止法施行後、行政レベルでは両法の統一的な対応が行われている。また1999年には刑法改正が行われ、強姦および強制わいせつの保護法益を「個人の性的自由」に転換したうえで、強姦を「強制性交」として、構成要件を「被害者の意思に反する性交行為」と改正した。

3. 家庭暴力防止法の特徴と概要

(1) 家庭暴力防止法の特徴

　台湾家庭暴力防止法の立法目的は、DV問題の根本的な解決を図るために、行政各機関の相互の連携および行政とNGOとの連携を強化して、総合的なDV被害者の安全確保とDV防止のシステムを作ることにある。いうまでもなく、DV問題の本質と特質を十分に理解したうえで、DV防止のためには総合的な対応が必要であるという認識から出発している。

　1998年台湾家庭暴力防止法の特徴は、以下の6点にまとめることができる[13]。

　第1に、アメリカ法の導入によるDV特別法を制定したことである。

　言い換えればそれは、第2の特徴として、民事法と刑事法の統合のみならず、さらに行政的対応をも含めて、総合的な対応を可能にするシステムの法的根拠

---

13) 以下の記述は、筆者が2000年8月24日から30日までの7日間、「女性に対する暴力と法研究会」による調査を行った際の、インタビューおよび収集資料に基づく。

——財源と人を出す法的根拠——を提供する法律であることが指摘できる。

第3に、DV対応に責任をもつ専門機関と専門職員を設けたことである。中央および地方政府に責任機関として家庭暴力防止委員会を設置して施策の方針を決定し、予算と人員の配置および関連機関のコーディネートおよび施策評価と監督、調整などを行うこととした。地方政府にはさらに家庭暴力防止センターの設置を義務づけた。家庭暴力防止センターには家庭暴力防止官（警察官）が配置されている。

第4に、DV特別法の「目玉」である民事保護命令制度と家庭暴力罪の導入である。刑事法的アプローチとしては家庭暴力を犯罪とし、刑法の平等適用を明示的に規定した。すでにふるわれた暴力行為について刑法による対応を義務づけたのと同時に、暴力予防・再発防止のための法的手段として民事保護命令制度を創設した。保護命令違反の場合は警察による逮捕権限が付加されており、保護命令の実効性を担保する仕組みとなっている。

第5に、離婚紛争におけるDVの考慮が規定されている。親権および面会交流紛争においてDVの要素が考慮されることになり、DVケースの場合、面会交流はDVセンター内に設置された「面会センター」で行われることになった。また、DVケースでは、調停・和解手続きを停止することとした。

最後に、専門職および担当者の教育・研修および市民の教育の重視を挙げなければならない。二次被害を防止し、当事者の安全と選択の自由が実質的に保障されるためには不可欠の要素である。

(2) 家庭暴力防止法の主な内容

台湾DV防止法の内容について、法目的と定義、被害者の安全確保と暴力防止、対応の仕組み、教育・研修に絞って、簡単に紹介したい。

(a) 法目的と定義

法目的については、国会の審議で最後まで紛糾した。最終的には、家庭暴力防止と被害者保護に置かれていた当初の法目的に「家庭の平和の促進」を付け加えることで決着した。DV防止が「家庭破壊」につながるという立法化反対論との妥協の結果である。法の対象範囲は、「家族構成員」として、配偶者・前配偶者だけでなく、親子、親族も含む。したがって本法の対象は、婚姻暴力、児童虐待、高齢者虐待である。ただし、恋人は含まれない。だが、共同生活の有無を基準にしているので、一度でも共同生活があれば法の適用対象とする柔軟な運用を実際には行っている。

対象となる暴力の形態は、身体的または精神的侵害行為である。身体に対する侵害行為とは、虐待、遺棄、人身売買、親権濫用行為、不正な職業へ従事させること、殺人、傷害、自由の妨害、性的侵害を指し、具体的な行為として、殴る、蹴る、叩く、押し倒す、引っ張る、投げる、つかむ、噛む、道具で攻撃する、鞭を打つなどが対応マニュアルに例示されている[14]。また、精神的侵害とは、脅迫、侮辱、騒擾、器物損壊、精神的虐

待を指し、具体的な行為としては、口頭による脅迫や侮辱、暴力による脅迫など、心理的虐待、ポルノビデオを強制的に見せるなどの性的虐待などが挙げられている。性的暴力については、性侵害防止法が適用されると同時に、精神的暴力に含まれるかたちで本法の適用対象となっている。

(b) 被害者の安全確保と暴力防止の法的手段

家庭暴力防止法は家庭暴力罪を規定して、DVが犯罪であることを明記した。家庭暴力罪とは、家族構成員間の暴力に刑事法規定を他人間の場合と同様に平等適用することを意味する。

暴力行為を事後に直接処罰することによって、DVの再発や被害の拡大防止を図ると同時に、犯罪抑止効果をもつことができる。しかし、DV被害者の安全確保と暴力防止のためには事後的対応だけでは不十分であり、暴力の事前防止と安全確保の手段として民事保護命令制度が導入された。

民事保護命令とは、被害を受けた本人などが直接裁判所に申し立てて、裁判所が暴力の事実を認め、必要と判断したならば発令する、暴力禁止や接近禁止などの命令をいう。命令に違反した場合は、保護命令違反として現行犯の場合にかぎって逮捕される。違反に対する逮捕権限を付加したことで、保護命令の実効性が確保された。

民事保護命令は、通常保護命令と一時保護命令に分かれ、一時保護命令はさらに通常一時保護命令と緊急一時保護命令に分類される。保護命令規定は、1999年6月から適用が開始された。保護命令の申立てができるのは、被害者、検察官、警察官および家庭暴力防止センターである。管轄は地方裁判所であり、台北、高尾、台中の裁判所では家事部が扱う。保護命令の審理は公開しない。

保護命令の内容は12項目に及ぶ。暴力禁止、通信・連絡禁止、退去命令、妨害と接近禁止、バイクなど生活上必要な動産の使用権を認める命令、子どもの暫定的監護権の定め、子どもとの面会禁止、住宅費や養育費の支払い命令、医療費支払い命令、加害者処遇計画命令など、女性と子どもの安全の確保と生活再建に必要な多様な命令が規定されている。通常保護命令の有効期間は1年間だが、1回にかぎり1年以下の延長が可能である。

一時保護命令は、通常保護命令が出るまでの間、被害者保護のため、審尋なしに、あるいは審尋手続中に申し立てることができる制度で、通常保護命令が出ると効力を失う。

一時保護命令の申立てを受けた裁判所は、警察官の陳述によって、被害者が暴力をすでに受けていて、さらに暴力を受ける恐れがあり、かつ事態が切迫していると判断された場合、4時間以内に保護命令を出さなければならない。これを緊急保護命令といい、本人に代わって警察官のみが申請できる。緊急保護命

---

14) 内政部警政署『警察機関防治家庭暴力工作手冊』(1999年7月) 2頁。

令を請求できるのは、警察が直接執行できる暴力禁止、妨害と接近の禁止、退去命令、動産使用権の命令、子どもの暫定的監護権の定めなどに限定される。警察に申立てを義務づけた緊急保護命令規定は、最も危険な時期の被害者の安全確保を確実にする法的手段であり、極めて重要である。緊急保護命令を申し立てる際の基準である「危険の切迫」は、加害者の暴力がすでに心身に重大な被害を与えた場合、当事者間の対立が続き、加害者を隔離しないと被害者またはその家族に生命、身体、自由の危険が生じる恐れがある場合、加害者が道具または危険物を使っており、さらに被害を受ける危険があるとき、酒および薬物乱用による常習的暴力の場合、通報妨害のため脅迫している場合、被害者が12歳以下の子どもあるいは65歳以上の高齢者でさらに被害を受ける恐れがあるかどうかを考慮して判断される。書面、口頭以外にもFAXなどを利用して申請でき、休日や夜間も受け付ける。

保護命令の申請時、申立人は警察提供の「家庭暴力事件処理調査記録表」、家庭暴力防止センターの記録、医療機関の診断書などを証拠資料として提出できる。保護命令の執行は、発令後24時間以内に、金銭給付の命令を除いて警察が行う。

家庭暴力防止法違反および保護命令違反の場合の保釈・釈放の条件として、暴力禁止、退去命令、妨害・接近禁止および被害者の安全確保命令が出され、その命令に違反すると保釈・釈放が取り消される。保護観察の場合は、薬物治療、精神医学的治療、カウンセリング等の受講命令が上記に付加される。保護命令違反に問われるのは、構成要件の明白な暴力禁止など5項目に限定される。保護命令違反の罰則は3年以下の懲役、禁錮または10万元（40万円）の罰金である。

(c) 対応の仕組み

台湾のDV防止法では、総合的なDV被害への対応と防止の施策を進めるために、専門機関を設置し、関連機関相互のネットワークによる対応の仕組みを制度化した。

すでに述べたとおり、中央政府および地方政府には家庭暴力防止委員会の設置が義務づけられた。中央政府委員会のメンバーのうち、NGO代表、研究者、専門家は半数以下となってはならない。

各地方政府に設置を義務づけられた家庭暴力防止センターは、警察、教育、保健、社会福祉、戸籍、司法などの関連機関と共同で以下のような業務を行う。①24時間ホットライン、②24時間緊急救援、けがの治療、診察の援助、証拠の取得、③シェルターへの送り届け、④被害者へのカウンセリング、職業訓練や住宅の照会や法律扶助、⑤保護命令申立てと申立て援助、⑥加害者の強制治療の照会、⑦教育・訓練・広報などである。センターは性侵害防止センターとの合併設置ができ、ソーシャルワーカー、警察、医療などの専門職を配置しなければならない。センターの特徴は、①1つの窓口で一度に対応できること、②警察、ソー

35

シャルワーカーや医療機関が24時間常駐しており、危機対応サービスが提供できること、③関連機関のネットワークを生かしたサービスが提供できること、④弁護士、カウンセラー、家庭問題相談員など専門家との連携による対応ができることが挙げられる。当事者本位の総合的な積極的対応が可能になった15)。

(d) 暴力防止

暴力防止に関しては、第1に警察の役割が重視されている。家庭暴力防止法制定のねらいは、警察の積極的な介入の法的根拠を用意することにあった。家庭暴力専門の担当官（家庭暴力防止官）を各警察署に配置して緊急対応にあたることになっている。警察はDV防止と被害者保護の役割を担うが、その任務として、①被害者の緊急の安全確保、②被害者のシェルターおよび医療機関への送り届け、③被害者の住まいと生活の安全の確保、④被害者の権利の告知と事件記録の作成などが法律上定められている。加えて、本来業務として、加害者の逮捕、保護命令申立ての援助や申立て、事件資料の収集と保全、保護命令の執行、刑事裁判への協力などの任務を負う。

さらに、警察のDV防止業務マニュアルには、DVは家庭内の事件ではないので、積極的に法による介入を行って被害者の権利を保障すること、DVの本質や暴力のサイクルについて十分理解したうえで被害者や家族に協力して、できるかぎり暴力を防止することが明記されている。

また、同マニュアルは、加害者の逮捕に際して、被害者の意向、加害者と被害者の関係、当事者が二度と暴力をふるわないと誓うこと、被害者が加害者を逮捕しないことを要求すること、被害者が非協力的なことなどに左右されてはならないと注意を喚起している。

第2に重視しているのが、専門家および担当職の教育・研修である。法の完全施行までの準備期間中から教育・研修は実施されたが、法律には警察、ソーシャルワーカー、司法、保健、教育の各主管機関の研修実施義務が規定されている。また、小中学校でも年4時間のDV防止カリキュラムを組まなければならない。加害者教育については、保健当局が処遇計画を定めることになっているが、2000年8月現在もまだ策定されていなかった。ただし、酒乱、薬物中毒、精神的障害などをもつ加害者の治療に限定しており、普通の男性が加害者になりうるとは想定せず、一部の男性の問題としているところは問題であろう。

4.家庭暴力防止法の成果と課題

(1) 家庭暴力防止法の成果

施行後1年余、防止法の成果としてまず挙げられるのは、法の教育的効果であろう。世論調査などによると、市民レベルではまだDVが家庭内の問題であり、他の暴力とは違うと考えている人の割

---

15) 2000年8月現在、センターを設置した地方政府は23カ所にとどまる。

合が51％あり、社会通念は根強く残っていることがわかる16)。しかし、他方で警察やセンターへの相談が増えており、保護命令の申立件数も増加している。最も教育的効果があったのは、行政機関や官僚、政治家である。政府や行政のDV認識の変革にDV防止法は貢献したといえる。

第2に、保護命令制度の導入により、被害者の安全確保のための選択肢が増えたことが挙げられる。女性の意思の尊重と公権力の介入の調整を図る手段として保護命令制度は位置づけられる。適切な援助と情報の提供があれば、女性の選択肢のひとつとして定着することがわかる。1999年6月から2000年5月までの1年間で、全国では保護命令申立件数が約9,500件、発令件数が約5,800件である17)。当初は警察による申立てと半々であったが、現在は7:3の割合で被害者本人の申立てが多い。また、加害者も特別の場合を除いて保護命令遵守の傾向が強い。

第3に警察の介入姿勢の積極化が、相談と介入件数の増加によって示されている。

(2) 問題点と課題

施行後1年を経過し、問題点も明らかにされてきた。中央政府家庭暴力防止委員会の整理によれば、①財政難と人員不足、②地方間格差、③諸機関の連携不足、④保護命令を裁判所がなかなか出さないこと、⑤加害者処遇計画の遅れ、⑥シェルターおよびカウンセラー不足、⑦少数民族や外国人女性への対応の未整備、⑧警察官、医療機関の意識の遅れ、⑨暴力容認の文化の残存などが指摘されている。財政難と人員不足は地方に行くほど深刻である。4億円のDV予算をもつ台北市は例外であり、地方ではセンター機能はあるが建物は兼用のままである。格差はそのまま保護命令申立件数の差として表れている。また保護命令については、裁判官が厳格な証拠を求めるので発令までに1〜2カ月かかるのが普通である。とくに精神的暴力の証拠が難しい。保護命令を待つ間に夫に殺害された事件も起きた。裁判官のジェンダー研修とともにDV法廷を望む声も上がっている。また、違反行為の発見が困難であることから、保護命令違反件数は少なく、逮捕されてもすぐ釈放され、効果がないともいわれている。警察官の対応の改善も緊急課題であり、とくに交番の対応の悪さが指摘されている。諸機関の連携については、教育や保健などでは当事者意識が弱く、実質的連携にはほど遠い。さらに、女性や子どもの生活再建への支援体制整備も大きな課題である。

日本のDV法が多くの問題を抱えながら成立した。台湾の経験に学び、十分な準備と早期の見直しが求められる。

---

16) 注4) 論文218頁。
17) 内政部家庭暴力防止委員会提供のデータによる。

● 諸国におけるDV防止と被害者保護の政策

Legal Framework of Domestic Violence in Indonesia

インドネシアにおけるDVの法的枠組み

リタ・セレナ・コリボンソ ● Rita Serena Kolibonso

1. DVの現状

　いまもインドネシアの女性は、家庭や職場そして社会一般で、さまざまな差別を受けている。また、DVはプライベートな問題で、他人（法執行当局を含む部外者）は介入すべきでないといったステレオタイプな考え方がいまも支配的である。しかしながら一方で、1998年5月の暴動時に女性や少女への暴力が発生したことによって、国民と政府は、女性に対する暴力の問題の重大性を思い知ることとなった。「人道のためのボランティア・チーム」（Volunteers Team for Humanity）の作成した報告によると、3日間続いたジャカルタ内の暴動の際、100人以上の中国系インドネシア人女性がレイプ・性的虐待を受け、20人が殺害されたという[1]。

　インドネシアにおけるDVがどの程度かについては正確な統計はない。統計がない原因は2つあり、それらは相互に関連している。1つは、DVが社会の中で犯罪と見なされていないからである。したがって家族内で起こる暴力行為、またはレイプ、妻に対する虐待、強制売春、子どもの虐待などは法律上の犯罪として存在せず、被害者（妻や子ども）を傷害、殺人から守る具体的な立法もないのである。虐待からなんとか生き延びたサバイバーが正当防衛により自分の身を守ろうとした場合、または、そのために加害者を殺してしまった場合、彼女は夫を殺害した罪によって起訴されることもある。

　もう1つは、被害者がDVを受けた経験について話すことができないからである。近所の人がDVを目撃しても、被害者の助けになろうとはしない。あるときには、サバイバーの女性は、医療費用を全額負担しなければならなかった。これらの原因によって、DVの件数予測のほとんどは、実際よりも低く見積もられていると広く考えられている。

　しかし、入手できた情報からは、何千人ものインドネシア人女性が、人間関係

---

1) "Volunteer Team for Humanity's Report", Jakarta, 1998.

のなかで起こる暴力にさらされていることが明らかになっている。個別の研究を見ると、そのような暴力はあらゆる社会階級、人種、文化内で起こり、DVの大多数の被害者が女性であり、加害者の大多数が男性であるということが示されている。

いくつかの都市にある女性危機救援センターの統計によると、被害者の大多数が妻であり、加害者の大多数が夫である。いくつかの都市で女性危機救援センターや女性のための司法支援を行っているNGOは、DVに関する統計データを提供している。たとえば、ジャカルタのミトラ・ペレンプアン女性危機救援センターは、1997年から2000年の間に459件の女性に関する事件を取り扱っているが、そのうち71.9％はDVであったと報告している[2]。ジョグジャカルタ市のリフカ・アニッサ女性危機救援センターは女性に対する暴力を661件取り扱っており、そのうち62.2％が妻に対する虐待であったと報告している（1999～2000年）。これらの女性危機救援センターは[3]、DVのサバイバー（女性と子ども）に対してホットライン、カウンセリング、シェルターの無料サービスを提供したり、法的支援、医療支援などの支援を行うなどしている。女性問題担当大臣は2億1700万人のインドネシア国民の11.4％、あるいは2400万人の女性が、とりわけ地方において暴力を経験しており、その大部分がDVであると述べている[4]。

2. 1999年に起こったある女性の事例

33歳の主婦であるトゥティさんは夫に虐待された経験をもつ。彼女の夫は家で仕事をし、常時彼女を虐待する。虐待は結婚1年目に始まり、2人の娘と1人の息子が生まれた間も続いた。長女は9歳になる。夫は時にはナイフや椅子などあらゆるもので、彼女の身体、膣など生殖器を傷つけようとした。そのようなことがしばしば起こったにもかかわらず、彼女は治療を受けたり、検査を受けようとしたことはなかった。夫が彼女をレイプすることもあった。彼女は逃げようとしたことも何度かあったが、夫は彼女を探し出し、性的暴行によって彼女を罰した。夫は彼女に娘に危害を加えるかもしれないといって脅しているので、家から逃げるということは彼女にとって非常に決断しにくいことである。彼女にとって彼女の子どもたちだけが手に触れることができ、愛することのできる人だと彼女は言っている。

あるとき、彼女は友人の手助けで家から逃げたことがある。彼女は女性危機救援センターに滞在し、トラウマ傷害の治療を受けた。しかし警察が助けてくれるとは思わなかったので、彼女は警察に被害を届け出なかった。なぜなら彼女は夫が警察とつながっているのを知っていたので、夫が警察に影響を及ぼすこ

---

2) Kolibonso, Rita Serena, etc, *Mitra Perempuan 2000*, Jakarta, Mitra Perempuan, 2000.
3) Haysim, Nur, *Longway Towards Partnership*, Jogjakarta, Rifka Annisa, 2000.
4) Parawangsa, Khofifah Indar, "Government Policy on Prevention and Elimination of Violence Against Women", Jakarta, 2000.

とができると考えたからである。1週間後、彼女は、夫が子どもを使って自分を捜し出すに違いないと考えたので、家に帰ろうと決めた。

上記の事例はインドネシア女性が経験したDVの一例である。ミトラ・ペレンプアン女性危機救援センターは、DVのサバイバーのうち15.2%しか、警察に被害を届けたり、裁判所に離婚手続きを申請するなどの法的措置をとっていないと指摘している。多数のサバイバー（45.2%）が家を出ることを決意した一方、10.9%は何も行動をとらなかった。

3.現行法

現行法の主な問題は、DVを罰し、サバイバー（女性と子ども）を保護するための法制度が存在しないということである。個人が行った犯罪を訴追するための法は、Kitab Undang-undang Hukum Pidana（KUHP）という名の刑法5)にしか規定がない。しかしこの法は、ポルノグラフィー、暴行、殺人や誘拐など（男性および女性被害者に対する）一般的な犯罪を罰する規定からなっている。ただし、この法には母親、妻や子どもといった家族に対して犯罪を犯した加害者に対しては追加的な刑罰の規定がある。また、女性が被害者としてとくに規定されている犯罪として、レイプ、同意のない中絶、強制売春、少女の誘拐などについての規定が含まれている6)。しかしながら、レイプの定義は狭すぎるとの批判がある7)。

刑法の中で女性に対する暴力に関する犯罪についての規定は、主として女性は か弱い存在であり、男性の子どもに相応するような位置にあるという推定に基づいている（第297条）。夫は保護者であり、妻は夫の性的欲望につねに従うという推定は、犯罪としての強姦の定義にも見られる。刑法第285条は、妻でない女性に対し、暴力、または暴力の威嚇によって性的交渉をもつ者は強姦罪とするとしている。したがってこの定義は夫婦間レイプを含まないし、それを犯罪ともしていない。

現行法の他の問題点として、法執行の脆弱さと女性に対する暴力を根絶しようとする政府の意思の欠如が挙げられる。たとえば、女性に対する暴力の事例では、検察が現行法の下で事件を訴追しなかったために裁判に至らなかった事例が数多くある。

インドネシアのDVの件数はかなりの数になるが、女性を身体的および非身体的なDVから保護する、または虐待された女性を保護するための特定の刑事規定はない。つまり、家族または家庭の中の女性の権利は、人権として保護されていないということである。たとえば、夫から虐待を受けた女性からの被害届けを警察が受理するのを拒否するとい

---

5) Indonesian Law, 1946 on Penal Code Act.
6) Harkrisnowo, Harkristuti, "Penal Code and Violence Against Women", Luhulima, Achie(ed.) *Understanding of Forms of Violence Against Women and Alternatives of Solution*, the Convention Watch of Centre for Women and Gender Studies, University of Indonesia, 2000.
7) Kolibonso, Rita Serena, "Domestic Violence as a Violation of Human Rights", Luhulima, Achie(ed.) *Understanding of Forms of Violence Against Women and Alternatives of Solution*, the Convention Watch of Centre for Women and Gender Studies, University of Indonesia, 2000.

うことがよく起こっているようである。

女性の性に関連する家父長的な文化的価値は、古くからインドネシアの現行法の制定や特定の法の欠如に影響を与えてきた。家族に関する規定は民法（Kitab Undang-undang Hukum Perdata, KUH Perdata）と婚姻に関するインドネシア1/1974年法に含まれている。これらの法は女性が弱い人間であり、結婚した女性は夫によって保護されなければならないという考え方に基づいている。

民法は夫が家族の長であると規定しており、女性は裁判所に出廷することができず、夫の同意なしに契約に署名する権限をもたない（第105条）。妻は自分の財産について個人で処分することができない（第105条および第108条）。妻は夫に従い（または同居し）、夫に服従しなければならない（第106条）。夫は妻が出産した子どもの父親であることを否認することができる（第250条〜第256条）。さらに妻は共同財産を管理する権限をもたない（第124条）8)。

婚姻法（インドネシア1/1974年法）9)は家族内の男性と女性の役割を確立しようとする試みで、夫を家長とし、妻には母親と主婦としての責任を規定した（第31条第3項）。また、夫はその能力に応じて家庭の必要を満たす義務があり、妻は家庭内の事項を最適な方法で処理する義務があると規定する（第34条第1項および第2項）。

上記の諸規定はあらゆる資源に対する女性の利用を制限し、女性を男性に従属する立場に置いている。同法では登録された結婚しか認められず、その結果、登録された結婚しか保護されない。また、同法は子どもにも適用される。婚姻法に規定される結婚の最低年齢は男性と女性で異なり、男性は19歳、女性は16歳とされている。

婚姻法では男性は2人以上の女性と結婚することができる。つまり一夫多妻が認められる（第3条）。一方、既婚の女性は2人以上の男性と結婚すること（一妻多夫）ができない。しかし一夫多妻結婚は男性側の宗教上の法に違反してはならない（第2条）。これらの規定は歴史的に結婚、一夫多妻、および離婚に関するイスラム的観念（talaq）に最も影響を受けている。

一夫多妻の許可に関する法は、妻が妻としての務めを果たす能力がなく、かつ子どもを産まないことを、夫の一夫多妻の正当な動機として認めている。つまり、女性が（共同体の一般的な基準に計って）家庭の中の役割または機能を果たすことができ、子どもを産むことができるかぎり、夫が2人以上の妻をもつことは許されていないということである。

離婚に関する法として、1983年政府規則第10号は、夫が妻を離婚する場合、妻と子どもは夫の所得のそれぞれ3分の1に相当する手当を受ける権利を認めている。離婚した妻が再婚した場合、

---

8) Kolibonso, Rita Serena, *Indonesia and Convention on the Elimination of All Forms of Discrimination Against Women*, Sheffield, University of Sheffield, 1997.
9) Indonesian Law, 1/1974 on Marriage Law.

彼女はその手当を受ける権利を失う。妻が離婚を申請した場合、夫の所得から何も受け取る権利をもたない。つまり、女性が（離婚を申請しない）良妻賢母であるかぎり、彼女は法によって保護されているのである。

国家が制定した婚姻法による、または他の制度による家族内労働の性別分業は、女性を選択の余地のない立場に置き、男性から二重の負担を受けることを余儀なくしている。男性と比較して女性のほうが弱いという考え方は、他の分野においても女性に対する差別を招いている。たとえば、男性と比較して（同じ労働で）出来高が低い女性農業従事者は、男性よりも低い賃金しかもらえない。残念ながら、法は非公式部門や農業部門の問題には触れておらず、（公式部門の）現行法はこの状況を意図的ではないが、容認している。共同体の人々が法に関する情報へのアクセスをもたないことが女性の生活にさまざまな問題を生み出している。また、ほかには、法的相続人に関する慣習法（Hukum Adat）およびイスラム法（Hukum Islam）が、相続について男性と女性の子どもを差別しているなどの問題がある。

4.法的枠組みと共同体の対応

実効的な法がない現在の状況を越えて、共同体や政府によっていくつかの試みが実施されている[10]。いくつかのNGOや他の団体は刑法の改正、とくに女性に対する暴力に関連する犯罪規定の改正とDVに関する新しい法律を制定することを提言している。

一方、司法省は既存の刑法を、女性に対する犯罪と強姦の規定を拡大することを含めて改正する法案を準備している。しかし、この行動は非常に時間がかかっており（ほぼ20年間）、近々議会が法案や改正案を審議し、合意に達するという保障はない。インドネシアを訪れた国連の女性に対する暴力に関する特別報告者の1人は、その報告の中で、インドネシア政府が法改正手続きを早急に進め、DVおよびセクシュアル・ハラスメントを含めた女性に対する暴力に関する国際基準を刑法に含めるよう求めた[11]。

DVに関する新しい立法を求める動きは女性団体が担っている。いくつかのNGOは1998年からDV防止法案を提言するイニシアチブをとっている。この法案には夫婦間レイプを含む妻に対する虐待、子どもに対する虐待、証人や被害者の保護に関する法執行などの規定が含まれる。法案は国内各地の都市や地方のNGOおよび大学で検討されている。

インドネシアは女性に対する暴力撤廃宣言第1条および第2条（1993年）に基づいたDVの定義を採用している。性に基づく暴力は女性差別撤廃条約（国連、1979年）が規定するとおり、女性に

---

10) The Indonesian NGO Communication for Women, *NGO Report on the Implementation of the Beijing Platform of Action*, Country: Indonesia, Jakarta, 2000.
11) Coomaraswamy, Radhika, "Report of the United Nations Special Rapporteur on Violence Against Women on Indonesia", Geneva, UN, 1999.

対する差別の一形態である。インドネシアはインドネシア7/1984年法によりこの条約を批准している12)。

ジェンダーに基づく暴力の件数とそれに対する国民一般の認識の高まりに対応して、1999年1月、女性問題担当大臣とミトラ・ペレンプアン女性危機救援センターはイニシアチブをとり、インドネシアにおける女性に対する暴力の防止と対処のための政府とNGOのパートナーシップをテーマに全国的なワークショップを開催した13)。このテーマはさらに大臣や女性団体、人権団体（NGO）が促進した、国家計画枠組みの作成に関するワークショップや議論によって受け継がれ、その後1999年11月24日、女性に対する暴力根絶のための国家および市民社会宣言として広範なコミットメントが表明された。この宣言は副大統領、閣僚および数名の議員、都市および地方のNGOや共同体の代表によって署名された。宣言に続いて女性に対する暴力根絶のための国家と市民社会のパートナーシップに関する国内行動計画（2001～2005年）が作成され、2000年11月24日、ジャカルタで実施された。この計画は女性に対する暴力に対し、ゼロ・トレランス（一切認めない）の態度をとっており、女性に対する暴力を根絶するために政府のすべての省庁が採用し、利用することのできる政策枠組みを提供している。

1998年5月の暴動の際に起こった性暴行や暴力に対する国内の非難の声に対応するために、1998年10月女性に対する暴力に対するインドネシア国家委員会（Komnas Perempuan）が設立された。人々の抗議に応じるために、新任大統領は、暴力に対する非難と謝罪を表明し、暴動やレイプに対する独立調査機関を設置した。また、続いて政府は、インドネシア全国において女性に対するあらゆる形態の暴力を根絶するために、積極的態度をとることを表明した。それは、大統領令第181/1998号14)による委員会設置認可により実現された。

政府と社会の間に大きなギャップがあることに対し、委員会は女性に対するあらゆる形態の暴力に関する国民一般の理解を出版物や戦略的対話によって高めようとしている。また、法および政策改正を提言することにより、インドネシアにおいて女性に対するあらゆる形態の暴力を根絶しうる環境を作り、女性に対する暴力の防止能力を強化し、国内・地域および国際ネットワークを通して、暴力の結果に対応していこうとしている。

委員会は独立機関として、さまざまな組織と積極的に協力している。委員会とNGOが共同で実施しているプログラムの1つに、暴力のサバイバーである女性へのサービスの改善のための共同学習および計画作成がある。サービスとし

---

12) Indonesian Law, 7/1984 on Ratification of the Convention on Elimination of all Forms of Discrimination against Women.
13) Cholil, Abdullah, Kolibonso, Rita Serena, Purnianti, *Towards Government and Non- Government Organizations Partnership on Prevention and Management of Violence Against Women: Proceeding*, Jakarta, Mitra Perempuan, 1999.
14) The Presidential Decree No. 181/1998 about the establishment of National Commission on anti-Violence against Women, October 9, 1998.

て異なる状況のための2つのモデルが検討されている。1つは大都市における病院を中心としたワン・ストップ危機救援センターであり、もう1つは紛争が継続する地域のための共同体中心の支援システムである。病院中心のワン・ストップ危機救援センターが1件、2000年6月に実験的プロジェクトとしてジャカルタの公立病院（Cipto Mangunkusumo病院）において開始された。ここでは、DVやその他の暴力から逃れてきた女性と子どもに対して医療サービスが提供される。

さらに、NGOは警察庁と協力してDVのサバイバーにサービスを提供する制度的能力を構築しようとしている。1999年4月よりジャカルタ内の数カ所の警察署では、犯罪被害者の女性と子どもの届出を取り扱う女性警官による特別の課を設置した。ジョグジャカルタ市では、女性（暴力サバイバー）に対し特別なサービスを提供する協定が、警察、私立病院そして女性危機救援センターの三者によって合意された。特別なサービスには警察の捜査過程にジェンダー・センシティブなアプローチを導入することが含まれる。

一方、NGOや女性危機救援センターは裁判所のDV事件の取扱いもモニターし、それについて提言をしている。国民一般認識と教育の分野でも一般教育活動を行っており、ミトラ・ペレンプアン女性危機救援センターはジャカルタ、タンゲラン、ベカシ、ボゴール周辺村落の女性のための一連の教育活動を行っている。

インドネシアにおけるDVの根絶のための法的枠組み促進と改善のためには、NGOとインドネシア政府の長期的な提唱活動が必要である。

（訳注）筆者は、DVの被害を受けた女性や子どもを指す言葉としてvictim（被害者）とsurvivor（サバイバー）の2つの表現を使っている。前者は被害者一般を指すのに対して、後者は「暴力や虐待から生き延びた人、あるいは暴力や虐待など困難な状況から逃れ、生きる力を回復しようとする人たち」というニュアンスが込められている。本稿では、「被害者」と「サバイバー」は原文（英文）のとおりに訳している。

（訳：岡田仁子／大阪府立大学経済学部講師）

● **諸国におけるDV防止と被害者保護の政策**

Domestic Violence against Women in Thailand: Focusing on Masculinity and Male Perpetrators

タイにおける女性に対するDV
男らしさと男性加害者

ビラダ・ソムスワスディ ● *Virada Somswasdi*

1.はじめに

　法的な権利擁護に焦点を絞った"リベラル"な女性運動が使いすぎた戦略に対する批判は、誤解を招きかねないし、男女平等という究極的な目標に否定的な効果を与えうる。

　実際、女性運動が、法改革やそれを強化する戦略と完全な見解の一致をみることさえできれば、法律文書には女性問題の根本的な原因に変化をもたらしうる積極的な側面がたくさんある。女性運動にとって、国際機構は国内の法律文書と同じくらいに意味があり、引用することで活動に利用できる。

　だが、社会の大勢やNGO運動は、国際人権文書の実質的で歴史的な意義を見過ごしがちだ。これは締約国自身にも当てはまる。それらを批准し、"政策を発表して"遵守義務があることを明らかにしたタイもその例外ではない。これら文書の多くは、問題を前面に引きずり出し、問題解決の緊急性を世界に認めさせようとした女性グループの努力を示している。

　大半の女性組織にとって、国際人権文書はある意味で遠い存在であり理解が難しい。国内の問題にどこまで関わりをもち、どの範囲まで保障されるのかを明示すべきだ。また、女性運動の間の連帯を促進し、加盟国に迅速な行動や実施を求めるプレッシャーを強めることができるよう、明快さを与えるべきだ。

　さまざまなグループがさまざまなレベルで長年にわたりロビー活動やアドボカシーを行ってきた結果、これらの重要な文書が生まれたことを、可能なかぎり、どこででもどんなときでも繰り返し言う必要がある。これら文書は人々の教育や意識高揚に役立つ。それ以上に、女性の人権に実際に変化をもたらす。

　国際的な女性運動も地域レベルの女性運動も、国内の現実に直面しないままでは成立しないし、国内レベルの運動も同様に現実を無視しては成立しない。運動に関わる人はすべて、北京で採択された行動綱領と行動計画に沿った行動を通して、地方—国内—地域—国際

へとつながる女性運動を確立、拡大、強化する戦略を無視し続けることはできない。

さらに、女性運動だけで活動の展開はできないし、国家の行動や政策の監視もできない。国家が、女性に対する暴力を見て見ぬふりをしていないか、誘導していないか、あるいは創り出していないかを私たちは公けに監視し、明らかにし、批判しなくてはならない。国家には、あらゆる分野において、問題があれば迅速に取り組み、強い政治意思をもって正しい方向に導くよう、注意を喚起し、圧力をかけなくてはならない。

女性問題のさまざまな領域において、DVは事実と数字の収集が最も困難な領域のひとつである。加害者と被害者が緊密な関係にある場合、塵を掃いて絨毯の下に隠そうとするのは極めてよくある社会的態度だ。汚れた下着を決して人前で洗うなという教えは、大多数のタイ人がいまでも堅く守っていることであり、問題がレイプや性的虐待になればとりわけそういえる。若年層の被害者は、基本的には、問題を理解していないか、恐れるあまり口外できないかのいずれかだ。未成年者は、男女問わず年長者には従い、尊敬するものと考えられている。この伝統は、現在もタイのあらゆる社会階層で非常に重んじられている。さらに、被害者や母親、あるいはその他の女性の家族のメンバーが加害者の収入に依存している場合、経済的要因が大きく働く。タイの伝統および家族法（70年代半ばの改正前の家族法）が男性の家庭における優位な地位を支えてきた。いうまでもなく、男性の主導者としての政治的役割も、あらゆるレベルの政策決定で確認され強化されてきた。

タイにおけるDVも、世界の国々と同様に、家庭での少女や女性に対する身体的暴力、夫婦間レイプ、女性の近親者（子どもも大人も）のレイプなど、さまざまな形態をとる。性暴力、身体的暴力、言葉による暴力、あるいは精神的暴力が、親から子ども、夫から妻、ボーイフレンドからガールフレンドと、一つ屋根の下に住む者同士で起こり、決して口外されることはない。

教育機関の青少年を対象に実施した調査では、68.5%が性犯罪の深刻さを認識していた。注目すべきことに、そのように回答した人の88%は女性であった[1]。

メディアは女性が性の対象物とされることを助長したり黙認したりしてきた。この観察は、メディアが描く女性のイメージには性的含みがあるとした回答者が46%いたことで証明される。回答者の63%は、加害者の処罰をもっと厳重にすべきだと考えている。69%はインターネットはポルノグラフィの発信源であり、法律はその分野で大きく立ち遅れていると考えている。どうやらメディアは問題解決にほとんど関心を向けていないようで、大半は女性に対する暴力を撤廃する努力よりも、助長する側に回っているようだ。明らかに、メディアで働く女性のほうが同僚の男性よりも増加する性犯罪に

---

[1] 女性と法律のコースで提出された論文、チェンマイ大学社会学部、2001年2月。

強く反応を示す。

女性に対する暴力を終わらせようと長年努力してきたタイの女性団体および男性団体は、DVの被害者やサバイバーだけを対象にしている活動の範囲を、いま、越えようとしている。男らしさの問題は、男性加害者とどう向き合うかということを分析したり戦略を立てる段階に進んだようだ。

本稿は、女性に対する暴力の問題を扱っている文書、および問題をなくす戦略に対するそれら文書の意味に対して、人々による幅広く継続的な関心を集めることを目的としている。

2.法律を見る

(1) 憲法

女性団体や権利擁護団体が憲法起草委員会に活発なキャンペーンやロビー活動を行った結果、男女の平等な権利の保護の条項と、国家が子ども、青少年および家族構成員をDVから保護する条項が、現行の1997年憲法に盛り込まれた。

しかし、現在の憲法には、整合性のない法律や規制への処方箋がなく[2]、抜け穴となっている。その結果、矛盾が出ればケースを憲法裁判所に提訴して法律や規制を無効にしなくてはならない。だが、それは複雑で時間のかかる作業となる。そのため、男女平等保護条項が成立して4年近く経とうとしているのに、いまだ女性に対する差別的法律や規制が通用している。

その後に続いた法律や実際の運用を見ても、強く求められてきたポジティブ・アクション（積極的是正措置）条項を確認したものは1つもない。そのため、依然として、種々の重要な独立機関の構成員は、すべてとまではいわなくとも、圧倒的に男性が占めている。

(2) 家族法

夫が妻の、父が子どもの身柄を所有するという考えは昔からの伝統である。前世紀末まで適用されていた古い法律は、父と夫に完全な権利を付与したもので、借金返済に子どもや妻を奴隷として売ることができた[3]。

家族法の婚約条項[4]の下では、婚姻の成立を証明して保証するために、男性が女性に財産を譲ることになっている。女性が結婚に同意したことへの返礼として、男性は、女性の親、養父母あるいは保護者に財産を与える。これは親や保護者からは同意を、女性からは体を"買う"1つの方法ともいえる[5]。まぎれもなく、婚約時に財産を支払うことで、女性の身体を所有権つきで自分のものにすることになる。

女性の身体への法的権利を確認するもう1つの証拠として、婚約した男性は、その婚約を知りつつ相手の女性と性交渉をもった別の男性に損害賠償を請求できるとした条項がある。逆に、女性が

---

2) 1997年タイ憲法第30条。
3) 夫婦の法律。
4) 民法および商法、第V巻、第1437条、1976年。
5) 民法および商法、第V巻、第1437条3項、1976年。

同じ状況に置かれた場合、女性は請求を成立させることはできない。

　1976年まで、家族法は、夫に夫婦の長としての権限と親としての権限を是認していた。親の権限には、しつけのために正当な方法で子どもを"罰する"権限も含まれていた。現在、この親の権限は両方の親に与えられている。法律は、明らかに、親が子どものふるまいに不満を抱けば暴力に訴えることを許してきた。

　家族法は、姦通が問題となった場合、妻には夫と同じような離婚の根拠を認めていない。夫は妻の1度の婚外交渉を根拠に離婚を求めることができるが、妻は夫が別の女性を援助し、自分の妻であると公言していないかぎり、離婚に訴えることはできない。

　もう1つの離婚の根拠に、配偶者間で一方が他方の身体や精神に深刻な傷や苦しみを与えたり、はなはだしく卑しめたことが挙げられるが、だいたい虐待されるのは妻のほうだ。しかし、訴えた側に離婚を認める決定を裁判所が出すかどうかということになれば、ジェンダーに基づく差別と偏見が非常にしばしば判定を支配しているといわざるをえない。その証拠に、過去から現在に至るまで、その具体例は多数あり、偏見の強さを表している。

　結婚すれば女性は男性の姓を名乗らなければならないという事実は、ジェンダー間の力関係が男性中心であることを示している。夫婦間で生まれた子どもは父親の姓を名乗るよう、法律は定めている。唯一の例外として、父親が特定できない場合は母親の姓を名乗ることになる。女性グループは、このような法的要件は憲法および女性の人権の侵害だと声を上げている。筆者にとって興味深いのは、子どもがどちらの親（父親であれ母親であれ）の姓を希望しても、結局は男親の姓をとることになる点である。むしろ、どの父親の名前を使うかの争いであり、女性自身の名前はまったく関与してこない。

(3) 刑法

　1950年代に施行された現在の刑法は、いまでも夫婦間レイプはまったく視野に入れていない。家族法は、夫と妻は夫婦として同居すべしと定めている。これが実際の処罰を伴わない夫婦間レイプにつがなる。その結果、コミュニティも社会も、DVを個人的な問題として大目に見る傾向にある。

　女性運動が声を上げてきたDVの問題のひとつに夫婦間レイプがある。これは、レイプの法的定義を"男性が妻以外の女性を犯す行為"から"ある人が他人を犯す行為"に変更するよう求める強い提言へと進展した。

　最近の法律面におけるできごとに、1999年9月に施行された刑事訴訟法典の改定がある[6]。この改定された法の下、女性および18歳以下の子どもを原告、証人、あるいは被告として取り調べる場合、特別の条件設定、注意、配慮が

---

6) 刑事訴訟法典（ブック20）1999年改訂。

必要となる。証人保護の手続きがとられ、精神科医、社会福祉士、弁護士、女性調査官など、専門家の介助が始めから終わりまで必要となる。

(4) 法的分野でDVに関して活動するNGO

その他、過去20年の間に行われた活動に、問題を抱えた女性への直接サービス、女性の権利や女性問題に関わる法律の普及活動、地域および世界の運動と連帯したキャンペーンの継続がある[7]。

NGOはすでに十分立派な活動を行ってきたが、それでもなお、縦横無尽に今後も発展を続けなくてはならない。1997年に始まった経済危機の後、女性に対するDVの問題が大きく浮上してきたが、それに関する公式な統計数字はない。しかし、マスメディアを通して、一般の人々には極端なかたちの暴力や加害者と被害者との密接な関係（法律上の関係もあれば、血縁関係もある）が伝えられ、ショックを与えている。驚くことに、問題の若年齢化が進んでいて、虐待する側は早くて10代、虐待される側は早くて誕生間もない赤ん坊から2、3歳の乳幼児となっている。最近起きたケースでは、70歳後半の身体が不自由な曾祖母が20歳代半ばのひ孫にレイプされた。

警察情報センターが発表した1998年の性犯罪発生件数は9,867件で、少なくとも、1日平均27人以上の女性が被害に遭っている。いいかえれば、毎時間1人以上の女性が性暴力の被害に遭っていることになる。この数字は公的に記録されたケースであり、隠された分野であるDVについては誰も見当がつかない。

3. 女性に対する暴力と闘うためのタイにおける戦略と行動

(1) DVと闘う戦略／勧告

(a) タイ政府の方針[8]

1992年に女性差別撤廃条約（CEDAW）を批准したタイ政府は、女性の地位向上に取り組む女性問題国内委員会（NCWA）を設立した。設立以来、NCWAはスタッフと予算不足に悩まされてきた。そのため、研究者やNGOあるいは政府機関から協力を求めなくてはならず、さまざまな小委員会にこれらの人々がメンバーとして参加している。また、NCWAはCEDAWやその他の国際会議に提出する報告書を作成しなくてはならない。

NCWAは、CEDAWの留保の撤廃に向けて動かなくてはならない。最後の2つの留保事項である家族関係と国際司法裁判所への仲裁付託合意について、女性団体から声が上がっているが、まだ聞き入れられていない。効力のある選択議定書を使って、女性運動は、タイ政府の批准の責任をさらに追及し、NGOや被害者個人にとって議定書が利用しやすいものとなるようにしなくてはならな

---

7) Wanee B. Thitiprasert, "Zero Tolerance for Domestic Violence: The Case of Thailand"（DVに対する絶対的不寛容：タイのケース）。2000年度国際専門家会議 "DVに対する絶対的不寛容" のオープンフォーラムにおけるスピーチ、アジア女性基金主催、2000年8月7〜9日東京にて。
8) 女性問題国内委員会事務所の報告書「沈黙を破る——女性に対する暴力との闘い、タイ」2000年3月。

い。

　任務を遂行するため、NCWAは、政府およびNGOの組織や機関とワークショップを開いたり、対話の場をもち、それらをもとに「女性と子どもに対する暴力撤廃のための国内計画」を策定し、次のような方針を立てた。

　①政府は問題の重要性を深刻に受け止め、家庭および社会における子どもと女性の保護を継続的に促進しなくてはならない。政府は、個人、家族、コミュニティの発展を促し、男女平等と平和の実現、そして子どもと女性の権利を保護するための法律の改革をめざすべきである。

　②政府は、身体的および精神的に虐待された女性や子どものケア、救済、あるいはリハビリテーションを行っている政府機関やNGOへの支援、シェルター支援や法手続きの支援の提供などによって、暴力からのサバイバーである子どもや女性を財政的および技術的に助けなくてはならない。この責任を無視する組織や機関はすべて罰せられるべきだ。

　③政府組織は、すべての市民、とりわけ女性が、コミュニティ・レベルから全国レベルに至るまで、暴力の防止やサバイバーのケア、さらにはその他の関連活動に参加するよう奨励し、支援しなくてはならない。

　④政府組織は、家族の安定と安全をめざした効果的な対応メカニズムを確保できるよう、知識、人的資源および情報システムの発展を促進して支援しなくてはならない。

　⑤政府組織は、暴力を受けた子どもや女性の保護とケアに取り組むさまざまなプログラムを、計画、予算、協力の面より統合しなくてはならない。

　⑥政府組織は、子どもと女性に対する暴力を助長する要因をなくす活動を支援しなくてはならない。

　⑦政府組織は、子どもの権利、女性の権利および人権に関する情報・教育・通信（IEC）プログラムを支援し、これら権利の擁護意識を育てなくてはならない。

　国内計画は上記のことを次のように細分化している。
①予防と促進の計画
　提案された勧告は次のとおりである。
・暴力が起きたときに行動をとらなかった政府機関の職員、NGOワーカー、目撃者あるいはその他の人は、法的および社会的処罰を受けるべきだ。
・サバイバーの権利を尊重し、プライバシーを保護する責任あるメディアの姿を奨励する。
・暴力を増大させたり日常化させるメディア、番組、広告を検閲する。
・女性差別やその他の形態の差別の撤廃を促進して支持する。
・ハイリスクの子どもたちに児童福祉とデイケアを提供する。
②法律に関する計画
　提案された勧告は次のとおりである。
・禁固刑の代わりとなる処罰を規定する。たとえば、コミュニティでの奉仕活動、最低9カ月のリハビリテーションなど。
・刑事裁判手続きをジェンダーに敏感でプライバシー保護を尊重するように改正する。
・身体的危害に関する法律の施行を促

進する。
・子どもやその他の家族構成員に対する暴力を知りつつ、報告を怠った親や家族を罰する法律を施行する。
・虐待をする親の許から子どもを引き離す権限を警察に与える。
・既存のシェルターに資金援助をし、新しいシェルターを増やし、利用者に経済支援をする。
・暴力からのサバイバーを補償する法律を施行する。財源は、政府の加害者対策費から拠出する。
・暴力に関する法律や、その法律で保護されているサバイバーの権利について、一般社会の意識を高める。
③保護と福祉に関する計画
　提案された勧告は以下のとおりである。
・法律、社会、医療サービスによる対応のマニュアルを作成する。
・法律、社会、医療サービスに携わる人材を養成する。
・政府組織やNGOが、政治的影響を受けずに、女性や子どもの保護活動ができるようにする。
・既存の地区レベルの組織に結婚前、結婚、家族に関する相談サービスの機能を統合させる。
・シェルター、カウンセリング、その他の情報提供を行うコミュニティ・センターを設ける。
④教育および研究に関する計画
　提案された勧告は以下のとおりである。
・女性、子ども、人権、ジェンダー役割、家族教育、自己防衛、生活スキル、そして性教育の問題を、ノン・フォーマル教育やメディアを含め、あらゆるレベルの教育カリキュラムに統合する。
・暴力に関する社会研究を支援する。
・暴力的な番組への介入の効果のモニターやフォローアップに使用できる指標を開発する。
・文化的態度や価値観の変化に関する学術調査を支援し、調査結果を政策や計画立案に使用する。
・メディア、とりわけラジオの電話カウンセラーに、暴力、人権、ジェンダーの力学について教育する。
・学校における体罰を廃止し、教員がそれに従っているかどうかをモニターする。
⑤メカニズムの開発、調整、統合に関する計画
　提案された勧告は以下のとおりである。
・暴力防止活動について国内レベルで調整する機関を創設する。
・都市および農村の両方において、誰もが簡単に利用できるカウンセリング・サービスを提供する。
・政府組織およびNGOが提供しているサービスの質を保証する基準を設ける。
・学術研究と実際のサービス活動の間で、知識や経験を交換できる場を作る。
・監視、保護、ケアのためのネットワーク、とりわけ村レベルでのネットワークを奨励して支援する。
・司法システムの中にワンストップ・サービスとして機能する専門部局を設立し、サバイバーの代理をしたりケアをするジェンダーに敏感な職員を雇用する。

⑥モニター、評価、情報システムに関する計画

　提案された勧告は以下のとおりである。
・暴力に関する統計、データ収集および情報配布元となる情報センターを、中央および地方レベルで設立する。
・情報センターのモニターや評価で得た発見を報告し、政策や計画立案に利用する。

(b) 国内女性問題委員会事務所の報告

　国内女性問題委員会事務所（ONCWA）が作成した"タイにおける女性に対する暴力への闘い"の報告は、以下のことを取り組むべき課題として挙げている。

①刑事裁判
・レイプの定義を訂正し、夫婦間も含めた強制的な性交渉を追加する。
・調査のプロセスと訴追手続きを改善し、被害者が法的権利を行使することを奨励したり、虐待者に処罰を加えることができるようにする。
・サービス設置に関する法律や、証人を保護する法律を施行する。
・労働省の法務職員に、セクシュアル・ハラスメントの申立てを受理し、警察の介在なしに事件を調査し、6カ月以内に調停をして決着に導く任にあたらせる。
・すべての判事および法執行官を対象にジェンダー意識高揚トレーニングを行い、裁判所が範としている内部のガイドラインを改善して新しい法律の原則に沿ったものにする。

②NGO
・バタード・ウーマン（殴打される女性）症候群や健康への負担など、暴力が社会や社会発展に与える影響を認識する。
・NGOと政府組織の協力関係を強め、社会的保護を伴ったジェンダーに敏感な法律を作る。
・夫婦間レイプや近親姦など、女性に対する暴力のさまざまな形態を認識する。
・法律および社会的手段を使って、女性に対する暴力の原因と結果に取り組む。

③医療・保健分野
・DVコーディネーターあるいは学生のアドボケートを採用して、保健システムの枠内で、ワンストップ・サービス・センターの業務時間外に女性たちを支援する。
・公衆衛生やソーシャルワークの修士課程の学生に、保健システムの中でインターンシップを提供する。
・すべての保健従事者に向け、ワンストップ・サービス・センターのトレーニングに加え、ジェンダーに敏感なトレーニングを実施し、虐待された女性の対応に関して定めた新しい規約を採択する。
・虐待に関して被害者個人の通報に依存するのではなく、基準となるインタビュー方法を確立させ、それを保健所や病院の全患者に実施して、虐待のケースを発見するようにする。

④教育分野
・ジェンダーに敏感な教材、テキスト、おもちゃなどを開発して、一般に配布する。
・仲間同士の仲裁やもめごとの解決に関するトレーニングを教員に行う。

・少年少女のクラスを組織して、家事や財産の分担・共有あるいは相互尊重など、結婚や親業に平等主義のアプローチをもたせるようにする。夫はパートナーであり、所有者や雇用主ではないことを強調する。

(2) 女性の被害者だけではなく男性の加害者について9)

女性に対する暴力は"ジェンダーを基礎にした暴力"であるとよくいわれるが、それは、部分的には社会における女性の従属的な地位から発している。女性に対する暴力を合法化し、その結果永続化させる信条、規範、社会制度をもつ文化は数多くある。

"ジェンダーを基礎にした暴力"という言葉を使えば、そこには新しい脈絡が生まれ、女性に対する暴力の検証や議論が始まる。それは、女性からジェンダーに、そしてジェンダーのステレオタイプにより作られ維持されてきた女性と男性の間の不平等な力関係に、焦点を移すことになる。

ホワイトリボン・キャンペーンの創始者であるミッシェル・カウフマン（Michael Kaufman）が説いたように。

暴力
それは、1人の男が妻に対して拳をあげること。
それは、輪になって喧嘩を囃し立てている非行少年の一団。
それは、同伴の若い女性の望みを無視してふるまっているデート中の若い男性。
それは、怒りと恐れにせきたてられて車を暴走させている男。
それは、性的指向、宗教あるいは肌の色を理由に、ある男が別の男に行う身体的あるいは言葉による攻撃。
それは、お互いに相手を人間以下と考え、一般市民はさらにそれ以下と考えるよう命ずる暴力団――私たちはそれを軍隊と呼んでいる。
それは、競技場の暴力。
それは、おそらく比喩的にいえば、私たちと自然環境との関係。
それは、無数のかたちをとる男の暴力。

(3) ジェンダーを基礎にした暴力へのアプローチ

ジェンダーを基礎にした暴力へのアプローチは、次のように変化しつつある。
・議論の焦点は、ずっと虐待されてきた被害者の女性だけではなく、虐待する側にも及んでいる。
・いまや問題は、つい最近まで男性文化の枠内で暴力を認めたがらなかった男たちによって、議論されている。
・いまや論調は責めるよりも問いかけになった。問われるのは、なぜ妻や恋人あるいは子どもを殴ったのかという点だけではない、なぜ他の男を殴ったのか、なぜ男の世界はそれほど暴力的なのかということも問われる。
・いまや議論の焦点は、個々の男性だけ

---

9) UNIFEMバンコク、ジェンダー問題の事実：男らしさとジェンダーバイオレンス、2000年6月。

ではなく、男らしさ、男であること、そして男性文化に向けられている。

・いまや、ジェンダーを基礎にした暴力は、暴力的にふるまう特定の男性だけではなく、すべての男性の問題であると認められている。この点から、家父長制の基盤である男性の暴力のルーツを探求できる。

　ステレオタイプの女らしさが女の子や成人女性に押しつけられてきたように、いまでは、男らしさの先入観も、子どもの頃から始まり、男の子や成人男性に押しつけられていると認識されている。このアプローチは、暴力的な男性はセラピーで救うことができるし、暴力は防止できる。男性はエンパワーされて、新しいかたちの男らしさを定義して生きていくことができる、ということを認めている。男性は自分自身を男性文化の代表として見るのではなく、1人の人間として見るよう求められている。男たちが変われば、文化全体が変化し始め、平和、平等、そして豊かなライフスタイルの基盤が築かれる。

(4) 男らしさとジェンダーを基礎にした暴力

　個々の暴力のケースに焦点を当てたり、男性の女性に対する暴力に焦点を当てる代わりに、現在の男性の役割とアイデンティティを作っている文化全体——'男らしさ'と定義されている——の分析が進められている。

　男らしさを定義することは、男らしさを表現する方法がさまざまにあるように、複雑である。男らしさは、しばしば、攻撃的、競争、権勢、力、勇気、支配などの特徴的な性質を伴っている。これら特徴は、生物学、文化・社会的発展、力の示威が一体となって作用し、生まれてくる。それぞれの要素が現在のジェンダー不平等やジェンダーを基礎にした暴力の原因にどの程度影響を及ぼしてきたのか測るのは難しいが、これら3つの要素を理解することは、現状に挑戦して変革するフレームワークを与えてくれる。

　男らしさに焦点を当てることで、ジェンダーは男性にとっても可視的になる。それは女性の生活のみならず男性の生活に影響を与え、男性のジェンダー意識を高めながら、ジェンダー不平等への挑戦や女性に対する暴力撤廃に向けた最初の一歩となる。

(5) ジェンダーを基礎にした暴力に挑戦するには何をすべきか？

・異なる形態の男らしさを分析する。暴力の形態を明らかにし、それらを変える努力をする。

・力の競り合い、無慈悲、無感覚、戦争やスポーツやビジネスの勝利者を崇拝することを奨励したり美化する価値観を明らかにし、疑問を投げかける。

・男性文化に浸透している男性の役割、理想像、"男の名誉"を明らかにし、疑問を投げかける。

・男の子の育て方、女の子の育て方を根底から変える。

・父性を発展させて重んじる、すなわち男性および少年に父親業のスキルと質を育てる。

・学校教育にジェンダーの視点を取り入

れ、家族、文化、再生産における少年と少女の立場の違いを認識させ、子どもたちが均衡のとれた人格をもって、対等で尊重し合う男女関係を身につけるようにする。

・あらゆる形態のジェンダーに基づく暴力を犯罪として確立させ、暴力を受けたり暴力の危険に脅かされている女性が保護されるように、女性に対する暴力の法律を整備する。

・女性のシェルターを増やし、シェルターやカウンセリング・サービスの仕事をサポートする。シェルターは今後も長期にわたり必要となろう。

・男性が暴力的なふるまいを放棄するよう、サポートやセラピーのサービスを確立させ、適切なセラピーを施す。

・男性に、自助グループを作ったり、女性に対する男性の暴力と闘うように促がし、そのような動きを支援する。ボクシング、アイスホッケー、カーレースなどの暴力的で攻撃的なスポーツを明らかにし、メディアや家庭・学校でそれを美化することに反対する。

・協力、相互作用、信頼を基本にした安全保障を築いて強化し、軍隊や武器を基本にした安全政策と取り替える。

・兵士を必要としない平和の文化に向けた第一歩として、兵役義務を廃止し、志願による軍事訓練を採用し、新しいかたちのコミュニティ・サービスを発展させる。

・政治、外交政策、国際的意思決定の場に参加する女性の比率を高める。

・立法および行政手段を使ったり、世論を変えたり、態度や価値観を鋭く磨くことで、男女平等を促進して確立させる。そうすることで、平等と平和の文化を築く。

4.結論

まとめれば、DVは女性差別と女性の人権侵害がなくならないかぎり撤廃できないといえる。しかし、その地点に到達するまでは、すべての方策はそのまま残しておかなくてはならない。とりわけ法律の分野において、家族法自体が男性の共犯者とともにDVの加害者となっているように、法律は女性に対する国家による暴力として見ることができる。

法律が女性の尊厳や人権の尊重をいかに怠っているかということはすでに述べたが、家族法と刑法はそれらを回復するうえで最も重要になる。

さらに、女性の人権侵害の問題に取り組むためには、家族法や刑法改正に加えて、DVに関する具体的な法律制定を求める必要が出てくるだろう。女性が自らの権利を獲得できるようにする特別措置は、偏見なく支持されなくてはならない。

草の根レベルの女性グループ、その他さまざまなレベルの女性組織、メディア、NCWA、学術機関、政府組織など、すべての関係者と、市民社会全体は、これら法律の制定と実施を注意深くモニターしなくてはならない。協力と調整、別の言葉で言えば連帯が極めて重大である。

市民社会は上述のすべてのセクターとともに、一瞬たりとも目をそらすことな

くモニターし、ものごとが悪い方向に行きそうなときは大声を上げなくてはならない。女性の権利が踏みにじられているかぎりは。

　女性の人権は外国の概念以外のなにものでもなく、平和な社会を二極分解させるだけだという非難がつねにある。それに対する簡単な反論は、そのような平和は加害者だけが感じているものであり、被害者は決して感じていないということだ。

　外国の"ブラジャー焼き捨て"運動の輸入を議論することは、民主化運動以前よりタイにあった女性運動の歴史的視点を受け入れるかどうかの議論以外の何ものでもない。女性の識字団体は1800年代後半にすでにかたちを整えていたし、1900年代初期には社会問題における女性の経験や関心について議論を始めていた。

　ならば、このグローバル化の世界で、望んでもいない消費パターンの流入になぜ抵抗しないのかと誰も尋ねないのであろうか？

(訳注)筆者は、DVの被害を受けた女性や子どもを指す言葉としてvictim（被害者）とsurvivor（サバイバー）の2つの表現を使っている。前者は被害者一般を指すのに対して、後者は「暴力や虐待から生き延びた人、あるいは暴力や虐待など困難な状況から逃れ、生きる力を回復しようとする人たち」というニュアンスが込められている。本稿では、「被害者」と「サバイバー」は原文（英文）のとおりに訳している。

(訳：小森恵)

●諸国におけるDV防止と被害者保護の政策

Malaysia's Experience with the Domestic Violence Act

DV禁止法に関する
マレーシアの経験

アイヴィ・ジョサイアー●*Ivy N. Josiah*
ショーバ・アイヤー●*Shoba Aiyar*

　長年待たれていたマレーシアにおけるDV禁止法は1996年6月にようやく施行された。いくつかの女性団体が協力して「女性に対する暴力に反対する共同行動グループ（JAG）」を結成し、DV禁止法の立法に向けたキャンペーンを1985年に始めてから、女性団体によるキャンペーンが4年、交渉にかけた5年、そして1994年5月に法案が議会を通過し、発効を待つこと2年、合わせて11年経た後のことであった。

　JAGは、この法がすべての人、とくにイスラム教の宗教当局に受け入れられるよう、さまざまな譲歩を行ってきた。

1.すべてのマレーシア人に適用される法

　DV禁止法は当初DVの被害者に対し民事的救済と刑事的救済両方を提供するよう立案されていた。民事的救済には扶養料、監護権、離婚などが含まれ、刑事的救済には保護命令手続きの迅速化や警察に加害者を逮捕する権限を付与すること、および／もしくは加害者を家から立ち退かせるなどの措置が考えられていた。

　マレーシアの連邦憲法下では、イスラム系住民には家族に関するあらゆることがらについてシャリーア法が適用される。DV禁止法に民事的救済を含めようと努力がなされたが、イスラム系住民にとってDVに関する手続きはシャリーア法の管轄の範囲内にあるという理由から反対にあった。さらに、イスラム教当局はシャリーア法がイスラム系住民のDV被害者に対し十分な救済と保護を提供していると主張した。1984年のイスラム家族（連邦領域）法（303法）第127条は妻に対する虐待、冷遇を罰金かつ／もしくは禁固刑で罰することのできる罪としている[1]。同法第52条（h）は妻に対する虐待を婚姻契約解消の根拠として明示に認めている[2]。イスラム教当局はこれらの規定が存在するのでイスラム系住民に適用されるDV禁止法は必要がないと主張した[3]。

　しかし、女性NGOは「離婚、重婚、扶

57

養および共有財産（harta sepencarian）の事例で救済を求める女性やシャリーア法専門の法律家からしばしば苦情が出される」[4]ように、イスラム家族法には限界があると主張した。女性団体は重婚に関する立法の経験から、イスラム系住民と非イスラム系住民のためにそれぞれ別の法があることに反対した。

イスラム系住民にはある法が適用され、非イスラム系住民には別の法が適用される場合、各州はそれぞれの法を制定する権限を有し、州の間の均一性が制限され、脱法行為を可能にする潜在的な法の抜け穴を作ることになる。重婚の場合、厳格な重婚規制を回避しようとする人は、しばしば規制のより緩やかな州に移住する[5]。

シャリーア法はイスラム系住民の家族に関するあらゆることがらについて管轄権を有するが、刑事事項は連邦の管轄下にあり、刑法はイスラム系と非イスラム系に平等に適用される。したがって、DVを刑事訴訟法および刑法に付随させることによって、DVを犯罪と分類することが可能となり、DV禁止法がすべてのマレーシア人に適用されることを確保することになった。

したがって、DV禁止法はさまざまな暴力行為を犯罪と定義する刑法の規定とあわせて読まなければならない。

2. DV禁止法の概要

（1）DVの定義

DV禁止法は、DVを以下のいずれかの行為を行うことと定義している。
・意図的に、あるいは故意に被害者を身体的傷害の恐怖に陥れる、もしくは陥れようとする。
・身体的傷害を引き起こすと知って、もしくは当然に知っていなければならない行為によって被害者に身体的傷害を引き起こす。
・被害者を暴力もしくは脅迫により、被害者が拒否する権利をもつような性的もしくは他の行為を行うように強制する。
・被害者の意思に反し被害者を拘束もしくは拘禁する。
・被害者に心痛もしくは困惑を引き起こす意図をもち、もしくは被害者が心痛もしくは困惑する可能性があると知りながら迷惑行為を行う、もしくは財産の破壊または損害を与える。

その行為の対象者は以下のような者である。
・配偶者
・元配偶者
・子ども
・無能力の成人
・家族のその他の一員

（2）仮保護・保護命令

DV禁止法に規定される行為につい

---

1) Islamic Family Law (Federal Territories) Act 1984 (Act 303). 1996. Kuala Lumpur: International Law Book Services.
2) Ibid.: 33-34.
3) Othman:6.
4) Ibid.
5) Begum Fawziah. 7 October 1996. "Implementing the Domestic Violence Act, 1994." HAWA主催"Workshop on Gender Perspectives in Family Violence"のために作成したペーパー。

て警察に対し申立てが行われると、裁判所は警察がその申立てを捜査する間、仮保護命令（Interim Protection Order）を発することができる。つまり、被害者は加害者が犯罪行為について正式に起訴される前に仮保護命令を得ることができる。

警察の捜査が完了し、加害者が裁判所において告訴された場合、裁判所は保護命令を発することができる。

裁判所は保護命令に以下のような追加命令を付すことができる。
・被保護者に対し、共有の住居もしくはその一部分の排他的占有を認める。
・加害者に被保護者の住居への侵入を禁止する。
・とくに限られた状況以外においては、被保護者に対して加害者が文書もしくは電話による通信を行わないよう求める。
・被保護者が通常使用していた車を継続して使用することを、加害者が認めるよう求める。

(3) そのほかの規定
・DVの被害者で、暴力から保護されたいが、加害者が犯罪行為で罰せられることを望まない人は、保護命令を求める際に犯罪行為については（金銭の賠償の代わりに告訴をしない）示談を申請することができる。
・被害者は暴力の結果引き起こされた身体に対する傷害、財産や財政的損害に対する補償を求めることができる。

・裁判所は保護命令の代わりもしくは命令に加えて、当事者を調停機関もしくは適切なカウンセリングに差し向けるよう命令することができる。
・DV禁止法は犯罪が行われていると信じるあらゆる人（隣人、友人、親戚など）に、警察官や福祉官などの法執行官に情報を提供するよう促す。

3.DV犯罪への対応

(1) DVの分類と手続き

DVの犯罪は、DV禁止法自体ではなく、刑法によって定義される。DV禁止法は付随的救済（仮保護命令や保護命令、カウンセリングなど）を規定するが、DV行為の定義、捜査および起訴は刑法と刑事訴訟法に基づいて行われる。

DV禁止法の実施は、DVを新たに刑罰が科される特定の犯罪として成立させているのではない。DVの刑事的救済はマレーシア刑法の傷害、重大な傷害、暴力、暴行の規定に基づいて行われる。

DV禁止法の下でDVは以下の刑法規定に基づいて分類される[6]。

323条　故意に苦痛を与えることに対する刑罰
324条　危険な武器や手段によって故意に苦痛を与える
325条　故意に重大な苦痛を与えることに対する刑罰
326条　危険な武器や手段によって故意に重大な苦痛を与える

---

6) Section 110, Criminal Procedure Code (F.M.S.Cap. 6). 1986. Kuala Lumpur: ILBS.

341条　違法な拘束に対する刑罰
342条　違法な拘禁に対する刑罰
352条　重大な挑発がある場合を除いて暴力を使用することに対する刑罰
354条　慎みを侮辱する意図をもった暴行、もしくは暴力の使用
355条　重大な挑発がある場合を除いて人の名誉を傷つける意図をもった暴行、もしくは暴力を使用
357条　人を違法に拘禁する意図をもった暴行もしくは暴力を使用
376条　レイプに対する刑罰
426条　迷惑行為に対する刑罰
506条　犯罪的脅迫に対する刑罰

あらゆる刑事事件についての警察の手続きは、その行為が緊急逮捕の可能な罪と不可能な罪のいずれに分類されるかによって決定される。刑事訴訟法によると、緊急逮捕の不可能な罪に分類された犯罪行為については、警察は直ちに事実捜査を行い、「加害者の発見と、適切な場合は逮捕に向けて必要な措置を」とらなければならない[7]。緊急逮捕の可能な犯罪行為の場合には、警察は令状なしに加害者を逮捕することができる。しかしながら、緊急逮捕の不可能な犯罪行為の場合は、警察は次席検事の捜査命令なしに捜査を進めることはできず、逮捕状なしに加害者を逮捕することはできない。

マレーシアにおいて、DVのほとんどの事例は警察によって第323条の行為に分類される。ニュー・ストレイツ・タイムズ（New Straits Times）の記事によると、1996年6月1日から1997年3月1日の間にクアラルンプールで警察が捜査した340件のうち、78.8％の268件は323条の行為として分類された[8]。したがってDVの大部分の事例について、警察は捜査を始める前に捜査命令を検察から得なければならない。この要件は保護命令を含めてDV禁止法に基づいて法的救済を求める女性にとって深刻な影響を与えている。

(2) 仮保護命令

仮保護命令は、虐待する夫、親または親族が申立人に対してさらに暴力行為を行うことを阻止するための裁判所命令である。仮保護命令は警察が捜査を行っている間のみ有効である。

DV禁止法が提供する保護は、この法の中で非常に重要な役割をもち、DVの被害者のほとんどは、この保護をさらなる暴力を受けないための緊急かつ安全な措置として見ている。国家が保護することによって、虐待する男性も、暴力は認められないもの、あるいは受け入れられないものであり、かつ罰せられるものであるというメッセージを受け取る。

女性支援機構の経験では、仮保護命令を得る手続きは、DV禁止法が保護を求める女性にとっていかに「機能し、かつ機能しないか」を最もよく示す指標である。

①警察に申し立ててDVの調書を作成しなければならない。

②そして、女性はその警察調書の写

---

[7] Section 110, Criminal Procedure Code (F.M.S.Cap. 6). 1986. Kuala Lumpur: ILBS.
[8] "340 reports of Domestic Violence", New Straits Times. 13 March 1997.

しを彼女が住む地区の福祉事務所に提出する。

③直ちにシェルターが必要な場合は、女性はまず福祉事務所に行く。福祉官が警察報告書の作成を手伝い、女性と子どものために一時的シェルターを手配し、医療ケアの手配をする。

④福祉官は、女性の主張を検証し、結婚カウンセリングや調停の手続きを開始するために加害者パートナー（ほとんどの場合が夫）を呼ぶ。女性が仮保護命令を必要としていると担当官が判断した場合、担当官は警察に当該事件が捜査中であることを確認しなければならない。ほとんどの場合、福祉官に仮保護命令の申請を促すために女性自身が警察に出向き、福祉事務所宛ての照会回答を受け取らなければならない。

⑤緊急逮捕の不可能な犯罪行為の場合は、捜査官が検察庁から捜査命令を受けなければならない。もし当該行為が第324条もしくは第325条の行為、つまり武器による傷害、骨折などが発生した緊急逮捕の可能な犯罪行為であれば、福祉官は警察が捜査命令を得るのを待つ必要はない。

⑥次に福祉官は治安判事まで申立人に同行し、仮保護命令を申請する。

⑦治安判事は女性になぜ法的保護が必要かさらに質問をする場合がある。

⑧仮保護命令は審理と同日に発令される。仮保護命令の写しは裁判所から警察に送られ、警察は仮保護命令を加害者に送達する責任を負う。

⑨警察の手続きに基づき、仮保護命令は7日間以内に加害者に送達されなければならない。

⑩加害者が申立人に対して継続して迷惑行為を行う場合、警察と福祉官は再度調書を作成しなければならない。加害者は警察によって拘束され、仮保護命令違反について質問される。また場合によっては加害者を拘置することもできる。

3. マレーシアのDV禁止法の実施から学びえたこと

(1) DVの犯罪化

DV禁止法はDVを犯罪と認識したが、その直後から警察報告件数が増加した。

女性支援機構に電話で連絡してきた、あるいは避難してきた女性の多くはすでに警察調書を作成済みであり、仮保護命令を得ていた。警察は快く調書を作成し、福祉官は仮保護命令を申請しに裁判所に同行した。しかし、警察と福祉サービスの向上は、メディアや女性支援機構のような女性団体のロビー活動によって支えられている。

警察調書を作成している間、女性は警察に保護を要求する。女性支援機構は、警察官が女性に対して加害者を捜索し、刑務所に入れ、彼女を虐待し傷つけたことに対し反省させると断言していることを知っている。女性のなかにはそれを望んでいる人もいるが、夫が刑務所に入れられることを恐れて報告を撤回してしまう人もいる。

2000年11月までに、女性支援機構避

難センター (the WAO Refuge) は61件のDVの事例を扱った。そのうち15人の女性について仮保護命令申請の支援をしたが、加害者が配偶者に苦痛を与えたことに対して刑法323条に基づき裁判所で告訴されたと連絡してきた1人を除いては、現在の状況をわれわれは知らされていない。その告訴された加害者については、1,000RM（マレーシア・リンギット）の罰金が科された。加害者が告訴され、裁判所に出廷させられたという事実は、さらなる身体的虐待の抑止になる。

(2) 弱い起訴

警察に被害を申し立てる女性が多数いるなか、それに見合うだけの起訴、告訴および判決がなされていない。女性支援機構のシェルターでの経験では、1996年から2000年の間、われわれが支援した約120件の仮保護命令のうち裁判に至ったのはたったの6件で、そのうち禁固刑が1件、罰金刑が3件つまり示談となり、2件が現在公判中である。

(3) DV禁止法の保護

DV禁止法は、警察捜査が進行中であり、完了していないかぎり被害者に対して保護を提供する。この期間の長さは予測不可能であり、女性は加害者が裁判所で告訴される日まで事件の状況を知らされない。その期間は6カ月から1年の間であるが、はっきりとはわからない。

しかし仮保護命令はDVの被害者にとって非常に重要な文書である。

・彼女に誰か他の人もこの問題について知っていて、それを問題と捉えることが正当であるという自信を与える。
・彼女の夫が、彼女が虐待行為について告発したことを知り、虐待を続けないであろう。
・再び虐待が起これば、彼女を支援し援助する人がいることを知らせる。
・離婚手続きと子どもの監護権確保を迅速化する。

(4) 国家介入の拡大

DV禁止法の主要な推進者は社会福祉省であり、同法の実施のために検察庁、警察の性犯罪課、警察、病院およびNGOとの会合を組織している。保護命令の取得と仮保護命令の加害者への送達を容易にするために手続きが一部簡素化された。

しかし会合は年2回しか開催されず、多くの手続きがいまだに複雑なままであり、手続きの一貫性がない。

(5) 煩雑な手続きによって時間のかかる仮保護命令の発令

行政手続きを簡素化するために省庁間会合が開催されているにもかかわらず、仮保護命令を得るために女性がある部局から別の部局へ何度も行かなければならないことがしばしば起こる。上述のように、手続きには複数の部局が関与し、遅滞は不可避である。

しばしば女性は子どもを連れて、あるいは1人でこれらの部局に行かなければならず、彼女たちにとっては悪夢のようである。当局の無神経により、彼女の苦境は真摯に受け取ってもらえず、時間の

かかる手続きによって彼女は再び被害者となる。

DVの被害者を支援する人員が不足しているため、警察署または福祉事務所の担当官が対応できるまで彼女は長時間待たされる。もし彼女が働いている場合、別々の日に手続きをするごとに仕事を休まなければならない。仮保護命令が得られるまでに1日から約3カ月かかる。担当部局の事務所が隣同士にある小さな町のほうが仮保護命令を得やすいといわれるが、他方で事情が町全体に知られてしまうということもある。

われわれがモニターした事例のなかには、ある担当部局が、要件にはない医師の報告書などを要求したり、夫と和解について話し合うよう言い張ったり、治安判事とのアポイントメントをとれないという事例があった。

(6) 加害者への仮保護命令の送達

治安判事が発行した仮保護命令は警察によって送達されるが、DV禁止法は発行から7日間以内に送達されなければならないと規定している。現実には、被害者は、命令が送達されたかどうかを知るために、警察官を追跡しなければならないということがしばしばある。被害者の多くは仮保護命令が送達されたかどうかを知らされない。女性にとってこれは重要なことである。彼女が外に出て、自分の生活を続けても安全であるかどうか、あるいはまだ夫に虐待される危険があるのか知りたいと思うからである。

警察官の多くは事態の緊急性を認識していない。送達をやっかいな仕事だと考え、若い警察官に送達を任せ、彼らは仮保護命令が何を意味するか説明せずに加害者に渡してしまっている。

仮保護命令自体、説明は短く、加害者に対し、申立人の保護のために命令が発せられ、彼はDVを行ってはいけないと書いてあるだけである。

命令にはそれを違反した場合どうなるか、何をしてはいけないのかについては何も説明していない。仮保護命令はDVのそれぞれの行為を具体的に挙げていない。誰も彼に何をしてはいけないのか説明せず、裁判所も彼の出頭を命じていない。

仮保護命令違反があっても（男性の多くは身体的傷害には至らないが、ストーカー行為、脅迫電話、子どもの誘拐などの手段に訴える）、警察は、刑法の規定を援用したがる。身体的危害が加えられていないことを主張し、容易に行動をとらないのである。

さらに、女性の多くは仮保護命令を申請する最初の手続きで懲りてしまい、違反があっても再度警察に報告する手続きをあきらめてしまう。

(7) 支援サービス

結婚生活の場である住居からの所有物の回収はつねに問題であった。DV禁止法は、警察は所有物を回収しに家庭に行く被害者に同行しなければならないと明確に規定している。われわれの経験では、この同行責任を警察と福祉事務所との間で互いに譲り合っており、結局被害者は彼女の所有物を取り戻すことをあきらめてしまう。もし警察が女性

に同行しても、家の外で待ち、女性が1人で家に入ることを期待しており、女性が保護されるという保証は何もない。

(8) 福祉官の役割

福祉事務所の意図は明白である。彼らは家族の一体性を維持することを旨とし、子どもと家族の一体性のために和解するようカウンセリングをする。彼らは女性にしばしばもっと辛抱し、夫にもう一度チャンスを与えるよう求める。仮保護命令が発令された後、福祉事務所は加害者に虐待と暴力に対処するためにカウンセリングをする必要を認識していない。

4.結論

DV禁止法の実施は、関係当局間の連携がなく、規定も明確でないためにうまくいっていない。つまり関係当局はDVのもつ影響力について理解をしていない。それよりもDVを取り巻く神話を信じようとしている。

現在まで、DV禁止法がわが国におけるDVの状況を大きく変えることができなかったことには失望するが、女性支援機構はDV禁止法を強化する過程に関与し続け、DVの被害者が必要とし、かつ得るべき法的保護と支援を確保するために、われわれのコミュニティと協力して活動し続けている。1996年以来定期的に女性支援機構はメディア上でこれらの問題を取り上げ、DV禁止法関係当局との数少ない会合において発表してきた。

2000年8月、警察を担当する内務大臣は、抜け穴に対処するためにDV禁止法を見直すと発表した。女性支援機構はDV禁止法5周年の2001年6月、JAGとともに見直しに向けた全国協議会を開催する。

(訳:岡田仁子)

● 諸国におけるDV防止と被害者保護の政策

Reflections on Women and Violence in Bangladesh

バングラデシュにおける女性に対する暴力の考察

サイラ・ラフマン ● *Saira Rahman*

1. はじめに

　世界中の多くの女性と同様、バングラデシュの女性は毎年人権侵害に直面している。人権侵害行為は公的な場合もあれば、家庭内のものもある。レイプ、酸を浴びせる行為、イスラム法に基づき男性に有利な判決が導かれるような助言が行われること（fatwa）[1]、持参金（dowry）を持ってこなかったがための暴力などである。バングラデシュでは、女性に対する暴力の原因として社会的な要因と法律の抜け穴がある。宗教的、文化的な規範、差別的で不完全な法律、適切な財産権の否定、女性の権利に関する国際人権基準の不履行などの要因により、女性にとって否定的な環境がつくり出されている。女性は一般的に家庭の重荷と見なされており、結果的にさまざまな形態の暴力と搾取を受けやすくなっている。

　バングラデシュでは、とくに、女性の生命と安全に対する権利を守るためや、女性に対する犯罪者を厳しく処罰するためにいくつかの法制度が整備されているものの、DVに関する特別な法律はない。しかし、刑法には、さまざまな事件をDVそのもの、あるいは結果的にDVと見なせる犯罪に関する規定がある。たとえば、殺人、暴行と殴打、流産をさせたり幇助すること、違法な監禁、自殺幇助などである。刑法には、夫婦間のレイプに対する罰則規定もある。「女性および子どもに対する暴力抑止法2000」もまた、レイプなど女性に対する暴力に関する規定である。

　持参金は渡すことだけでなく受け取ること（若い男性やその家族からお金や物を要求すること）もまた、持参金禁止法の下では違法である。不幸なことに、持参金を渡すことは法律で禁じられているにもかかわらず、バングラデシュの農村地域や都市部でさえも慣習になっている。持参金はバングラデシュでは、法律

---

[1] フォトワ（fatwa）は本来、単純な非刑事的紛争に対してイスラム聖職者が行う助言や裁定である。今日のバングラデシュにおいて、このフォトワが誤って行われている。村の調停機関（salish）において、イスラム聖職者がさまざまなことがらに対して判決を出しており、石打ちや焼身の刑罰を言い渡す場合もある。こうして、フォトワの犠牲となった多くの女性が、家族の名誉を守るために自殺している。本来のフォトワにおいては、死刑を言い渡すことはできないのである。

的にはヒンドゥ法の下で行われているが、イスラム法の下では存在しないし許されていないため、文化的なもののように思われる。農村地域では、夫たちは義父にお金を求め続けており、これに従わない場合、妻に対して酸を浴びせる行為や身体的な暴力、離婚、遺棄、さらには殺害に至る場合もある。多くの場合はとくに合同家族では、家族全体が暴力に加担する。

不幸なことに、DVは、法律的な問題というよりむしろ、いまだに社会的な問題と見なされている。女性に対する暴力を抑止する法律があるにもかかわらず、深刻な場合でないかぎり、家族の中で解決することが好まれてきた。法律の履行状況は過去数年間にわたり、悪化の傾向をたどっており、深刻な事態にある。女性を守るための法律の厳格な適用のためになんら措置はとられていない。このため、女性に対する犯罪は、増加してきている。法制度整備委員会は、必要であれば現行法を改正し、新しい規定を加えるべきであると提案した。しかし、この提案は政府に無視された。

2.女性に対する暴力

女性に対するさまざまな形態の暴力を記録している女性団体は多い。オディカー[2]は、女性に対する暴力を、政治的抑圧や法執行者による人権侵害などに類別している。オディカーはまた女性と子どもの権利侵害に関わるプロジェクトを実施しており、酸を浴びせる行為やレイプなどの事件が明るみに出てきた。このプロジェクトのもと、オディカーによってなされた調査によれば、次のことが明らかになった。それは、女性の権利を守り、女性に対する犯罪を犯した者を処罰する法律があるにもかかわらず、ずっと履行はされないままであり、責任のある政府機関は関心を示さずにきているということである。

(1) 酸を浴びせる行為

2000年、オディカーは、全国紙8紙の報道から186件の酸を浴びせる行為を集計した。1999年は178件で、1998年は101件であった。オディカーの記録によれば、2000年には6歳から15歳の年齢層で33人の被害者があった。事件の大部分は、そのような犯罪を犯す理由は、ねたみ、言い寄っても断られたこと、口論の後の復讐だった。

(2) レイプ

レイプは、現在までのところ、バングラデシュでは女性に対する暴力のうちおそらく最も一般的なものである。不幸なことに、加害者は被害者に知られているにもかかわらず、加害者に責任をとらせるようなことは何もされていない。たいていの場合、犯罪が処罰されない理由として金銭や暴力が絡んでいる。オディカーが行った調査のほとんどでは、被害

---

2) オディカー（Odhikar）はバングラディシュの人権団体で、1994年に設立され、弁護士、研究者、ジャーナリスト、医師、社会運動家などがメンバーである。バングラデシュ全域で人権意識を高揚させるため、人権の伸長、人権侵害事象の記録と調査、人権教育、公民権を剥奪された人々の権利意識の醸成、メンバー間のネットワークの強化、議会選挙の民主的改革などを活動目的としている。

者の家族はあまりに貧しかったり法律に関して無知であるため、法的な手段を求めようとしないのである。あるケースでは、被害者の父親は力車の運転手だったが、オディカーに話したところによると、彼は依頼した弁護士の名前すら知らなかった。別のケースでは、弁護士は出廷の度に支払いを請求し、公判回数をもっと多くするよう求めてきた。それに対して、被害者の母親は弁護士に支払う金がそれ以上なかったため、現在は民間のバングラデシュ女性協会に任せている。

（a）事例1

Kはムンシュガンジ出身の15歳の少女だが、現在は生後3カ月の息子と一緒にバングラデシュ女性協会によって運営されているシェルターに住んでいる。彼女には、母親と3人の弟がいる。彼女の父親はずっと以前に家族を見捨てている。

母親の不在中の夜に、近所の少年がKをレイプした。彼は壁の薄い彼女の家に乱入し、彼女を犯したのである。Kはこの事件を3カ月間母親に黙っていたが、その後妊娠していることが明らかになった。

この事件を知って、彼女の母親はその少年の父親に相談に行ったが、父親は自分の息子がそんな犯罪を犯すはずがないときっぱりと否定した。母親が本人同士を同席させた調停（salish）を求めると主張すると、彼は、Kを義理の娘として受け入れる、そして生まれてくる子どもがもし自分の息子に似ていたら、子どもも受け入れると答えた。しかし、本人同士を同席させた調停が召集されたとき、父親はそれをつぶすため、金を支払って暴力団を組織した。その後調停は二度と開かれなかった。一方、Kの代理人として弁護士がつけられたものの、その弁護士は、貧しい母子からお金をとるだけで何もせず、彼女たちを利用していることが明らかになったのである。

オディカーはバングラデシュ女性協会のムンシュガンジ支部と連絡をとり、その件を取り上げるよう依頼した。Kは子どもの出産から1週間後、ダッカのシェルターに移った。バングラデシュ女性協会は彼女に職業訓練を行っており、同協会の弁護士が彼女のケースを処理しているとオディカーに伝えている。

（b）事例2

2000年11月18日、新聞を開いた人々は、ナシマ・カートゥンとその義理の娘であるオズファ・シュンダリのレイプ事件のニュースを読んで驚いた。娘のほうは結果的に殺害されたのである。11月25日、オディカーはジャナイダ地区のバービニ村に行き、その事件の調査を行った。

調査員がバービニ村のホリナカンドゥに行ったとき、家には母親のナシマ・カートゥンはいなかった。ナシマの義父は、ナシマは病院で治療を受けており、彼の息子でナシマの夫であるモンジュ・ビシュワスは別の殺人事件で起訴されジャナイダ刑務所にいるとオディカーに伝えた。彼の最初の妻は、2人の子どもオズファとフリを残して、毒を飲んで自殺していた。その後、モンジュは同じ村のナシマと結婚したといういきさつがある。

匿名で語った3～4人の村の住民によ

ると、2000年11月17日の夜10時頃、ナシマはオズファを戸外のトイレに連れていった。そのとき、男たちが2人の口に布をかませて、村に隣接した農場に強制的に連れ去った。彼らは彼女たちをレイプして、オズファを殺害したのであった。

　近所の女性たちは、その事件のことはナシマ自身から聞いたと話した。彼女たちによると、強姦者のうち4人はナシマの顔見知りであったという。2000年11月18日の朝6時頃、農場で働くために別の村から来た労働者は、地面に気絶していたナシマと裸のままで死んでいるオズファを見つけたと女性たちは話した。彼らが農場の所有者らに知らせると、人々が集まってきてナシマを病院に送り、農場主は警察にその事件を通報した。警察は事件現場に午後12時頃到着し、午後2時頃オズファの遺体を司法解剖のため病院に送った。2000年11月19日午後8時頃、オズファの遺体は埋葬された。

　この事件の後、容疑者たちは刑法の下でのみ起訴されたが、「女性および子どもに対する暴力抑止法2000」の下では起訴されなかった。実際には後者の下で起訴するほうがより適切であっただろう。以上のことが現時点の調査段階でいえることである。

(3) 法執行者によるレイプ

　社会を守る立場にある法執行機関のメンバーが加害者になりうる場合もある。警察官、軍人などによる女性のレイプが続いてきたが、国はこれを処罰してこなかった。警察に拘留中にレイプされた女性は、さらに困難な状態に陥るが、加害者はほとんど処罰されない。その理由のひとつは、警察官が犯したと申し立てられた犯罪を調査するのは、その同僚の警察官だからである。さらに、政府の調査・取調べ委員会が発足するが、たった1つのリポートを作成するのに何カ月もかかり、そのリポートも、それを必要としている一般には公開されない。2000年の間に13人の女性が法執行機関のメンバーにレイプされ、そのうち最も若かったのはパンチャガールの巡査にレイプされた6歳の少女だった。

(4) 持参金絡みの暴力

　持参金を要求すること、渡すこと、受け取ることは、バングラデシュの法律の下では罪である。しかし、その慣習は私たちの社会の多くの地域で現在も行われている。持参金の要求という慣習が続いている理由のひとつは、とくにバングラデシュの農村部で、若い男性の失業率が高くなってきているためである。

　新婦の両親は一度に持参金をすべて渡すことはできないので、結婚式のときにその一部を支払う。その後、残りの持参金への要求が強くなり、持参金の支払いが遅れると、妻となった女性が残忍な行為を受ける。

　持参金の問題は、おそらくバングラデシュの農村部では最も一般的なDVである。夫だけでなく、夫の両親や親戚までもが妻に支払いがまだ済んでいないとくどくど言う。殺人や殺人未遂事件は日刊紙で毎日のように取り上げられている。

　オディカーは持参金絡みの暴力を定期的には記録していないが、これは現

在進行中のプロジェクトのひとつである。以下の事例研究は、そのような違法な金銭の要求がどの程度まで行われているかを示している。

(a) 事例

2000年10月9日、ジャナイガーティーのシェルプールの18歳のラヒマ・カートゥンは、夫に殴られ、夫の家から追い出されたうえ、彼女の娘である生後6カ月のオントラは殺害された。

ラヒマ・カートゥンがオディカーの調査員に伝えたところによると、彼女はアブドゥル・ワハブと結婚して4年になる。アブドゥル・ワハブは力車の運転手でギャンブルの常習者である。彼は、ギャンブルの借金を払うため、どんな小さな財産も売り払ってきた。彼が借金を払うために家から盗みを働くようになると、彼の父親は彼を家から追い出した。彼は義理の兄弟の家屋敷に彼女を連れて住むようになった。

そのような状況のもと、ラヒマ・カートゥンは、アブドゥル・ワハブに彼女の父親の家から持参金を持ってくるよう圧力をかけられ続けるようになった。ガミガミ小言を言い続け、殴ったり、身体的、精神的な暴力をふるった。やがてこの暴力は彼女の日常生活の一部分になり、義理の姉妹とその夫までもが言葉の暴力や身体的暴力に加担するようになった。貧しい農夫の彼女の父親がなんとかして義理の息子に1万タカを渡したが、さらに要求が高まるばかりだった。

2000年10月8日、ラヒマは夫から激しく殴られて、オントラを連れて彼女の父親の家に帰った。翌朝、彼女の兄弟は彼女にいくらかの米と50タカを渡してアブドゥル・ワハブのいる家に送り返した。彼女を見て、アブドゥル・ワハブは暴力的になり、再び彼女を殴り始めた。彼は家から彼女を追い出して、彼女の父親の家に戻るよう命令した。彼はオントラを強制的に引き取った。ラヒマは彼女の父親の家に戻る以外に選択の余地がなかった。

翌日、アブドゥル・ワハブの弟が、オントラが死亡したという知らせをもって彼女のところに来た。彼女に危害が加えられることを恐れて、地域の長老たちは彼女が自分の娘を見に行こうとするのを止めた。彼女の姉妹の夫が代わりに行って子どもが埋められているのを見つけた。

2000年10月12日、ラヒマの父親は、シェルプールの裁判管轄の治安判事裁判所でアブドゥル・ワハブを告訴した。その知らせを聞いてすぐにアブドゥル・ワハブは地域の首長のところに出向いた。2人は、ラヒマの家族に告訴を取り下げるよう圧力をかけた。

10月20日、村の非公式な調停が開かれ、アブドゥル・ワハブはラヒマ・カートゥンに「賠償金」として1400タカを支払うよう命じられ、彼女の家族は訴訟をやめるようにと言われた。ラヒマがオディカーの調査員に伝えたところによると、彼女の家族は訴訟を維持するための経済的な背景がなかったため、告訴を取り下げることに決めた。彼女は夫の家にもう戻りたくないとも話した。彼女は自分の生後6カ月の娘と同じ運命になることを恐れている。

3.政治的過程における女性

　議会における留保議席への女性の参加はどうであろうか。留保議席は女性が政策づくりに参画できるように導入された。ここでどのような参画だろうかという疑問が出てくるだろう。周知のとおり、女性のための留保議席は「票を集める銀行」にすぎない。30人のお飾りの議員はいるが何も意見をもたず、ただ彼女たちの指導者が言うことに従うだけである。留保議席の規定は2001年になくなる。留保議席がなくなるのは救いである。必要なのは、女性のエンパワメントと権力へのアクセスの観点からの積極的な是正措置である。政治団体は国政選挙において女性の候補者に3分の1の指名権を与えるべきである。

4.結論

　女性に対する犯罪や女性に対する暴力行為の増加は、効果、透明性、国の法と秩序を維持する責任のある人々の説明責任の観点から深刻な問題を投げかけている。とりわけ、子どもに対するレイプという非人間的な犯罪を見ると、どの程度まで法と秩序が悪化しているかがわかる。身元を確認できる人物による暴力行為でさえ法の網の目から抜け落ちてしまうのには当惑させられる。

　新しく導入された「女性および子どもに対する暴力抑止法2000」は、いまは廃止された1995年の同じ名称の法令を少し改善したものである。同法は、犯罪者に対して厳しい処罰を規定しており、保釈を認めない罪であるとしている。社会の全体的な土台が汚職だらけで不安定で、現行法が履行されない場合、新しい法律がうまく機能するだろうか。私たちは、新しい法律が必要なのではなく、もっと現実をよく見て、いまだ救済されず、処罰されないままの女性に対する暴力を明らかにすべきである。こうした現実には現行法でも対処することができるのである。しかし、DVに対処する法律がないため、現実には法律問題よりもむしろ社会規範の観点からしか捉えられていない。

　DVの規制はすでにある法律、つまり刑法で対応することができる。現状を改善するためには、たとえば警察の無関心や汚職、政治活動で有罪とされること、あるいは政策決定の分野に女性があまり参画していないなどの状況に対して、国のさまざまなメカニズムを使って取り組み、改善する必要がある。そのうえで、現行の法律を改正することである。

(訳:藤本千泰／ヒューライツ大阪)

● 諸国におけるDV防止と被害者保護の政策

Domestic Violence and New Zealand Women

DVと
ニュージーランドの女性

ファリダ・スルタナ●*Farida Sultana*

　1981年以来ニュージーランドの10ドル紙幣に、2人の女性の絵が描かれているのは暗示的である。そのうちの1人は依然としてニュージーランドの元首である英国女王であり、もう1人はニュージーランド人女性のケイト・シェパードの絵である。彼女は「女性に投票権を(認めよ)」の運動の先頭に立っていた女性で、その女性解放キャンペーンにより、1893年以降ニュージーランドの女性は議会および地方選挙で投票することができるようになった。1919年には、ニュージーランドの女性は議会議員の被選挙権を獲得した。したがって、ニュージーランドは世界のなかで男性と女性の政治的平等を認め、投票権を保障した最初の国となった。27年後、米国がニュージーランドに続き女性に投票権を認めた。

　現在に目を向けると、ニュージーランドの現首相が女性のヘレン・クラーク氏であり、彼女の政権はニュージーランドで最初の女性首相であったジェニー・シプレー氏の政権の後を継いだということも、ニュージーランドの政界の対抗する2大政党とも女性に率いられていることを示し意義深い。さらには、ニュージーランドのエリアス最高裁判所長官は女性であり、高等法院の判事34人のうち女性は4人(12%)、また下級裁判所である地方裁判所の判事116人のうち女性は22人(19%)である。

　進化の過程にあるニュージーランドのDVに関する法は、他人に暴行や傷害を加えることを犯罪とした英国コモンローに端を発する。この規定はあらゆる人種、経済状況、または信条のすべての人に適用され、後の1961年刑法に規定された。その際、同法第194条はとくに男性が女性に対し暴行を加えることを犯罪とし、新たな犯罪概念を創り出した。この新たな立法以前には、男性が「女性に手をあげない」ということはむしろ文化的基準の問題であった。

　以前は立法化されていなかった立場を第194条で規定する必要があった時点で、社会史や社会的基準が変化していたことは明らかである。文化の変化というのは時間がかかるものであるということは考慮しなければならないが、一方、今世紀の社会変化の程度は著し

い。第194条は、意図的な妨害があったわけではないが、今日DVに対する法が実施されている規模では実施されていないと考えるのが史実的に正しいであろう。立法が継続的に洗練され、DVの問題に対する一般の認識が拡大し、立法的救済が確保されることによって現在に至っている。

最も大きな変化は、第一段階での法執行ともいえる場で起こったのではないだろうか。警察はその時代の社会的思考に沿って、DVを比較的些細な社会的不品行である、「家庭の問題にすぎない」と考え、暴力が認められる「基準」を越えた場合のみ取締りを必要とすると考えていた。しかし現在では、押込強盗や家宅侵入よりも高い優先順位を与えられるに至っている。優先順位が上がっただけでなく、政策として取締りの方法がラジカルに変化した。

立法の効果が持ち出されるときには、当該関係はすでに末期を迎えている可能性が高いことは明白である。それは男性と女性の関係の断絶を意味するだけではなく、家族の他の構成員にも影響を与えることを示唆する。関係内の子どもに関連する問題は関係の断絶を越え、将来にも及ぶ。そのためにその問題は特別の立法の対象となっている。

女性活動家のもう1つの懸念は警察政策の効果に関することである。DVの疑いがある現場に警察が出動した場合、警察は男性を起訴する、という推定が働く。女性活動家は警察が状況をコントロールするだろうと考える。しかし警察政策の背後にある動機は、女性をストレス状況から解放するということにある。つまり、男性を起訴し、それによって女性に保護と威嚇からの自由を提供するということにある。

ニュージーランドはまだ英国法文化の一員であるが、英国法系の法制度では、人は、自分と対等の人たちによる陪審員の前で、有罪であることに合理的な疑いの余地がないと立証されるまでは無罪であると推定される。したがって、警察がDVの疑いがある現場に出動したときに、当然のように男性を起訴し、それによって女性に直ちに完全な保護を提供するということは、この原則から大きく外れるということである。この原則からの離反は、正義の必要性と男性の自分の立場を主張する権利を裁判所がつねに維持することによって緩和されている。裁判所は有罪が立証されるまで男性の無罪を維持する。したがって、DVの苦情から一時的に、女性に直ちに保護を提供し、男性に裁判所で公平な裁判を受ける権利を維持するという状況が続く。

ところで、ニュージーランドの人口は以前と比べてますます同質性を失っているということを指摘しなければならない。この10年の間、主権国家としては非常に小さな人口規模（380万人）の国のなかでは類を見ない率で移民は伸びている。DVは以前から国内に住む集団と同様、移民のなかでも起こっており、また報告されている。

1961年以来のニュージーランド法の発展により、すでに述べたように女性に直ちに保護を与えられるようになってい

る。これはDVの問題を刑法の一般的な枠組みから取り出し、別の特定立法の中に位置づけたことにより達成できた。またそうすることにより、DVをより際立たせ、注目を集めることができた。

どの法の実効性にとっても広く知られ、認識されることは不可欠であることを女性は知っておかなければならない。つまり、法が存在する、ということを人々が知っていなければならない。法が実効的であるためには、法へのアクセスが容易であり、広く自由に利用できると見なされていなければならない。ニュージーランドでは、政府資金を受けたテレビ・コマーシャルや、公共の場で広範に提供されたポスターやパンフレットなどによる大規模な周知キャンペーンだけでなく、共同体の中で活動する多数のボランティア組織によるカウンセリングによって広範な周知が達成できた。最も重要であったのは、公立の学校で実施されたカリキュラムであり、その中では性の平等だけでなく、暴力やいじめも取り上げられた。学校の中のいじめは許されるものではなく、子どもたちはいじめを告発し、どのように防止するかを教えられている。

暴力は社会における主要な問題として見なされるが、世界の中では、DVを文化的または道徳的に適切であるとみるところもある。しかし、ニュージーランドではDVは犯罪として見なされる。ほとんどの場合、暴力は男性から女性に対して行われている。1999年／2000年の警察記録によるとＤＶによる犯罪は10,055件あり、さらにそれとは別に22,792件のDV事件があった。

伝統的に暴力は家族内の私的な問題として見なされ、女性は夫による虐待を受け入れるものとされていた。また被害者に対する救済もなんらなかった。1982年DV禁止法は大きな変化をもたらした。本法は家族内関係でDVを経験した人に保護を提供したのである。本法はDVの被害者にとって大きな助けとなったが、その保護が十分であるとは見られなかった。

DVと並んで、子どもの虐待、レイプ、性的虐待、性的暴行、職場における女性に対するセクシュアル・ハラスメントなどあらゆる形態の虐待が取り上げられなければならなかった。一方、シングル・マザーに対する社会的差別はなくなっており、社会の人々は婚姻関係の伝統的な概念から離れつつある。ホモセクシュアルおよびレズビアン関係に対しても、DVからの保護を達成するために、立法の際には適切な文言が求められる。

1994年、法改正の必要が生じた際、DV禁止法違反の罰則を強化し、加害者側の子どもの監護権や面接権に対して消極的推定が認められるよう勧告が行われた。

1. 1995年DV禁止法

（1）1995年DV禁止法の趣旨

1995年DV禁止法は、1996年7月に発効した。本法は1994年、クリスティーンとアラン・ブリストルの子どもたちが親との面会時に死亡するという悲劇をきっかけに制定された[1]。政府はその悲劇のため

に法を改正する必要を大いに感じたのである。1995年法の趣旨はDVからの保護を拡大することである。

ニュージーランドの法制度は、そのようなDVの被害者に対する適切な保護と、暴力の証人である子どもたちのケアを提供する過程にある。

(2) DVの定義

DVとは、「家庭関係にある、もしくはあった人に対する暴力」と定義されている。

(3) 家庭関係の定義

人は次の場合、もう1人の人と家庭関係にあるとされる。

・その人がもう1人の人のパートナーである場合。パートナー関係とは、その人がお互い現在法的に結婚している、もしくはかつて結婚していた人である。さらに、法的な婚姻関係はないが、結婚の性質をもつような関係にいたカップルも含む。

1995年DV禁止法は、夫婦だけでなく、夫婦と同等な関係にあると見なされる人も含む。

・その人がもう1人の人の家族の一員である場合。加害者が家族の一員である場合、被害者とは血縁、縁戚、養子縁組による関係がなければならない。家族の一員にはwhanau（マオリ人の社会生活上の家族）あるいは他の文化的に認められた家族の集団の一員も含まれる。

・ある人がもう1人の人と共に世帯をもっている場合。当然その関係が賃貸人・賃借人、雇用者・被雇用者の関係であれば、共に世帯をもっていると見なされない。

・もう1人の人と密接な個人的関係を有している場合。裁判所は密接で個人的な関係と判断するためにはさまざまな要素を検討する。裁判所は次の点を考慮する。

①関係の性質と強度
②2人が過ごした期間
③その期間を過ごした場所
④その期間をどのように過ごしたか
⑤関係の持続した期間

ニュージーランドでは密接な個人的関係を立証するために、性的関係は必ずしも必要ではない。

(4) 暴力の形態

ニュージーランド法では暴力には次の形態がある。

・身体的
・性的
・心理的威嚇、迷惑行為、財産の損傷、脅迫、子どもへの心理的虐待などを含む

本法では身体的および性的虐待に加え、精神的虐待の定義を、子どもが自分の家庭関係にある人の虐待を目撃する、ということを含むよう拡大した。

(5) 命令の種類とその手続き

(a) 保護命令

本法では新しい保護命令および保護

---

1) Busch, R. and Robertson, N., "I didn't know just how far you could fight", WLR, 1996.

命令違反の罰則の強化が加えられ、さらに、暴力加害者は、子どもが安全であると裁判所が納得しないかぎり、監護権や監督なしの面接権を認められないという推定が含められた。

保護命令を得るためには、その命令を申請する対象の人と家庭関係になければならない。さらに、加害者が、申請しようとする人またはその子どもに対してDVを行っていなければならない。裁判所は、DVがあったと納得した場合、保護命令を発することができる。また、裁判官は、「申請者」または保護を求める人の保護のために、命令が必要であると納得していなければならない。

保護命令が認められると、自動的に暴力停止条件および接触停止条件が課される。同様に対象者は、警察にすべての火器許可証および武器を提出するよう命令される。

保護命令が付される条件には次のような例がある。

①加害者は申請者またはその子を虐待、または脅迫してはならない

②加害者は申請者の財産を損傷、または損傷を加えるという脅迫をしてはならない

③加害者はそのような活動を行うよう第三者をそそのかしてはならない

一般的に対象者は、申請者の家あるいはその近隣に近づくことを禁じられる。さらに、緊急事態が生じた場合を除いて、裁判所の文書による許可なしに申請者に接触することを認められない。また、加害者は暴力の不行使のプログラムに参加することを要求される。

(b) 占有命令および保有命令

この命令により申請者は自分が権利を有する家を占有することが認められる。

(c) 家具利用命令

この命令により申請者は家の家具や器具を利用することができる。

(6) 保護命令の期間

保護命令が発されると、それは通常3カ月の暫定期間がある。その間対象者は自己を弁護する時間を与えられる。つまり、3カ月以内に異議を申し立てなければならず、そうしない場合、命令は終局的になる。一方、対象者が命令に異議を申し立てた場合、裁判所は審議の日を定め、裁判官は決定を出す前に両者の主張を聞く。

(7) 違反者の起訴

保護命令に違反すると、違反者は逮捕され、5,000ドルの罰金、もしくは6カ月の禁固刑に処されうる。3年以内に3回違反した場合、刑は2年に延ばされる。

ニュージーランドでは保護命令の違反は深刻に取り扱われる。本法の最も重要な目的は、家庭関係の暴力が絶対に認められないということを認識することにより、DVを減少させ、防止することである。

1999／2000年の間4,200件のDV禁止法に関連する違反があった。

現在、ニュージーランドの裁判所は子どもの安全、とくに家族内で暴力を目撃した子どもの安全を非常に重要視していることを指摘しなければならない。家

族内で暴力を目撃した子どもは、感情的、行動的および教育的な側面で影響を受けている。

(8) 保護命令取得を支援する組織
・家庭裁判所
・警察
・子どもおよび青少年サービス
・女性避難所
・暴力防止サービス
・法律家
・被害者支援
・他の政府および共同体組織
・社会福祉省
・市民アドバイス事務所
・レイプ・シェルター
・マオリ女性福祉連盟

(9) 加害者側である親の面接権
　1995年DV禁止法も1968年後見法も家族の暴力に影響を受けた子どもの権利を保護する。1968年後見法は、以前家庭において暴力をふるった親が子どもに面会する場合、裁判所が監督なしの面会でも子どもが安全であると納得しないかぎり、監督下の面会しか認められない。

(10) 責任を有する政府当局
(a) 家庭裁判所
　家庭裁判所が後見、監護権や面接権などの決定を行う場合、主要な懸念事項は子どもの福利である。この裁判所の審議には次の利点がある。
・取り扱われる事項は私的性質のものであり、公けにされない

・他の裁判所の審議よりも非形式的である
　子どもの居場所について、裁判官は子どもの年齢に応じて判断する。子どもの希望が考慮に入れられることもある。いずれにしても、子どもにとって最善の判断が下されなければならない場合、どのようにすべきか心理学者やソーシャルワーカーなど専門家の意見が求められる。
　報告書を作成するにあたり、専門家は双方の親と話し、子どもがそれぞれの親といる場面を見たうえで、子どもと密接な関係を有する他の人とも話さなければならない。その報告は裁判官が判断を出す際の手助けとなる。
　裁判所はまた、子どものための弁護士を任命するよう判断することもできる。弁護士は子どもの代理人として彼または彼女の利益を配慮することを求められる。そのような場合裁判所が弁護士費用を負担するが、特定の場合には親も一部負担するよう命令される。
(b) 被害者アドバイザー
　裁判所および警察を通じて被害者アドバイザーを利用することもできる。アドバイザーは裁判所出廷時に被害者に同伴できる。
(c) 暴力介入プログラム
　大都市のどの警察にもDV介入プログラムのための予算が配分されている。どの警察署もDVコーディネーターを置いている。ニュージーランド政府の福祉制度には生活補助などがあるが、シングル・マザーと彼女の子どもの家族支援用のために特別な補助の種類がある。また、

ニュージーランドの看護婦は全員、とくに産科においてDVの被害者女性に対処する訓練を受けている。

2.法改正の評価

DV禁止法は家族の中で暴力が起こっている場合の状況に厳格に対処するために改正された。また法の対象となる人の基準も見直された。

改正前には暴力停止、および妨害行為停止命令を発してもらうためには、対象者と結婚、または結婚の性質をもつ事実上の関係がなければならなかった。1995年DV禁止法発効後、本法の下で保護命令を申請できる人の類型が拡大された。当事者は家庭関係、つまり家族の一員、ホモセクシュアルのカップル、関係はあるが実際に物理的に同居していないカップルなどでもありうる。これには結婚した夫婦、結婚していないカップル、ホモセクシュアルまたはレズビアンのカップル、子ども、親戚、あるいは密接な個人的関係を有するすべての人を含む。

もう1つの変化は、以前は別々に申請しなければならなかった暴力停止命令と妨害行為停止命令の両方を含む保護命令が規定されたことである。本法の下の保護命令は暴力停止と妨害行為停止命令の内容を含む。

また、改正前には加害者に怒りをコントロールするためのカウンセリングが義務づけられていたが、本法の結果、理論的には子どもと申請者のためのセラピーやカウンセリングも提供できるよう拡大された。

上記のとおり、保護命令は発令された時点では暫定命令であるが、3カ月後には終局的になる。さらに対象者は怒りをコントロールするプログラムに参加するよう命令される。また上記で述べたように保護命令の違反には罰則が科される。

家庭裁判所は緊急の場合、一方的仮命令を認めることができる。裁判所はいかなる遅滞も子どもに対して深刻な被害をもたらしうると納得した場合、そのような命令を発することができる。また一方の当事者が子どもを国外に連れ出すのではないかともう一方の当事者が懸念をもつこともあるが、そのような場合、子どもをニュージーランドにとどめるよう令状を家庭裁判所に求めることができる。

家庭裁判所は命令に違反する者に対して罰則は課さない。一方、刑事裁判所は保護命令の違反者を起訴することができる。

3.1995年DV禁止法の限界と弱点

現在1995年DV禁止法が職場での暴力にも適用されるかどうか問題となっている。いまのところ本法は家庭関係だけに焦点を当てており、他の暴力の形態（職場での迷惑行為など）は本法に含まれない。しかしこのことはニュージーランドが他の暴力の形態を無視しているということにはつながらない。そのような暴力には迷惑行為禁止法が適用される。

4.法の実行

暫定的、もしくは終局的命令が発せられると申請者はその命令をいつでも実行できる。1995年DV禁止法では子ども、(子どもの代理として)学校、(弱い立場にある人の場合)第三者、警察、子どもおよび青少年サービスおよび同様の組織も命令を実行できる。また、そのことは広告、女性シェルター組織や学校と話し合いの場をもつグループなどを通して広く周知されている。

5.課題

低所得者、または生活補助を受けている人には司法扶助があるが、中流階級にいる人で扶助を受ける基準に当てはまらない人の問題がある。このような人たちは上記のようなサービスを受けるためには料金を負担しなければならない。また、彼女たちはことを公けにしたくないので刑事裁判所にも行きたがらない。あらゆる人が司法扶助を受けられるよう例外を設けなければならず、また「費用」は司法扶助だけにとどめられるべきではない。

6.独立女性避難所全国連盟

この4半世紀以上、独立女性避難所全国連盟(National Collective of Independent Women's Refuges; NCIWR)は女性と子ども、とくにDVから逃れてきた女性と子どもにサービスを提供してきた。最初の避難所・シェルターが1973年に設立され、続く7年の間に9カ所のシェルターが設立された。現在ニュージーランド全体に51カ所の避難所があり、うち12カ所はとくにマオリ人の地域、2カ所は太平洋諸島に、また1カ所はアジア人女性用の避難所である(シャクティ)。

避難所のサービスを利用した女性のうち、28%は警察から付託され、40%は自ら来訪した。全国の避難所には639人の支援者がいるが、そのうち26%しか有給ではなく、残りはボランティアである。

避難所は女性や子どもを含むDVの被害者に宿泊を提供するシェルターである。完全に秘密を守り安全な環境である。

避難所は地方レベルの当局その他団体との関係を発展させてきた。国家レベルではまもなく警察と合意協定を結ぶことになっており、また同様の合意を被害者支援、児童青少年および家庭省、労働所得省とも求めていきたいと考えている。

各地の避難所はウェリントンの全国事務所に支援されている。全国事務所にはマオリ・サービス、研修、警察および研究品質評価、財政、運営、資金調達などの部門が含まれる。

現在、NCIWRは児童青少年および家庭省から年3,734,658ドルの支援を受けているが、そのうちの一部、360,000ドルは全国事務所の費用のために使用し、残額は各避難所の住居、共同体および教育サービスのために配分される。

NCIWRはさらに子どもと子どもの安

全のために主要な役割を担い、子どもの利益が脅威にさらされるときには独立して子どものために行動するよう確約している（1999年NCIWR行動基準）。

7.女性差別撤廃条約

ニュージーランドは女性差別撤廃条約を1980年7月17日に署名し、1985年1月10日に批准した。第3回と合わせた第4回報告が1998年女性差別撤廃委員会に提出されたが、ニュージーランド女性国家委員会がコーディネートし、28のNGOの代表が作成したレポートも提出され、1998年7月委員会において検討された。

ニュージーランド政府は1995年DV禁止法の導入を北京行動計画の戦略的目的2)の実施としてなされた重要な進歩であるとして報告に取り上げ、立法の改正点16点を列挙した。たとえば、暴力の定義に心理的虐待（脅迫、威嚇、暴力の目撃など）を加えた点などである3)。

NGOの報告では、第2条の差別禁止措置の箇所で、NGOがDV禁止法の実施には資金が不足していると懸念を有していると述べている。政府は運営および教育費用を負担するために法の発効から3年間毎年1,000万NZドルを配分しているが、1994年ニュージーランドにおけるDVのコストは毎年12億3,500万ドルになると推定されている4)。女性の避難所の取組みは財政的に負担が大きすぎ、その財政状況を一般に周知してもらおうと積極的に動いている。政府からの資金は増えたが、まだ需要を満たすには至っていない。女性の避難所を支援するボランティア委員会やNGOは資金不足を埋めようと苦労している5)。

報告審査の中でニュージーランド政府に対する委員会の第5条に関する質問は、「1995年DV禁止法の実施を説明してください。マオリ、太平洋諸島および他の少数集団の女性に対するDVに対してどのようなイニシアチブをとったのか説明してください。マオリ、太平洋諸島や他の少数集団の女性も暴力の被害者のための施設やリハビリテーション・プログラムを利用できますか」というものだった。

女性差別撤廃委員会は計96の質問を出したが、NGOが準備している女性差別撤廃条約の2002年のNGOレポートの中でその質問をすべて再び取り上げることになるだろう。

8.DVの一般的周知

DVは一般的に知られるようになり、そのような状況に対し手助けをするという考え方が増えている。暴力を目撃した人は、警察に報告することを社会的義務と考えており、これが法制度を支援しているともいえる。

ニュージーランドで最大の読者数をもつ日刊紙「ニュージーランド・ヘラルド」

---

2) BpfA, Critical Area of Concern D, "Violence Against Women".
3) Status of Women in New Zealand, CEDAW Report. 1998, 第2条　差別禁止措置参照。
4) Snively, The New Zealand Economic Cost of Family Violence, 1994.
5) BpfA, Strategic Objective D1.

はDVの問題に対する一般的認識を広めようと教育的キャンペーンを行った。同紙はいくつかの事例を取り上げ、警察や病院など多くの観点からの情報を掲載した。

2000年、人権委員会は性的暴行および職場における迷惑行為に関する大規模なキャンペーンを実施した。

9. ニュージーランド移民および難民女性運動、シャクティの概要

「シャクティ」とは力を意味する。アジアの6カ国が同じ発音で同じ意味をもつ言葉をもつ。この力とは身体的でもあり、精神的でもあるが、私たちはお互いに力を与えるという意味で使っている。

シャクティは英国において黒人、移民および難民女性を支援するために始まった。ニュージーランドはこの10年間移民が増えており、1995年8月オークランドでシャクティが設立された。

最初はこじんまりと、床に座り、あまり資源もないという状態であった。私たちは全員ニュージーランドに来て1年未満であり、英語は私たちにとって第二言語であった。新しい組織を立ち上げ、ニュージーランドの制度の中に適応させていくことは非常に難しくやりがいのある仕事であった。

DVの被害者には次のように広範なサービスが提供される。
・母親に対する第二言語としての英語教育
・免許証取得などの生活するうえでのスキル
・コンピューター研修
・キャリア開発
・裁縫
・育児研修
・職業訓練
・保健クリニック
・予防保健教育
・カウンセリング
・電話によるカウンセリング
・独自の資源開発
・女性の社会的業務への意欲を高める
・高等教育機関および大学の学生の就職支援

私たちのサービスは4カ所のセンターから提供される。
・シャクティ移民資料センター
・シャクティ・アジア女性センター
・シャクティ・アジア・アフリカ女性共同体教育センター
・シャクティ・アジア女性シェルター

私たちのサービスを受けたのは32カ国からの女性であり、一方私たちのスタッフも15カ国から来ている。私たちのサービスを受ける人の年齢は16歳から85歳までである。

本団体の理事会はこの運動の女性の多様性と統一性を反映しており、次のとおり人種的にも多様である。
・マオリ人（ニュージーランド先住民）
・カナダ人
・ニュージーランド人
・台湾人
・インド系フィジー人
・マレーシア人
・バングラデシュ人

・スリランカ人

　私たちはニュージーランド人女性個人からも社会全体からも多大な支援を受けている。シャクティは当初からヘレン・クラーク現首相をはじめ他の高名な力強く確固とした意志をもつ女性たちに支えられてきた。

　彼女たちはネットワークを通じて私たちに手を差し伸べ、あらゆる方法で私たちを支援してくれた。彼女たちも私たちの移民および難民女性の運動の一部である。

10.結論

　女性はニュージーランド社会全体のなかで高い地位を占めるが、まだ十分とはいえない。差別はまだ存在するが、女性の意気込みは高く、大きな進歩を遂げている。今後も前進を続けていくが、次のような障害がまだ残る。
・保護命令の規定にはまだ強化しなければならない点がある。
・別居手続き全体を通して女性にはより大きな法的・財政的支援が必要であり、問題解決と、女性（および家族）の再スタートのために時間が必要である。
・十分な養育費のための財政配分

　シャクティはニュージーランドにおける移民および難民女性の組織であり、あらゆる側面で多大な支援を受けている。政府は2001年、さらに国内の他の3都市にシャクティに似た組織を設立しようというイニシアチブをとっている。移民および難民女性は政府のこの措置を歓迎している。シャクティはその組織の設立作業を任されており、ニュージーランドの他の地域の少数集団、移民および難民女性と私たちの専門性、経験と知識を分かち合うことを喜んでいる。

　シャクティのメッセージ：「私は弱い。痛い。家は牢獄だ。私は一息つきたい」と彼女はいう。私たちはここにいる。私たちには力がある。私たちはアジア女性の力である。

次の団体のご協力に感謝します
National Collective of Independent Women's Refuges（Beverly Braybrook）
Shakti Migrant Services Trust（Kitch Cuthbert, Shenaaz Munif, Peter Stephens, Joanna Fictoor, Sheila Brampy）

（訳：岡田仁子）

資料1

家庭内における女性に対する暴力

ラディカ・クマラスワミ国連人権委員会特別報告者
報告書（抜粋）

序論

1. 第54会期人権委員会は、決議1998/52において、女性に対する暴力、その原因と結果に関する特別報告者の報告（E/CN.4/1998/54およびAdd.1）を満足して受理し、家族内暴力、コミュニティにおける暴力、国家による直接・間接の暴力に関する分析を高く評価した。

2. 本報告1)は、家庭内暴力、とりわけ特別報告者が1996年に提出した家族内暴力に関する報告（E/CN.4/1996/53）に則して、国家が遵守すべき国際的義務に焦点をあてるものである。

Ⅰ.作業の方法と活動

3. 家庭内暴力に関する国際的責務を国家がどのように遵守しているか、系統的に検討を加えるために、特別報告者は各国政府に対して1994年以降講じられた措置の説明とコピーを書面で提出するよう求め、1994年以前に国際的勧告に従って国家が行った政策や実践もふくめることを要請した。

4. 特別報告者が政府およびNGOにとくに求めた情報は以下の通りである。

「① 国の行動計画：家庭内暴力の性質および世界中でこれが広まり、撲滅されるどころか発生率が高まっていることから、国は家庭内暴力とたたかう包括的戦略を打ち出し、被害者に対する救済策を講じる必要がある。特別報告者はこれまで採用された戦略に関する情報を求めている。

② 統計：家庭内暴力の発生と通報に関して、法律や政策がどの程度影響力を持つかを計るために、最新の統計的データと公式記録が必要である。特別報告者は家庭内暴力に関して国が集めた公式統計の写しを手に入れたい。

③ 訓練：家庭内暴力の訴えに対して、従来の刑事裁判制度は十分に対応してこなかった。これを克服するために警察、検察官、法医学者、裁判官に対する系統的な訓練が必要である。家庭内暴力に関して刑事裁判制度がより敏感かつ適切に対応できるよう、各構成員に対してどのような訓練を行ってきたかについて、特別報告者は知りたい。

④ 被害者に対する支援サービス：家庭内暴力を犯罪とするだけでなく、被害者が抱える身の安全、経済力、住宅、雇用、保育といったさまざまな必要に応えるサービスが求められている。特別報告者は国やNGOが提供している被害者に対する支援サービスについての情報を求めている。」

5. 本報告書では紙数も具体的な焦点も限られているところから、特別報告者は暴力と闘うために講じられた措置ないし救済策に報告内容を限定した。具体的な情報提

---

1) 特別報告者として、リサ・コイス、マージ・リン・ソランドの非常に貴重な助力に感謝したい。また、特別報告者の依頼に応えて情報を提供された数多くの個人や組織にも感謝する。この他、女性の生殖の権利に影響を及ぼし、女性に対する暴力を引き起こしたり助長する政策や慣行に関して、付属資料をまとめる助けをして下さったジャニー・チュアン、キャシー・ホール・マルチネス、レベッカ・クック、ロザリンド・ペチェスキー、サアマ・ラジャクルナにも感謝してやまない。

供を求めたにもかかわらず、ほとんどの国は家庭内暴力の具体例と一般的情報だけでなく、女性に対する暴力や女性の地位についての情報を提供した。特別報告者は一部の国から提供された詳しい情報に感謝するが、紙数の関係で本報告にはすべてを含めることはできなかった。各国政府は概して一定のパターンを持ち、家庭内暴力に関する情報はだいたい標準化され、焦点もはっきりしていて、しばしば関連する日時も加えられていたことを特筆したい。

Ⅱ.家族と暴力：定義

6. 国際法でも国内法でも、家族は社会における自然でもっとも基本的な単位と定義されているにもかかわらず、国際法の目にさらされることはこれまでほとんどなかった。これはもっぱら公的領域と私的領域が伝統的に区別されてきた上に、公的領域における人権侵害の議論が強調されてきた結果である。だが、こうした見方は次第に変わりつつある。人権擁護は単に公的領域に限定されるものではなくなった。家族内もふくめて私的領域にも適用されるようになり、国家はそこでの侵害を防ぎ、調査し、罰する義務を負うようになった。

7. 国家は法的および道徳的規制を通して、家庭にとって重要な役割を演じていると同時に、家庭を構成する個々人の地位、権利、救済策を決定する面でも重要な役割を担う。家庭内での女性の伝統的な役割は、とりわけセクシュアリティ、暴力（夫婦間レイプないしその欠如をふくむ）、プライバシー、離婚、不倫、財産、相続、雇用、子どもの監護権に関する一般的法律および宗教法のなかに置かれている。こうした法律は、伝統的家族とその中の女性の立場についての支配的イデオロギーを正当化し、確固とした

ものにするのである。家族イデオロギーは往々にして二面性を持つ。一面では、養育とか親密さといった私的スペースを提供する。他方、女性に対して暴力がふるわれる場所、社会における女性の役割を構成するものとして、女性の力を奪うことが多い。

8. 理想像が支配的な基準として掲げられる家族と、現実の経験に基づく家族という形態の分断は、世界のどこにでも存在している。理想とされる形が核家族であれ合同家族あるいは拡大家族であれ、現代の家族形態では、現実と理想が一致していない場合が多い。こうした家族形態には女性のひとり暮らしや母子家庭など、女性が世帯主の家庭も含まれるし、その理由も、自らの選択（性的な選択もあれば雇用の選択もある）、未亡人、捨てられたため、強制退去、軍事化などさまざまある。たとえば、ある研究者はインドだけで11種類の家族形態を明らかにした。核家族、補完的核家族、不完全な核家族、片親、補完的片親、分家型の合同家族、補完的な分家合同家族、直系合同家族、補完的直系合同家族、直系と分家が混ざった合同家族、補完的な直系と分家家族である[2]。

9. だが、こうした違いにもかかわらず、どこの社会でも特定の文化をもつ支配的イデオロギーがつくる家族形態が規範となり、またその規範の外にあるものを定義づけて、逸脱として分類する。従って、この支配的な家族構造は、実際に支配的であろうと単に理論的なものであろうと、関係を判断する基盤として役立つのである。さらに、基準に反した個々の女性に判断を下し、家族やセクシュアリティに関して道徳と法の命令に背いたとして悪魔にしたてるためにも役立てられることが多い。こうした概念がどの程度、女性の生き方に適用され、影響力を発揮するかは、階級、カースト、人種、民族、資源へ

---

2) ポーリーン・コレンダ「インドにおける家族構造と地域的違い」(Ratna Kapur, Brenda Cossman "Subversive Sites. Feminist Engagement with Law in India", New Delhi, Sage Publications, 1996) 所収。

のアクセス、その他の女性を片隅においやるやり方によって決まる。家庭という壁の内外にある支配的家族イデオロギーは、妻と母という女性の役割をさらに固定化し、女性が非伝統的な役割を演じることを妨げる。こうしたイデオロギーが家庭の内外で女性を暴力にさらし、とりわけ貧困層や労働者階級の女性の従属的地位を強化する。とくに伝統的な性別役割にはまらなかったりこれを認めない女性は、ジェンダーに基づく憎悪犯罪の的にされる[3]。このような悪魔扱いが、セクシャルハラスメント、レイプ、家庭内暴力、女性性器切除、強制結婚、名誉を理由にした殺人その他の女性殺しといった女性に対する暴力をかきたてるのである。

10. フェミニズムは伝統的な家族形態がもつ抑圧的、暴力的な側面を批判するが、これは「反家族」でも家族を破壊しようとするものでもないことを理解する必要がある。女性の人権を擁護する人びとはますます、伝統的な家族の概念に挑戦しているとして攻撃されるようになった。女性の人権擁護派に対する公然たる非難、糾弾、ハラスメント、肉体的暴力が増えているのである。公的生活でも私的生活でも女性の人権が確実に守られるためには、非伝統的な家族形態を受け入れる必要があると、評論家は主張する。あらゆる家族形態は女性への暴力と女性抑圧の可能性があることを認め、これを阻止するために働くことが不可欠である。

11. 婚姻と家族に関する規範を明確化する国際基準は、最近まで婚姻の合意、プライバシー、子どもといった問題に焦点が置かれていた。世界人権宣言(第16条)、国際人権規約の自由権規約(第23条)および社会権規約(第10条)はいずれも、自由かつ全面的な合意に基づいて結婚し、家族をつくる権利をはっきりと認めている。自由権規約ではさらに、結婚と婚姻期間中、婚姻の解消に関して、配偶者が対等の権利をもつことも明確にしている(第23:4条)。こうした権利は「結婚の合意、最低年齢、婚姻届けに関する条約」(1962)に詳しく述べられている。

12. 国際的人権文書はすべて、家族をつくる基盤として、選択(すなわち自由かつ全面的な合意)という概念に重きを置いている。「女性に対するあらゆる形態の差別撤廃条約」(CEDAW)はさらに一歩進んで、「結婚と家族関係に関する事柄での女性に対する差別」の撤廃を求めたが、これは自由かつ全面的合意によって結婚する権利、結婚期間中および解体に際しての対等の権利と責任のみならず、出産や育児、監護権、財産、子どもを早婚から守ることなどについての権利と責任にもおよんでいる(第16条)。一般的勧告の第19項では、女性差別撤廃条約委員会(CEDAW)は、家庭内暴力もふくめて女性に対する暴力は女性差別の一形態だと認めるところまで進んだ。

13. 人口と開発に関する国際会議で採択された行動計画は、家族形態はさまざまあり、普遍的な家族モデルというものはないと断言している。家族をはっきりと社会の基本的単位として位置付けることと並行して、家族が社会的に構成されたものであり、したがって人口や社会経済的変化によって形を変えることを認めたのである。こうした関係を再構築する基本的原則は、あくまでも合意と平等であるべきだとすることによって、国際基準はこうした変化に前向きに影響を及ぼせるだろう。

14. さらに、従来の人権文書はパートナーどうしの自由意思による全面的合意に基づく家族を保護してきたが、その一方、国際的規範は、個々の人間の性的自治といった問題やプライバシーの権利にまで踏み込みはじめた。たとえば、北京会議で採択された行

---

[3] Ratna Kapur, Brenda Cossman "Subversive Sites. Feminist Engagement with Law in India"(New Delhi, Sage Publications, 1996) p.96.

動綱領の第96項は、「女性の人権には、性的および生殖の健康をふくめたセクシュアリティに関する事柄を責任をもって自己管理し、自由に決める権利、差別や強要や暴力をまぬがれていることが含まれる」と述べている。

15. 支配的家族イデオロギーが女性のみならず男性にも影響をおよぼす主要なやり方のひとつが、セクシュアリティに関して命令を下すことである。欧州人権裁判所は、同性どうしの結婚を、欧州条約第8条で定めている私的生活に対する権利に照らして認めるにいたった。1994年、人権委員会はタスマニアの差別的な男色禁止法を、国際人権規約（自由権規約）の第7条と第26条に違反するものと判定した。同委員会の解釈では、人権規約の第2条と第26条で差別として禁じられているリストの「セックス」の項目は、性的指向も含まれるのである。一部の国ぐにの避難民保護法でも、性的指向を国際的人権保護の方策にふくめる必要があることを認めている。国連の難民高等弁務官事務所は、諮問的立場の意見として、男女ふくめて同性愛者が難民認定において「特別の社会集団のメンバー」を構成していることを認めている。

16. 家庭内暴力に関する最初の報告で、特別報告者はまず、家族の形態はさまざまであることを認め、どのような形態の家族であれ、その中にいる人びとを守るべきであることについて広い理解を求めたい。特別報告者は家族内の女性に対する実にさまざまな暴力についての情報を受け取ったが、そこにふくまれた暴力は、妻虐待や家庭内の暴力といった伝統的な形にとどまらない。家族内の暴力について、特別報告者は次のようなかなり幅広い定義を採用した。すなわち「家庭という領域内で、そこでの女性の役割を理由に女性を相手に加えられる暴力、ないし家庭という領域にいる女性に間接的かつ否定的な影響を与えることを意図した暴力である。こうした暴力は、私的領域と公的領域を越えて行われる可能性がある。このような概念の枠組みは、伝統的な家庭内暴力の定義を離れることを意図しており、性的関係のある者どうしでふるわれる暴力、ないし妻虐待に相当する家庭内暴力を取り上げようとする」（E/CN.4/1996/53、第28節）。

17. 家庭内の暴力を構成するのは、主として妻虐待、夫婦間レイプ、近親姦、強制売春、家事労働者に対する暴力、少女に対する暴力、性別を選ぶ人工中絶、女児殺し、強制結婚や息子優先、女児の性器切除や名誉犯罪といった伝統的な女性に対する暴力行為などである。

18. 特別報告者がこれまでにまとめた報告では、名誉犯罪は取り上げていなかった。その後、特別報告者の下に女性に対する名誉犯罪についての報告が多々寄せられた。家族の名誉を汚したとみなす女性を、家族の手で殺すのである。レバノンでは名誉犯罪は合法的だと伝えられる。名誉は、伝統的な家族イデオロギーが命じる女性の性的役割、家族内での役割という面から定義される。したがって、不倫、婚前関係（性関係があるなしにかかわらず）、レイプ、「適切でない」相手との恋愛は、家族の名誉を汚すものとなりうる。トルコから特別報告者に届いた例に見るように、家族の中の男性が集まって当の女性を処刑することを決める場合が多い。いったん処刑が決まると、家族はしばしば女性に自殺の機会を与える。自殺を拒否すれば、家族の中の男性が殺人を強要される。思春期の少年が女性を殺すよう迫られることが多いが、少年なら刑が軽くてすむからである。特別報告者は名誉殺人を深く憂慮し、こうした暴力について、またこれを阻止するために講じられている措置についての詳しい情報を求めている。

Ⅲ.進化する法的枠組み

19. 国際的基準は家族内での女性に対する暴力を明確に禁止している。

20. 国連の女性に対する暴力撤廃宣言によると、女性に対する暴力は以下のものをふくむが、これに限られないとしている。すなわち、家庭内で起こる肉体的、性的および精神的暴力であって、その中には暴力・虐待、家庭内における女児の性的虐待、持参金関連の暴力、夫婦間レイプ、女性性器の切除その他の女性に有害な伝統的慣習、婚姻外暴力および搾取に関連した暴力がふくまれる。（女性に対する暴力撤廃宣言第2条）（総会決議48/104）。

21. CEDAWの一般勧告は、家庭内暴力をふくめて女性に対する暴力は、あらゆる形態の女性差別撤廃条約が規定する差別であるとしている。（第31項。文書A/47/38参照）

22. 家庭内の女性に対する暴力は、国家以外の私的な行為者に対する国家の責任という法的問題を提起する。家庭内暴力に関する先の報告書で、特別報告者は、女性に対して私的行為者が加える暴力の問題をどう扱うかについて、国際法の学者や専門家が出している三つの見解について述べた。第一は、国家の責任に関する国際法の原則にもとづく見解で、国家は国際法が侵害されることを防止し、調査し、処罰し、かつ正当な補償を支払うためしかるべき努力を払う義務があるというものである。第二の見解は、平等と平等な保護という問題に関連している。女性に対する暴力がかかわる事件で、法執行機関があきらかに被害者を差別している場合は、国家は平等をうたう国際的人権基準に違反した責任がある。第三の見解として、家庭内暴力は拷問の一形態であり、そのようなものとして扱われるべきだとする国際法学者の主張もある。

23. 「しかるべき努力」の原則はますます国際的に認知されつつある。女性に対する暴力撤廃宣言の第4条は国に対し、「そうした行為が国によって行われたか個人によるものかは問わず、防止調査しまた国内法に従って処罰するためしかるべき努力を払う」ことを義務づけている。CEDAWの一般勧告第19項も、「国際法全般と特定の人権規約の下で、人権侵害を防止したり、あるいは暴力行為を調査し処罰したり、補償を支払うためのしかるべき努力を払わなければ、個人の行為に対して国に責任がある」と明記している。

24. 個人に対して国家はしかるべき努力を払う責任があるとする基準は、米州人権裁判所が1988年7月29日、ベラスケス対ロドリゲス裁判で下した判決に詳しく論じられた。この事件で、ホンデュラス政府は行方不明事件で人権侵害の責任があるとされたのである。裁判所は次のように述べた。

「人権を侵害するすべての違法行為は、当初は直接国家に責任はないとしても（たとえば、個人による行為であるとか、責任者が誰か明確にできないという理由で）、国は国際的責任を問われる。その理由は、行為そのものではなく、侵害を防止したり、規約が求める通りに対応するためのしかるべき努力を払わなかったためである。」

裁判所はさらに次のように主張した。

「人権侵害を防止するため責任ある手段を講じ、その法域内でおきた侵害を十分に調査するためかつ使える手段を行使し、責任者を明らかにし、適切な処罰を加え、妥当な補償を与えるのは、国の法的義務である。この義務の意味するところは、国の当事者が公権力を行使して、法律的に自由かつ全面的な人権の享受を保障できるよう、政府機関をはじめあらゆる組織をつくることである。」

25. 女性に対して個人が加える暴力に関して、特別報告者は、現地訪問を行ったが、そこでも国がしかるべき努力という基準をど

の程度守っているか評価することを意図した。その際に依拠した基準は、女性に対する暴力撤廃宣言とCEDAWの一般勧告19項であり、また以下の質問に対する回答も考慮に入れた。

(i) あらゆる形態の女性差別撤廃条約をふくめ、すべての国際的人権文書を国として批准しているか。

(ii) 憲法で女性の平等、女性に対する暴力禁止が保障されているか。

(iii) 暴力の被害を受けた女性に適切な補償を行うための国内法ないし行政面での制裁規定があるか。

(iv) 女性に対する暴力の問題に対処するための行政上の政策や行動計画があるか。

(v) 刑事裁判制度は女性に対する暴力に敏感に反応しているか。これに関して警察はどのように対処しているか。警察がこれまで捜査した件数は何件あるか。被害者は警察からどのように扱われているか。起訴される件数はどれくらいあるか。こうした事件ではどのような判決が下されるか。女性に対する暴力を適切に訴追できるような医療専門家がいるか。

(vi) 暴力の被害を受けた女性たちに対して、政府ないし非政府組織がシェルターや法的・心理的カウンセリング、特別の援助、リハビリテーションといったサービスを提供しているか。

(vii) 女性に対する暴力は人権侵害であるという意識を高め、女性差別につながる慣行を改めるために、教育やメディアの分野で適切な措置が講じられているか。

(viii) 女性に対する暴力の問題を目に見えるようにする形でデータや統計の収集が行われているか。

26. 1998年、家庭内暴力の問題を人権侵害として取り上げた最初の事件が、国際法廷である米州人権委員会に提起された。パメラ・ラムジャタアン事件をめぐる論証によれば、虐待を受けていたラムジャタアン夫人には刑を軽減する要因があるのに、トリニダード・トバゴ政府がこれを考慮に入れず彼女を殺人罪で有罪とし、死刑を宣告したことは、ラムジャタアン夫人に対する人権侵害になりうる。裁判でラムジャタアン夫人は同棲していた8年の間、過酷な家庭内暴力にさらされていたと証言し、続いて宣誓証言も行った。報じられるところでは、警察から弁護士、刑務所当局者、法廷、トリニダード・トバゴ政府にいたるまですべて、ラムジャタアン夫人と子どもたちが受けた暴行や、それが彼女の精神状態や行動に与えた影響をいっさい考慮しなかったのである。

27. 女性に対する暴力撤廃宣言、CEDAWの勧告第19項(トリニダード・トバゴ政府は1990年にCEDAWを批准した)、アメリカ人権規約、女性に対する暴力の防止、処罰、撤廃に関する米州規約の下で、ラムジャタアン夫人は生きる権利、公平な裁判を受ける権利、法の保護を対等に受ける権利、性による差別を受けない権利を侵害されたことになる。人権委員会はまだこの事件についての結論を出していないものの、これが委員会に提出されたこと自体、女性の人権を守る国際的運動の重要な一歩である。特別報告者はラムジャタアン夫人について今も関心を抱き、興味深く事件の行方を見守っている。

Ⅳ.調査結果

A.全般的傾向

28. 1998年春、特別報告者は各国政府に対し、家庭内における女性への暴力に関してどのようなイニシアチブを取っているか、情報を提供してほしい旨を伝えた。さらに、非政府組織に対しても同様の情報を求めた。政府と非政府組織からの反応はいずれも、肯定的にも否定的にも共通する傾向が見られた。圧倒的多数の政府が、時にはご

くさいなものではあるが、家庭内暴力の問題に対処していることを示した。家庭内での女性に対する暴力が重大な社会問題であり、これに立ち向かう必要があることを認識しはじめたことがわかる。

29. 特別報告者はラテンアメリカおよびカリブ海地域で、家庭内暴力ないし家族間暴力に関する特別立法が採択されている傾向を歓迎して、特筆しておきたい。1990年代に入ってすでに、ラテンアメリカとカリブ海地域の12カ国がこうした立法を採択した。特別報告者はこうしたイニシアチブを歓迎し、有効に実施されることを促したい[4]。

30. しかしながら、あらゆる地域から非政府組織が提出した報告で明らかなように、国と市民社会の間の調整が欠けているため、法律や公の政策の有効な実施にむけた働きが見られない。国によっては、法律や政策を打ち出したり実施するプロセスで、市民社会の代表に相談したり、その代表を加えようと積極的に行動しているところもある反面、依然としてNGOと距離をおき、時には敵対的関係にあるところも多い。ほとんどの場合、政府は女性に対する暴力に関する政策の立案や実施に必要な専門知識を持ち合わせない。がいして、政府当局者、とりわけ刑事裁判制度の関係者は、社会や家族における女性の役割について時代遅れの神話をいまだに支持している。刑事裁判制度による政策の実施を望むのであれば、系統的な訓練とジェンダー意識化プログラムが不可欠である。

31. アルコールと暴力を間違って結びつけている国が少なくない。確かにアルコールが暴力を激化させることはあるとはいえ、アルコールそのものが女性に対する暴力を引き起こすのではない。家父長制イデオロギーの究極的な表現が男性による女性への暴力であるが、このイデオロギーに目を向けず、アルコールやドラッグを強調するのは、暴力反対運動を蝕むものである。さらに、女性に対する家庭内暴力に関して支援や訓練や制度の確立に向けられるべき財源を、アルコールとドラッグとたたかったり、アルコール中毒者やドラッグ常用者へのサービス提供に向けられてしまう。こうしたサービスも必要ではあるが、女性に対する暴力にむけた支援プログラムの財源を減らすべきではない。

32. 暴力反対に積極的行動をとる責任を逃れるために、文化相対主義に走る政府がますます増えている。異文化や多文化のコミュニティを認めることと、家庭内暴力とたたかう包括的、多面的戦略を打ち出すこととは相反しない。どのコミュニティであれ、家庭内暴力に対する正当化や暴力の形態は異なるとしても、その根本原因は似たようなものである。

33. 女性や子ども、高齢者、障害者あるいはそのいずれかが組み合わさった人びとを、一つの社会集団として分類する国がいまだに少なくない。そこから出てくるのが国の温情的性質で、「弱者」集団を守る姿勢である。女性に対する暴力とたたかい、暴力を生き延びた被害者に対する救済と支援を提供するための明確な措置を打ち出す必要がある一方、重点は世話をすることではなく力を与えること、社会福祉ではなく社会正義に置かれなければならない。実際面でも法律面でも、女性は権利も理性もそなわった一人前の市民として扱われるべきである。

34. 家庭内暴力の事件では、いまだに警察や調停機関による調停やカウンセリングに重きがおかれている。こうした事件で被害者に対してカウンセリングをしようとする警察の努力は、往々にして被害者と加害者の仲裁をふくみ、女性に対する暴力を重大な犯罪にしないままにする可能性があり、被

---

4) マラ・N・フツン「ラテンアメリカにおける女性への暴力の防止と処罰に関する法律および政策」特別報告者のファイルにある草稿。

害者にとって危険が増すこともある。刑事裁判制度の門番ともいえる警察官は、被害者と支援組織とを結びつける特別の立場にあるが、警察官自身がカウンセラーや調停者になるべきではない。そうなると警察官の役割に関するコミュニティの理解に混乱が生じ、家庭内暴力の被害者に、自分が受けている暴力は刑法違反となるほど重大なものではないというメッセージを伝えることになりかねない。

B.国別報告

2.アジア・太平洋

オーストラリア

43. 行動計画：家庭内暴力に関する国内サミット（1997年11月）から始まった「家庭内暴力に対するパートナーシップ」のイニシアティブを、特別報告者は歓迎する。このイニシアティブは、オーストラリア連邦およびすべての州、準州の間の調整を呼びかけている。

44. 各州および準州によって、家庭内暴力に関する法律はそれぞれ異なっているため、現在、家庭内暴力に関する法律のモデルが検討されている。特別報告者は、法律の体系化の努力を歓迎するとともに、ヴィクトリア州および北部地方の州において先住民コミュニティのための特定の戦略を策定する努力を評価する。オーストラリア政府がこの目標を達成するため、先住民女性と協力することを促したい。

45. 統計：家庭内暴力に限定した統計が提供されなかったことは遺憾である。

46. 訓練：暴力を受けた身元確認を増加させ、こうした女性を助ける人びと、とくに福祉労働者、警察官、地方裁判所職員、検察官、救急隊員、一般医などの対応を改善することをめざす訓練プログラムが進行中であることを歓迎する。ジェンダー・バイアスに関して全般的な訓練が行われていることを評価するとともに、政府が家庭内暴力に関する体系的訓練を実施するよう期待する。

47. 支援サービス：家庭内暴力の被害者・生存者に対する支援の点で、さまざまなイニシアチブが発揮されていることを歓迎する。特に、暫定的支援と宿泊場所の確保、農村女性のための活動、家庭内暴力の被害者・生存者の特定のニーズに応える保健サービスの開発、遠隔地に住む先住民女性のためのバイリンガル活動や資料、女性および暴力の被害者が適切な情報とサービスを得るためのインターネットへのアクセス、虐待された移民女性に対する情報とサービス。

日本

48. 行動計画：「男女共同参画2000年プラン」において女性に対するあらゆる形態の暴力廃絶に重点が置かれている点と、女性に対する暴力廃絶宣言に含まれる女性への暴力の定義「性別に基づく暴力行為であって、女性に対して肉体的、性的、心理的な傷害や苦しみをもたらす行為やそのような行為を行うという脅迫等を含み……それらが公的生活で起きるか私的生活で起きるかを問わない」を採用していることを歓迎する。

49. 統計：遺憾ながら、政府が提供した統計を、特別報告者は理解できなかった。

50. 訓練：提供された情報では、警察官や検察官に対して女性に対する暴力全般に関する訓練は行われているようであるが、特別報告者として、政府に対し家庭内暴力についての体系的訓練も加えることを促したい。

51. 支援サービス：特別報告者は、「警察官は被害を受けた女性の精神的負担を軽減するためのカウンセリング制度を改善しつつある」との報告に関心を抱いている。

1996年4月現在、日本には「母子のための日常生活支援施設」が307カ所あり、6043家族を収容できる。こうした施設は「配偶者のいない、あるいはそれと同等の状況にある女性で扶養する子どもがいる者」に対して宿泊設備を提供するもので、虐待された女性とその子どもも含まれる。特別報告者は虐待された女性とその子どもに対しては、別個のシェルターが必要であることを強調したい。女性が暴力の場となった家を出る時は、死を含む最も深刻な身体的傷害の危険にある時である。女性向けの一般的ホームでは、身の安全の問題や、虐待された女性とその子どもに特有の精神的ニーズに対処する適切なサービスや設備を提供できない。こうした女性の安全を守るには、極秘のシェルターか高度に安全なシェルターを確保することが唯一の道であろう。さらに、家庭内暴力の被害者である女性や子どものカウンセリングを行うには、危機管理の訓練を受けた職員が必要である。特別報告者は日本政府に対して、こうしたニーズに対処する特定の仕組みを設置することを促す。

ミャンマー
52.　行動計画：女性の地位向上をめざす1997年国家行動計画（1997年8月）に、女性に対する暴力が盛り込まれたことは喜ばしいが、家庭内暴力に関する情報が提供されなかったのは遺憾である。政府が家庭内暴力を問題として認知していることを示唆するものはない。さらに、家庭内暴力に対処する特定の措置が講じられているようにも見えない。問題の存在が公的に否認されているため、暴力を受けた被害者による通報を阻んでいるともいえる。通報がないことによって、問題はいっそう否認されてしまう。
53.　統計：なんらの統計も提供されなかったことは遺憾である。
54.　訓練：西暦2000年を目標とする国家行動計画の中に、警察官、検察官、司法関係者、刑務所職員を対象にした女性に対する暴力に関する一般的訓練が盛り込まれたことを喜ぶとともに、政府がこの一般的訓練の中に家庭内暴力に関する特定の訓練プログラムをふくめるよう期待する。また、訓練に関して国の行動計画がいかに実施されているかについて追加情報を求めたい。
55.　支援サービス：2000年を達成目標とする国家行動計画に、「暴力の被害者となった女性のために、十分な資金援助を受けた立ち寄りセンターを設置」するという項目があることを歓迎する。家庭内暴力の被害者・生存者に対して適切なサービスを提供するよう、政府に促したい。

ニュージーランド
56.　行動計画：政府の行動すべてに適用される原則を示した「家庭内暴力に関する政策声明（1996年）」および「公的部門の戦略的決定領域（1997-2000）」の双方を、特別報告者として歓迎する。
57.　以下の規定を含む1995年家庭内暴力法が制定されたことは喜ばしい。ニューシングル保護命令、家庭内暴力の定義を拡大し心理的虐待を含めたこと、保護命令の違反に対する罰則の強化、保護命令に関する無料の法的支援、暴力の加害者の逮捕と小火器免許の自動的取り消しを確実に行うための新ガイドライン。マオリ女性のための文化的に適切なプログラムや拡大家族の成員によって行われる虐待の認知など、マオリ女性にとって特に意味のある諸規定を歓迎する。本報告者は政府に対し、マオリ女性と協力して文化的に適切なプログラムの開発を行うことを求める。
58.　統計：1995年家庭内暴力法の導入以降18カ月の間に、保護命令が適用された件数13702件で、10525件の暫定命令、6880件の最後命令が出された。そのうち92％は男性が被告であり、その82％が家庭内

暴力のケースとして分類された。
59. 訓練：家庭内暴力の問題に関して犯罪司法制度の関係者に対する訓練のイニシアチブを歓迎する。とくに国と市民社会の協力作業がみとめられるのは喜ばしい。たとえば、「女性と子どもを守る、家庭内暴力への省庁間対応」と題する省庁間訓練パッケージは、難民女性、児童・青年・家族のためのサービスおよびニュージーランド警察の国家コレクティブによって開発されたものである。1997年に警察が怒りの管理に関する訓練マニュアルを発行した。特別報告者は、家庭内暴力の被害者・生存者のニーズに対処するサービス提供の重要性に注目する。被害者・生存者の中には必ず女性と子どもが含まれる。それぞれの集団に個別のプログラムを立案する必要性を、政府が認識するよう求めたい。
60. 支援サービス：非政府部門と協力する政府の政策および支援サービスへの資金提供の規定を喜ばしく思う。加えて、家庭内暴力法で、虐待された女性が法廷に出る際、支援者の付き添いを許可することや、加害者に対して裁判所命令に基づくカウンセリングを認める規定が含まれたことを歓迎する。

フィリピン
61. 行動計画：大統領府が家庭内暴力に対する行動を呼びかけたのに伴い1997年7月、政府の担当者が召集され、実施に関して協議したことは喜ばしい。そこで以下の戦略が採用された。（i）統計を作成する省庁間作業部会の結成、（ii）迅速かつ一回面談方式の調査、（iii）センターおよび病院を拠点とする被害者支援、（iv）被害者および加害者の両者に対するカウンセリング・サービス。提供された情報からは、協議の行われた年度以降諸戦略が実施されたかどうか、もしくはいかに実施されたかについては明らかでない。

62. 1997年の反レイプ法はレイプの定義を拡大し、夫婦間レイプの存在を認めたが、「加害者が法律上の夫である場合、事後、妻がレイプの被害者としてこれを許した場合、刑事訴訟もしくは処罰は消滅する」と規定している。ただし、婚姻が当初から無効の場合は、犯罪が消滅したり、刑罰が軽減されることはない。
63. 統計：家庭内暴力の通報ケースに関する統計は以下のとおりであった。1995年は528件、1996年は7425件、1997年は7850件、1998年は第1四半期は850件。
64. 訓練：「裁判官、検察官、法施行者およびコミュニティのための家庭内暴力に関する訓練」と題するプロジェクト提案を喜ばしく思うとともに、政府に対してこのプロジェクトの実施を確実なものとするよう求める。
65. 支援サービス：1998年6月30日までに警察署に1227の女性担当部署が設置された。本報告者は政府に対して女性担当部署に必要な資源を確実に提供するよう要請する。1993年に開始され、1997年に政府の財政的支援を受けた病院を拠点とする「女性の暴力被害者」のための危機介入センターは、433件の家庭内暴力のケースを扱っている。
66. 本報告者は、家庭内暴力の問題に関する業務を行う特定裁判所の設置を奨励するが、フィリピンで設置された家庭裁判所は、家庭内暴力の被害者に対する十分な救済を提供していないのではないかと憂慮している。

シンガポール
67. 行動計画：本特別報告者は、省庁間の「女性と家庭内暴力委員会」の設置を歓迎するが、同委員会は活動のための包括的枠組みがないことを憂慮する。
68. 統計：女性に対する家庭内暴力の通報ケースとして以下の統計が提示された

（殺人、危険な武器や手段による故意の傷害、故意の重度の傷害、危険な武器や手段による故意の重度の傷害を含む）：1995年73件、1996年40件、1997年39件、1998年6月まで17件。政府は、この統計が「犯罪全般、また特に女性に対する犯罪に対するシンガポールの厳重な管理が女性に対する犯罪を減少させるのに効果的であった」ことを証明していると指摘するが、特別報告者は、女性が家庭内暴力を通報したくても、シンガポールの刑事裁判の見方がこれを阻んでおり、家庭内暴力の危険を増大させている可能性があるのではないかと懸念を表明しておきたい。

69. 訓練：警察官の訓練概要に家庭内暴力が盛り込まれている点を歓迎するが、こうした訓練は「管理」の観点から体系化されており、被害者中心のアプローチと矛盾する可能性があることを憂慮する。特別報告者は、訓練活動の実施における警察とシンガポール女性組織評議会の提携を歓迎する。

70. 支援サービス：警察官が被害者に入手可能なサービスの情報を提供したり、照会先を提示する点を喜ばしく思う。しかし、家庭サービスセンターが家庭内暴力の被害を受けた生存者に提供するサービスに関して、さらに詳しい情報を求めたい。政府に対してこうしたサービスが家庭内暴力の被害者・生存者の特定のニーズに応えるものとなるよう求める。

C.非政府組織の報告

193. オーストラリア：報告によれば、連邦政府が連邦支出を削減したため、法的援助や社会サービスを受ける女性にも影響が及んでいる。さらに、財源が女性と子どもを支援するプログラムから、加害者を対象とするプログラムに振り向けられた。特別報告者はこうしたプログラムの重要性を認識するものではあるが、被害者・生存者のためのサービスを減らしたり、これと競合させたりすべきではないと考える。さらに、サービスがますます民営化されているという報告もある。政府と民間双方のサービス機関をモニターして、家庭内暴力に関する政府の進歩的政策が確実に実施されているかどうか確認することを、政府に対して促したい。

201. 中国：最近、省レベルで家庭内暴力に関する措置が講じられていることは非常に歓迎すべきである。とくに、長沙（湖南省の省都）の政府は1996年、家庭内暴力と闘う一連の規則を策定し、虐待者を逮捕する条項も取り入れた。上海や武漢その他の都市で虐待された女性のためのシェルターが設置されたことも喜ばしい。しかし、中央政府が最近おこなった刑法改正では、家庭内暴力に対し効力のある措置が講じられなかったことは残念である。

207. フィジー：報告によれば、家庭内暴力に関する特別の法律はまったく存在せず、裁判になるケースもほとんどないという。1995年9月、警察があらゆる家庭内暴力を捜査の対象とする「ノードロップ」政策を採用したことは歓迎すべきだが、捜査の過程で理解の欠如や遅れがめだつという報告を、特別報告者は問題視したい。特に、性的いたずらを禁じる命令が破られた時、追跡する責任は当の女性に課せられ、女性の側が裁判所に報告しなければならないというのは、問題だと特別報告者は考える。報じられるところでは、警察がまとめた家庭内暴力の報告件数はこの5年間（1993～1997）で149％増加したという。フィジー政府に対し、非政府機関と協力して家庭内暴力に対応するためのあらゆる可能な措置をとるよう求めたい。その中には、系統的な統計、刑法制度の関係者全員を対象とした訓練、被害者・生存者支援のための財政的補助な

どが含まれるべきである。

212. インド：女性に対する暴力一般、特に家庭内での暴力も増加の一途をたどっているにもかかわらず、女性に対する暴力の防止、捜査、訴追のための措置はほとんど講じられていないという報告は深刻な問題である。さらに、報告によれば、現在の開発の優先課題は、強制移住、住居や生計手段の喪失、コミュニティの支援体制の解体を引き起こし、これが女性への暴力を助長しているという。特別報告者は政府に対し、女性への暴力と取り組む有効な措置を講じ、女性に対する支援と補償を提供するよう求める。

216. マレーシア：家庭内暴力法が1994年に制定され、1996年6月から施行されたことを歓迎する。家庭内暴力に関して、警察や社会サービスの担当者がはっきり見えるような行動をとり、また効果のある訓練が行われるよう、政府に求めたい。家庭内暴力の防止、捨てられた妻や世帯主、被害者のためのシェルターや危機管理センター、カウンセリングの開設などに関する法律が全面的に施行されるよう、国の行動計画が打ち出されたことを、特別報告者は高く評価するが、民法やシャリアー（イスラム）法廷の強化を求める声があるという報告は、こうした努力を無にすることになるため憂慮せざるをえない。家族法廷やシャリア法廷を強化することで、あらゆる形態の家庭内暴力を阻止する努力を無にしないよう、政府に求めたい。

218. モンゴル：特に家庭内暴力に関連して家族法が改正されたという報告を、特別報告者として歓迎する。だが、刑法による処罰もふくめて、家庭内暴力に対応する包括的な法的、社会的取り組みが必要であることを強調したい。家庭内暴力に関する女性センターが設置されたという報告に勇気づけられる。

221. ネパール：ネパールの女性は、暴力を受けないという基本的人権を否定されているという報告に、特別報告者は関心を抱いている。とりわけ、女性は非常に深刻な家庭内暴力と、その被害者・生存者に対する刑法制度のなかで差別にさらされている。

222. ニュージーランド：サービスに対する資金援助の条件として、統計を収集して政府に提出することを加えているのは注目に値する。資金援助という目的のためだけでなく、統計が集められ利用されることを望みたい。政府は今のところ家庭内暴力に関して国家計画は行っていないと報告された一方、短期的なキャンペーンは行われていることは注目すべきである。家庭内暴力への対応を系統化することを政府に促したい。

224. パキスタン：報告によると、これまで二つの国家行動計画が打ち出され、いずれも女性に対する暴力全般と家庭内暴力の項目が含まれていたものの、これを実施するための措置はほとんど取られてこなかった。危機管理センターが2カ所設置され、国営のセンターも改善されつつあることは、特別報告者として励まされる。家庭内暴力に関する統計が系統的に集められていないこと、刑法制度の関係者の訓練も計画的に行われていないのは残念である。イスラマバード、ラホール、カラチ、ペシャワール、ムルタン、アボタバードで女性専用の警察署が設置されたことは注目すべきであり、女性の警察署が必要な財源と人材を与えられ、被害者の側に立った厳しい法律と政策と手続きが採用され、実施されるよう、政府に促したい。

227. 韓国：1997年11月、家庭内暴力と加害者処罰に関する特別法が制定されたこ

と、この法律制定にあたっては女性運動が積極的役割を演じたことに、特別報告者は励まされる。

233．スリランカ：家庭内暴力事件を訴追し補償する制度を政府が提供していないという報告は遺憾である。被害者に対する支援サービスもまったくない。また、女性に対する暴力という点で刑法改正が行われたことは歓迎するが、原理主義者が効果的なロビー活動を展開して、夫婦間レイプを犯罪とすることを妨げたことに、政府がまったく抵抗しえなかったのは問題である。認められたのは正式の裁判上の別居というめったにないケースのみである。立法化、訓練、統計収集、家庭内暴力の被害者・生存者へのサービスもふくめて、戦略をたてるよう政府に促したい。

236．タイ：1997年10月に制定された新憲法で、家庭内暴力からの保護の規定がふくまれたことを歓迎する。だが、政府はこれまでこの憲法を実際に施行するための措置をほとんど講じていないと伝えられる。1995年、3カ所の警察署に女性と子どもの事件を扱う女性捜査員15名が任命されたことに、特別報告者は注目する。

V．結論

242．家庭の中での女性に対する暴力を防止し、捜査し、訴追するのは国際的責務であるが、ほとんどの国がこの責務を果たしていない。女性に対する暴力全般とくに家庭内暴力に関して、新たな政策や手続きや法律をつくり、実施しようとする前向きの動きはあるものの、こうした暴力は政府の関心を引いているようには見えない。国の政策は今なお、女性の人権を優先課題としたりこれを前面に出すところまではいかない。女性はいぜんとして二級の市民、権利も地位も2番目として見られ、扱われている。女性に対する暴力は、人口のかなりの部分に影響が及ぶ重大な人権問題としてではなく、「女性」問題とした見方のほうが圧倒的に多い。わずかな例外を除いて、政府は程度の差はあれ家庭内暴力をいまだに私的な家族の問題として扱っているのである。

243．女性の人権に関して、非政府組織は自分たちのプログラムを行うと同時に、政府にその責務を果たすよう圧力をかけるという二重の重荷を負っている。家庭内における女性に対する暴力と闘う有効なメカニズムを探求することは、女性NGOだけの責任ではないし、そうではありえない。むしろ、女性に対する暴力を廃絶する責任は政府にある。女性に対する暴力全般、特に家庭内暴力が続くばかりか、さらに広がれば、平等も政治的社会的経済的参加も発展も、著しく損なわれるのである。政府は活動家、学者、専門家と協力して、家庭における女性への暴力の防止、調査、訴追のための手段を可能な限り講じ、こうした暴力の被害者・生存者に対する支援、補償を行うべきである。

（出典：財団法人女性のためのアジア平和国民基金発行『女性に対する暴力——その原因と結果／報告書　ラディカ・クマラスワミ国連人権委員会特別報告者』）

資料2

女性に対する暴力の撤廃に関する宣言
（仮訳）

第48回国連総会採択
1993年12月20日

総会は、
あらゆる人間の平等、安全、自由、誠実、及び尊厳に関する権利及び原則の女性への普遍的適用が緊急に必要であることを認識し、

これらの権利及び原則は国際規約、特に世界人権宣言、自由権規約、社会権規約、女子差別撤廃条約及び拷問禁止条約等の中に述べられていることに留意し、

女子差別撤廃条約の効果的実施が女性に対する暴力の撤廃に寄与し、本宣言はその過程を強化し補足するものであることを認識し、

女性に対する暴力は、女性に対する暴力と戦うための一連の措置を勧告した「婦人の地位向上のためのナイロビ将来戦略」で認められているように平等、発展及び平和の達成の障害となること、また、女性差別撤廃条約の十分な実施のための障害となることを憂慮し、

女性に対する暴力は女性による人権及び基本的自由の享受を侵害し及び損ない又は無効にすることを認め、また女性に対する暴力に関連するこれら権利及び自由が長年の間保護及び促進されないでいることを憂慮し、

女性に対する暴力は、男女間の歴史的に不平等な力関係の現れであり、これが男性の女性に対する支配及び差別並びに女性の十分な地位向上の妨害につながってきたこと、及び女性に対する暴力は女性を男性に比べ従属的な地位に強いる重要な社会的機構の一つであることを認識し、

少数者グループに属する女性、先住民の女性、難民女性、移民女性、農村部又は遠隔地の地域社会に住む女性、貧困女性、施設又は拘置所にいる女性、女児、障害を持つ女性、高齢女性及び武力紛争状況下にある女性など一部の女性は特に暴力にさらされやすいことを憂慮し、

1990年5月24日の経済社会理事会決議1990／15の付属書が、特に家庭及び社会における女性に対する暴力は広範囲にわたっており、収入、階級及び文化の境界を越えたものであり、その発生を除去するための緊急かつ効果的な措置により対抗されなければならないことを認めたことを想起し、

更に、特に女性に対する暴力の問題に明示的に対処する国際文書の枠組みの開発を勧告する1991年5月30日の経済社会理事会1991／18を想起し、

女性に対する暴力の問題の性質、激しさ及び重大さに対しますます注意を喚起することに女性運動が果たしてきた役割を歓迎し、

女性の社会における法的、社会的、政治的及び経済的平等を達成する機会が、特に継続的かつある地に特有の暴力によって、制限されていることに驚き、

以上に鑑み、女性に対する暴力に関する明確で包括的な定義、女性に対するあらゆる形態の暴力の撤廃を確保するために適用

されるべき権利の明確な陳述、加盟国によるその責任に関しての確約、及び女性に対する暴力の撤廃に向けての国際社会全体の確約、が必要であることを確信し、

　ここに付属する宣言を厳粛に宣明し、次の宣言が一般に知られ尊重されるようあらゆる努力がなされるよう求める。

第1条

　本宣言上、「女性に対する暴力」は、女性に対する肉体的、精神的、性的又は心理的損害又は苦痛が結果的に生じるか若しくは生じるであろう性に基づくあらゆる暴力行為を意味し、公的又は私的生活のいずれで起こるものであっても、かかる行為を行うという脅迫、強制又は自由の恣意的な剥奪を含む。

第2条

　女性に対する暴力は次に掲げるものを含むが、これに限られないものとする。

（a）殴打、家庭内における女児の性的虐待、持参金に関連した暴力、夫婦間の強姦、女性性器の切除及びその他の女性に有害な伝統的慣習、婚姻外暴力及び搾取に関連した暴力を含む家庭において起こる肉体的、性的及び精神的暴力。

（b）強姦、性的虐待、職場、教育施設及びその他の場所における性的嫌がらせ及び威嚇、女性の人身売買及び強制売春を含む一般社会において起こる肉体的、性的及び精神的暴力。

（c）起こる場所を問わず、国家により行われたか又は許容された肉体的、性的及び精神的暴力。

第3条

　女性は政治的、経済的、社会的、文化的、市民的又はその他の如何なる分野においてもあらゆる人権及び基本的自由を平等に享受しまたその保護を受ける権利を有する。これらの権利は主に次のものを含む。

（a）生命に対する権利
（b）平等に対する権利
（c）個人の自由及び安全に対する権利
（d）法の下で平等な保護を受ける権利
（e）あらゆる形態の差別からの自由の権利
（f）到達可能な最高水準の肉体的及び精神的健康を享受する権利
（g）公正かつ良好な労働条件を享受する権利
（h）拷問若しくは残酷な、非人道的な又は侮辱的な取扱い又は処罰を受けない権利

第4条

　国は、女性に対する暴力を非難すべきであり、その撤廃に関する義務を回避するため如何なる慣習、伝統又は宗教的考慮をも理由として援用してはならない。国は、あらゆる適切な手段を以て遅滞なく女性に対する暴力を撤廃するための施策を推進すべきであり、この目的のため、次のことを行うべきである。

（a）女子差別撤廃条約の批准又は加入若しくは同条約の留保の撤回につき、これを実施していないものについてはその検討を行う。

（b）女性に対する暴力への関与を控える。

（c）女性に対する暴力行為を、かかる行為が国により行われたか又は個人によるものかを問わず、防止し調査しまた国内法に従って処罰するためしかるべき努力を払う。

（d）暴力を受けた女性に対して行われた不法行為を処罰し補償するため国内法に刑事、民事、労働及び行政上の罰則を開発する。暴力を受けた女性は、司法機構及び、国内法の規定に従いその被った被害に対する公正かつ効果的な救済へのアクセスが与えられるべきである。国はまた女性に対し、かかる機構を通じて補償を求める権利を知らせるべきである。

（e）あらゆる形態の暴力からの女性の保護

を促進するため、又は既存の計画にこの目的の規定を含めるため、特に本問題に関心を有する非政府団体から提供され得る協力をそれが適当である場合には考慮に入れて、国内行動計画を開発する可能性を検討する。
(f) あらゆる形態の暴力からの女性の保護を促進する予防方法及びあらゆる法的、政治的、行政的及び文化的性質の措置を包括的に開発し、性別に配慮しない法律、実施慣行及びその他の介入のために女性が重ねて被害を受けないことを確保する。
(g) 利用可能な資源に鑑みて実現可能な最大限の範囲で、また必要な場合には、国際協力の枠組みの中で、暴力を受けた女性及び、それが適当である場合にはその子供が、社会復帰、子供の保育及び扶養の補助、治療、相談、保健及び社会事業、施設及び計画並びに支援組織等の特別な支援を得られるよう努力し、またその安全並びに肉体的及び心理的リハビリテーションを促進するためのその他あらゆる適切な措置をとらなければならない。
(h) 政府予算に女性に対する暴力の撤廃に関する活動のための相応の予算を含む。
(i) 法執行官及び女性に対する暴力を防止し、調査しまた処罰するための施策の実施を担当する公務員が、女性の必要としているものを察知し得るようにするための訓練を受けることを確保するための措置を取る。
(j) 男女の社会的及び文化的行動様式を修正し、偏見、伝統的慣習及びいずれかの性の優越性又は劣等性の概念及び男女の定型化された役割に基づくその他のあらゆる慣習を撤廃するため、特に教育の分野において、あらゆる適切な措置を取る。
(k) 特に家庭内暴力に関し、女性に対する異なる形態の暴力の横行に関する調査、情報収集及び統計の編纂を促進し、女性に対する暴力の原因、性質、重大性及び結果並びに女性に対する暴力を予防し救済するため実施された措置の効果についての研究を奨励する。
(l) 特に暴力に晒されやすい女性に対する暴力の撤廃に向けた措置を取る。
(m) 関連する国際連合の人権関係諸条約の下で求められている報告を提出する際には、女性に対する暴力及びこの宣言の実施のためとられた措置に関する情報を含める。
(n) この宣言に述べられた原則の実施を助ける適当なガイドラインの開発を奨励する。
(o) 女性に対する暴力の問題に関する関心を高めまたその問題を軽減することにおける女性運動及び非政府団体の役割を認識する。
(p) 女性運動及び非政府団体の活動を促進し強化し、地方、国内及び地域レベルでこれら団体と協力すべきである。
(q) 加盟している政府間地域機関がその活動計画に然るべく女性と暴力の撤廃を含めることを奨励する。

第5条
　国際連合機構の組織及び専門機関は、各々その能力のある分野において、この宣言に述べられた権利及び原則の認識及び実現に寄与し、この目的のため、主に次のことを行う。
(a) 暴力に対抗するための地域戦略を定め、女性に対する暴力の撤廃に関する経験を交換しまた計画への資金拠出を行うことを目的として国際協力及び地域協力を促進する。
(b) あらゆる人々の間に女性に対する暴力の問題に関する意識を啓発し高めることを目指して会合及びセミナーを促進する。
(c) 本問題に効果的に対処するため国連機構内の人権関係条約組織間の調整及び交流を促進する。
(d) 世界社会情勢に関する定期報告等、

国連機構の組織及び機関による社会的動向及び問題の分析に女性に対する暴力の動向の調査を含む。

(e) 特に暴力を受けやすい女性グループに関し、女性に対する暴力の問題を現在継続中の計画に組み入れるよう国連機構の組織及び機関間の調整を推進する。

(f) ここに記載された措置を考慮して、女性に対する暴力に関するガイドライン又はマニュアルの作成を推進する。

(g) その任務遂行において、それが適当である場合には、人権関係条約の実施との関連を含め、女性に対する暴力の撤廃の問題を検討する。

(h) 女性に対する暴力に処するについては非政府機関と協力する。

第6条

この宣言のいかなる条項も、国内法、国際規約、条約又はその他国内において効力を有する文書に含まれている女性に対する暴力の撤廃のためより一層効果的な条項に対し何等影響を及ぼすものではない。

(仮訳：外務省)

第Ⅱ部

Part2 Development of Human Rights Activities in the Asia-Pacific Region

アジア・太平洋地域の人権の動向

● 国連の動向とアジア・太平洋地域の人権
United Nation's Human Rights Activities in 2000

2000年の国連の動き

2000年は、1995年から開始されている「人権教育のための国連10年」の後期5年のスタートの年にあたったことから、国連では世界各地における取組み状況の中間評価を行った。また、新ミレニアムの最初の年を機に、「平和と非暴力の21世紀」の実現というユネスコの提唱を受け、国連は、2000年を「平和と文化の国際年」と定め、平和と人権の推進に向けたさまざまな取組みを行った。さらに、2001年8～9月にかけ南アフリカで開催が計画されている「反人種主義・差別撤廃世界会議」の準備も進められた。

1.人権委員会

2000年3月20日から4月28日にかけて開催された第56回国連人権委員会は、87の決議、13の決定および4の議長声明を採択して閉会した。この委員会では、新たに居住の権利と食糧への権利に関するそれぞれの特別報告者の任命と、人権擁護者のいっそうの保護を追求するための国連事務総長特別代表の任命が要請された。また、子どもの権利条約の2つの選択議定書案が採択され、「先住民問題常設フォーラム（Permanent Forum on Indigenous Issues）」が経済社会理事会の補助機関として設置されることになった。

各国の人権状況（表1参照）に関しては、前年に特別会期が召集された東ティモール問題で議長声明が出され、状況はなお予断を許さないものの、インドネシアの人権状況の改善に対する努力は一応評価された。人権高等弁務官が自らの訪問を踏まえて口頭で報告を行ったチェチェンについては、ロシアの激しい反発でいくぶんトーンダウンしたものの、著しい人権と人道法違反の状況を非難し、早急な措置を求める決議が採択されている。

その他、社会権の重要性を強調するために、人権と貧困に関する特別討論が行われ、また人権の保護と促進のための機構改革案がいくつか承認された。閉会演説で人権高等弁務官は、3年連続のかんばつに見舞われている「アフリカの角」の惨状に言及し、国際社会による緊急援助を要請した。

また人権委員会はパレスチナ占領地での人権状況の急激な悪化を受けて、1990年に経済社会理事会が人権委員会に特別会期の開催を認めて以来5回目の特別会期を、10月17日から19日にかけて開催している。以下では、主な論点に絞って、2000年の国連人権委員会の動きを概観してみたい。

（1）第56回国連人権委員会（2000年3月20日～4月28日）

（a）人権擁護者の状況に関する国連事

表1 ● 第56回国連人権委員会が採択した各国の人権状況に関する決議

決議番号	決議名	賛成数／反対数／棄権数
2000/2	西サハラ問題	無投票
2000/4	占領下のパレスチナの状況	44/1/6
2000/6	パレスチナを含む占領下のアラブ地域の人権侵害の問題	39/1/19
2000/7	占領下のシリア・ゴラン高原の人権	31/1/19
2000/8	占領下のアラブ地域へのイスラエルの入植	50/1/1
2000/15	コンゴ民主共和国の人権状況	無投票
2000/16	南レバノンおよび西ベカーの人権状況	51/1/1
2000/17	イラクの人権状況	32/0/21
2000/18	アフガニスタンの人権状況	無投票
2000/19	赤道ギニアの人権状況および人権分野での援助	無投票
2000/20	ブルンジの人権状況	無投票
2000/21	ルワンダの人権状況	無投票
2000/23	ミャンマーの人権状況	無投票
2000/24	シエラレオネの人権状況	無投票
2000/25	キューバの人権状況	21/18/14
2000/26	ユーゴスラビア連邦共和国（セルビア、モンテネグロ）、クロアチア共和国およびボスニア・ヘルツェゴビナ共和国の人権状況	44/1/8
2000/27	スーダンの人権状況	28/0/24
2000/28	イラン・イスラム共和国の人権状況	22/20/11
2000/58	ロシア連邦チェチェン共和国の状況	25/7/19
2000/60	北ウガンダからの子どもの誘拐	無投票
2000/78	ハイチの人権状況	無投票
2000/79	カンボジアの人権状況	無投票
2000/81	人権分野におけるソマリアへの援助	無投票

務総長特別代表の任命の要請（決議2000/61）

国連総会が1998年12月9日の決議53/144により、「国際的に認められた人権および基本的自由を保護・促進する個人、団体および組織の権利と義務に関する宣言」を採択したことを受けて、その実施状況を報告し、よりよい実施のために助言を行う事務総長特別代表の任命を要請する決議案が提出された。キューバ代表は、新たなメカニズムの創設は既存の小委員会などの任務と重複し、また「擁護者」の用語が反体制分子の温床になっているとして、反対の意向を表明した。投票の結果、決議案は賛成50、棄権3（中国、キューバ、ルワンダ）で採択された。

(b) 常設先住民問題フォーラムの設置（決議2000/87）

人権委員会は経済社会理事会に対し、国連の先住民問題に関わる諸機関に専門的助言と勧告を与え、先住民問題に関する意識を高め、関連諸活動の統合と調整を行う組織として、常設先住民問題フォーラムの設置を求める決議案を採択した。この決議案の採択をめぐっては、このフォーラムの第1回会合後、小委員会の先住民ワーキング・グループを含む、すべての先住民問題に関わる国連諸機関および手続きが作業

の合理化のために見直される、とするスペイン案に対し、フォーラムの設置は必ずしもワーキング・グループの廃止を生起するものではないとの一文を入れたいキューバなどが異議を唱えた。キューバ案を投票にかけた結果、賛成11、反対21（日本を含む）、棄権20で否決され、スペイン案を採用した決議案が経済社会理事会に送られた。

このフォーラムは独立専門家として個人資格で活動する16名のメンバーで構成され、8名は政府の推薦に基づいて経済社会理事会が選出し、あとの8名は事務局や先住民関連組織との協議によって経済社会理事会の議長が任命する。任期は3年でさらに1期に限り再選もしくは再任が可能である。フォーラムは10日間の年次会合を開き、設置から5年後にはメンバーの選出方法も含めて、経済社会理事会がその作業の評価を行う。

この決議案は7月28日、経済社会理事会によって修正なしで採択されている（E/RES/2000/22）。

(c) 子どもの権利条約の選択議定書案（決議2000/59）

1994年の人権委員会決議1994/91と1994/90で、武力紛争に巻き込まれる子どもに関する選択議定書を検討するワーキング・グループと子どもの売買、子どもの売春および子どものポルノに関する議定書を検討するワーキング・グループがそれぞれ設置され、子どもの権利条約発効10周年までに完成させるべく、意欲的な議論が重ねられてきた。前者は、15歳未満の子どもを戦闘に従事させることは戦争犯罪を構成するとした国際刑事裁判所に関するローマ規程や、1999年の最悪の形態の子どもの労働の禁止と撤廃に向けての緊急措置に関するILO条約第182号に言及したうえで、18歳未満の子どもが武力紛争に関与しないように確保する義務を国家に課し、18歳未満の子どもが自発的に軍隊に参加する場合の基準を明確にしている。一方、子どもの売買などに関する議定書は、最低限これらの行為を刑法上の犯罪とする立法措置を締約国に求めているが、「子ども」の明確な定義を欠いているため、条約本体よりも低い水準の保護しか提供していないとして反発するNGOとの間で議論が重ねられた。結局、人権委員会ではワーキング・グループの議定書案を経済社会理事会に送る決議が採択され、5月10日には経済社会理事会で（決議E/RES/2000/2）、5月25日には国連総会で（A/RES/54/263）採択されて、これら議定書は各国の署名・批准の段階に移った。さらに安全保障理事会も8月11日に、とくに子どもと武力紛争に関する議定書の成立を歓迎し、武力紛争下で子どもを標的にすることを強く非難し、紛争当事者にこの議定書をはじめとする子どもの権利と保護に関するすべての国際法を遵守するよう求める決議を採択している（S/RES/1314(2000)）。

(d) チェチェンの状況について（決議2000/58）

人権高等弁務官は、3月31日から4月4日にかけて行われた北コーカサス地方へのミッションについて、口頭で報告を行った。チェチェンの首都グロズヌイは大規模に破壊され、主に女性や老人だ

けが残っていて、深刻な食糧不足に苦しんでいる。周辺の共和国に流出した大量の避難民の証言によると、チェチェンでは大量殺害、即決処刑、レイプ、拷問、略奪などの大規模なの人権侵害が行われている。ロシア首脳は、軍による人権侵害の事実は認めながらも、それが制度的に行われているという事実は否定し、またその処罰も適切に行われていると主張した。そしてロシア連邦は外部から意見されるべきではなく、戦争の終結こそが優先事項だと語った。

人権高等弁務官は、チェチェンの人々の権利を否定し、あるいはそれらの権利侵害を非難することを否定するのはご都合主義であり、ロシアのチェチェンへの攻撃は均衡性を欠き、平和が達成された後もこの地域の経済的社会的状況の回復という由々しい問題が残ることを指摘した。

ロシア代表は、人権高等弁務官のステートメントは真実ではなく、テロリストの主張に基づいていると反論し、ロシアはチェチェンの人々を永年の人権侵害から救うために反テロリスト作戦を展開していると主張した。

ポルトガルによって提出された決議案は、紛争当事者に対し戦闘の即時停止と危機の平和的解決のための政治的対話の開始を要求し、ロシア政府に対してチェチェンで行われた人権侵害と人道法違反を調査するための、独立の委員会を設置することを求めている。ロシア代表は、決議案は紛争について誤った図式を与えるものであり、テロの脅威を無視した内政干渉であって、人権分野におけるダブル・スタンダードの典型であると発言した。

投票の結果決議案は、賛成25、反対7（中国、キューバ、インド、マダガスカル、コンゴ共和国、ロシア連邦、スリランカ）、棄権19（バングラデシュ、ブータン、インドネシア、日本、ネパール、フィリピン、韓国のアジア諸国を含む）で採択された。

(e) 東ティモールに関する議長声明

東ティモールに関して委員会は、インドネシア政府によってとられた人権侵害および人道法違反の調査とその責任者の処罰の措置を歓迎し、国連事務総長が国連東ティモール暫定統治機構（UNTAET）を強化して、捜査と裁判手続きに関しても援助できるようにしたことを支持し、紛争によって生じた西ティモールの難民問題の早期解決を強く要請する内容の議長声明を出した。

インドネシアからはアチェ出身で元人権活動家のサード人権問題担当大臣が出席して演説し、東ティモールにおける劇的な状況の変化を印象づけた。

(f) 1503手続きによる非公開の人権状況の審議

第56会期は、チリ、ケニア、ラトビア、コンゴ共和国、ウガンダ、アラブ首長国連邦、ベトナム、イエメン、ジンバブエが1503手続きの下で審議された。その結果、ウガンダを除くすべての国についての審議の打ち切りが決定された。

(g) 人権の保護と促進のためのメカニズム改革（決定2000/109）

人権委員会のメカニズムの効率の向上に関するワーキング・グループが提出していた報告書（E/CN.4/2000/112）

が承認され、委員会によって包括的に実施されることが決定された。この報告書は、既存の任務の合理化のために構造調整に関する独立専門家と対外債務に関する特別報告者の任務を統合して、構造調整と対外債務に関する独立専門家のポストに一本化することを勧告している。また1503手続きに関してその客観性、公平性および秘密性は評価しつつも、人権委員会に届くまでの3段階を2段階に、すなわち人権小委員会での審議を省略することによって、作業の効率を上げるよう提案している。

人権小委員会に関しては、作業の効率性と地理的な代表性を考慮した結果、メンバー数は現行のままの26人とされたが、小委員会が審議しうる国別状況は人権委員会が扱わないものに限られ、人権に関する緊急事態についてはいずれの国家に関しても審議しうるものの、特定の国家に対する決議は採択できないことになった。テーマ別の問題に関しても、独立専門家としての立場と両立させるために、特定の国家への言及を含む決議の採択は差し控えるよう勧告されている。さらに会期は3週間に削減された。

このように権限を大幅に縮小された人権小委員が、今後どのように人権委員会のシンクタンクとしての役割を果たしていくことが期待されているのか、なお不明確な点も多く、今後の動きが注目されるところである。

(2) 国連人権委員会第5回特別会期（2000年10月17日〜19日）

アラブ連合を代表して、在ジュネーブのアルジェリア代表は、2000年10月3日付の書簡で「イスラエル占領軍によるパレスチナの人々の重大で大規模な人権侵害を議論するため」特別会期を召集するよう国連人権高等弁務官に要請した。人権委員会のメンバー国の多数が賛同したため、人権高等弁務官は10月17日から19日まで第5回特別会期を開催した。

チュニジアが提出した決議案は、9月28日以来のイスラエル占領軍による国際人道法に反した不均衡で無差別の武力の行使が、多くの子どもを含む120名にのぼる死者を出したことを強い調子で非難し、イスラエルに対し民間人への武力行使の即時停止を求めている。また、イスラエルによる軍事占領それ自体がパレスチナ人民の人権侵害を構成すること、民間人や子どもを制度的に殺害するイスラエルの行為が人道に対する罪を構成することを確認したうえで、情報収集のための調査委員会を組織することを決定し、関連のすべての特別報告者や特別代表およびワーキング・グループに対し、直ちに占領地の査察を行い次の人権委員会および国連総会に報告することを要請している。

この決議案は投票に付された結果、賛成19、反対16、棄権17の僅差で採択された。日本を含むすべての西側諸国が反対に回った背景には、このように強い調子でイスラエルを非難することが、進行中の和平プロセスに与える悪影響を懸念したことと、占領それ自体が人権侵害を構成するとした強い政治的イデオロギー性に反発したという事情があった。

(中井伊都子／甲南大学助教授)

2.人権小委員会

人権小委員会は、人権委員会の下部組織として1947年に設立された。第52会期人権小委員会は、2000年7月31日から8月18日までジュネーブの国連欧州本部で開催された。

(1) 作業組織

第56会期人権委員会の決定により、小委員会の作業組織は今会期(2000年)をもって大幅に見直された。1503手続き(大規模かつ重大な人権侵害の事態を特定することを目的とした非公開通報手続き)に係る小委員会の任務は完全に除去され、人権委員会の予算上の制約から、従来4週間だった小委員会の会期は3週間へと短縮された。少数民族作業部会と先住民族作業部会は従来どおりの会期期間だが現代奴隷制作業部会も短縮を強いられている。

(2) 世界各国における、人種差別を含む人権侵害問題

今会期から個別の国についての決議および個別の国の人権状況に言及するテーマ別決議の採択が禁止された。しかし、人権委員会の指示には、討議の自由は許し、その内容は国連文書に記録として示される、とあったため、従来どおり世界各国の人権侵害がNGOや委員により非難された。

(3) 人種差別撤廃におけるテーマ別審議

アファーマティブ・アクション(AA)についての作業報告書がボシュイット特別報告官によって提出された。また、作業文書「非自国民の権利について」がワイズブロッド委員から提出された。同委員は人種差別撤廃条約が時代遅れであると警告、最近の規約人権委員会の試みなどを含む人権分野における進展に沿って改定されるべきだと勧告した。

(4) 経済、社会および文化的権利の実現

「グローバル化の現象とグローバル化が人権の完全な享受に与える影響に関する事前報告書」が提出された。世界銀行とIMFの行動とその影響について国連経済社会理事会が監督すべき、との提案や、国連経済社会理事会にNGOフォーラムを設置しては、との案も出された。また、「飲料水と公衆衛生へのすべての人々の権利についての作業文書」がギセ委員によって提出された。

(5) 女性に関する人権の実現

第一副議題の「女性や子どもの健康に影響する伝統的慣行」では、性器切除の危険性が取り上げられ、女性の地位向上の観点からも廃絶の必要が訴えられた。性器切除のほか、「名誉の罪」や、若い女性が神への供物として神職に就く者から虐待される「神の奴隷」の慣行にも関心が向けられた。

(6) 現代奴隷制

小委員会は、現代奴隷制作業部会の作業文書を前にして、ネパールにおける債務労働と人身売買、スーダンにおける

奴隷制紛争、カシミール紛争などの問題を次々に提起したが、なかでも極めて目立ったのが従軍慰安婦問題である。マクドガル特別報告官の最新報告書は「戦時下の組織的暴行・性的奴隷問題」に1章を割き、日本政府は国際法上の賠償責任義務を果たしていないと1998年と同様に糾弾した。

(7) 先住民族の人権

ダエス委員の「先住民族とその土地との関係の研究」と題した作業文書は、各国政府に対して先住民族の土地と資源を認識し、境界を定め、特別保護を与える法律を制定するよう勧告した。また政府が「先住民族の国際10年」の指針に沿って、訂正的立法を制定し、憲法改正もしくは訂正政策を採用するよう提唱。また、「先住民族常設フォーラム」設立決議を歓迎した。

(8) マイノリティ（少数民族）に対する差別の防止と保護

アイデ委員によって、少数民族の権利宣言を検証してきた作業部会の報告書が提出された。報告書には少数民族と各政府間の紛争対処法が複数提言されており、また少数民族の権利向上のための一般的提案も含められている。その他、シーク・エン委員によって「ロマに関わる人権問題およびその保護」と題する作業文書が提出された。また、この項目下において小委員会はその歴史上初めて、「職業および世系（門地）に基づく差別に関する決議」（南アジアのカースト制度、部落差別、アフリカにおける類似の差別を含む）を採択した。この決議には職業と世系（門地）に基づく差別は国際人権法で禁じられた差別であり、政府に対し、法的・行政的措置を勧告。また、グネセケレ委員が「職業と世系（門地）に基づく差別に関する作業文書」の作成を委任された。部落差別も研究の対象となっている。

(9) 司法行政と人権

第9項目の司法行政と人権についての作業部会は小委員会開催中に開かれ、まず死刑制度の問題の展開についての作業文書改訂版がギセ委員によって提出された。

(10) 移動の自由

国連難民高等弁務官事務所は、各国における政治的、経済的、社会的、保障の負担のおそれが難民を受け入れる意思や受入力を弱めており、また非正規の移住や人身売買の問題による難民状況が政治化したため、難民を犯罪者扱いする国が増加していると懸念した。

(11) 児童および青年の権利の完全実現とその保護

今年5月25日、国連総会が2つの子どもの権利条約選択議定書（うち一方は児童と武力紛争、もう一方は児童の人身売買、児童ポルノ、児童買春について）を全会一致で採択したことを小委員会は歓迎した。

（ウィダー中條オルガ／NGO『アフリカン・イニシャティブス』スタッフ）

3.人権高等弁務官事務所

　国連人権高等弁務官事務所は、1993年6月にウィーンで開催された世界人権会議で提案され、93年12月の国連総会決議によって設置された。97年9月、従来の国連人権センターは、この人権高等弁務官事務所に統合された。本部はジュネーブ。人権高等弁務官は、国連事務総長により任命され、97年9月より第2代目の元アイルランド大統領のメアリー・ロビンソンが務めている。

　事務所の事業関連部は、①調査および発展の権利部、②支援サービス部、③活動・計画部の3部からなっている。また、「人権教育のための国連10年」行動計画の実施、「反人種主義・差別撤廃世界会議」の開催に向けた事務局、さらに人権侵害の現地視察や調査団の派遣・援助などの機能を担っている。

　2000年から2001年初頭にかけての同事務所の主な活動は以下のとおり。

(1)「人権教育のための国連10年」

　1995年に始まった「人権教育のための国連10年」の中間年にあたり、人権高等弁務官事務所は、国際機関や各国政府、人権教育を推進する非政府組織（NGO）など世界中を対象に文書とEメールを通じて取組み状況に関するアンケート調査を実施した。同事務所では、2000年7月末までに寄せられた回答をもとに、国際、国際地域、国、国内地方の各レベルにおける「10年」の前半5年に達成された成果について中間評価を行うとともに、今後の課題を明らかにしたうえで、後半5年間に向けた勧告を提示した報告書を作成した。

　これは「『人権教育のための国連10年（1995-2004）』で定められた目的を達成するためにこれまで成し遂げられた成果に関する地球規模の中間評価についての国連人権高等弁務官による報告」として2000年9月に行われた国連ミレニアム総会において採択された（全文翻訳は、ヒューライツ大阪のホームページに掲載。http://www.hurights.or.jp）。

(2) 人権教育データベース

　人権高等弁務官事務所は、2000年の人権デーに人権教育に関するデータベースを立ち上げた（http://www.unhchr.ch/hredu.nsf）。このデータベースは一般、機関、プログラム、教材、奨学金の5分野に分かれており、課題、国／地域、実施機関の形態、言語などによって探し出せるよう分類されている。使用言語は英語、フランス語、スペイン語の3種類。インターネット上のデータ・ベースに加え、同事務所には人権教育資料センターも設置されている。

　しかし、データベースというには情報量が充分ではなく、世界中の関係機関・組織に対して積極的な情報提供を呼びかけて、今後拡充していく必要がある。

(3)「反人種主義・差別撤廃世界会議」（WCAR）

　1997年の国連総会で世界会議の開催が決議され、98年の国連総会でメアリー・ロビンソン人権高等弁務官が世界会議の事務局長に任命された。

人権高等弁務官事務所は、加盟国政府、NGO、国内人権機関、政府間機関、さまざまな国連機関などの協力に基づいて世界会議の宣言および行動計画の草案を準備するよう要請され、その役割を担った。ヨーロッパ、アフリカ、米州、アジアの各地域における政府間地域準備会議においても宣言と行動計画の作成の事務局を務めた。また、具体的なテーマに焦点を当てた専門家セミナーを各地域で開催した。地域準備会議と専門家セミナーでは、政府やNGO、国連機関、地域機関、国内人権委員会など多様な組織・機関の参加が奨励され、人権高等弁務官事務所はそのための資金の確保に努めた。

世界会議のプロセスへのNGOの参画を促すために、人権高等弁務官はNGO連絡担当官を任命し、NGOの会議参加や認証手続き、資金援助、NGOの調整委員会（国際・地域）の組織などについてNGOとの連絡調整を行った。

世界会議のための広報・意識啓発の活動として、人権高等弁務官は各国のリーダーや国際社会に対してインタビューや会議、広報文書などを通じて可能なかぎり最新情報を発信した。

同事務所のホームページ（http://www.unhchr.ch/）で、世界会議の基本情報や、テーマの説明、参加（認証）手続きの方法、関連する会議やセミナーの予定、採択文書などを発信した。NGO連絡担当官は迅速な情報提供のためにメーリングリストを活用した。また、世界会議のパンフレットやニュースレターも発行し、ニュースレターは電子版としても

ホームページからダウンロードできるようにした。

このほか、人権高等弁務官は2000年9月の国連ミレニアム・サミットにおいて、「寛容と多様性：21世紀へのビジョン」と題した宣言を元南アフリカ大統領のネルソン・マンデラとの共同署名のもと発表し、世界会議の意義を訴え、各国リーダーの賛同署名を求めたほか、12月の人権デーには、著名な文学者や音楽家、人権活動家など7人の親善大使を任命し、世界会議の宣伝に努めた。

(4) グローバル・コンパクト

2000年7月、ニューヨークの国連本部において、「グローバル・コンパクト」に関するハイレベル会議が行われ、コフィ・アナン事務総長、経済界、労働組合、市民社会（NGO）の代表が、責任ある企業活動を支持する共同の取組みを打ち出した。

グローバル・コンパクトとは、1999年1月にスイスのダボスで開かれた「世界経済フォーラム」において、アナン事務総長が提案したもので、世界中の企業に対して、社会的な責任をもって活動するために、人権・労働基準・環境の分野における9つの原則を促進するよう求めた盟約（コンパクト）である。内容は、国際的な人権の尊重、強制労働や児童労働の廃止、雇用・職業における差別撤廃などの国際的労働基準の支持、および環境保護への取組みなどである。

ハイレベルに参加した各界の代表は、グローバル・コンパクトを歓迎し、企業活動などを通じて協力することに合意し

た。2000年時点で多国籍企業などが多数参加しており、3年以内には世界で1000社を参加企業に加えるという目標が設定された。

そうしたなか、人権高等弁務官事務所ではビジネス・セクター、労働組合、そしてNGOとのパートナーシップを強化して、グローバル化によって生じている諸問題に対処するために、相互の対話を促し、企業の社会的責任を明確にしていくよう活動している。

(ヒューライツ大阪事務局)

4.女性の地位委員会

第44回国連女性の地位委員会(以下、委員会という)は、以下の日程でニューヨークにある国連本部にて3週間開催された。まず、2000年2月28日から3月2日までである。また、国連特別総会「女性2000年会議」第3回準備委員会が、3月3日から3月17日まで、そして、特別総会直前の5月30日から6月2日まで開催された。

(1) 役員の選出

新議長にクロアチアが、副議長にはデンマーク、チリ、セネガル、日本が選出された。任期は第46回までの2年間である。

(2) 第44回の委員会で扱われた主な議題(E/2000/27)

1)一般討議:「第4回世界女性会議に関するフォロー・アップ」、および「北京行動綱領の実施状況に関する包括的レビューおよび評価」

2)パネル・ディスカッションⅠ:「女性または男女平等に影響を与える新しい問題の台頭、その傾向および解決のための新たなアプローチ」

3)決議案:第45回女性の地位委員会議題案の採択、および報告書の採択

一般討議については、国連システムにおけるすべての政策およびプログラムでジェンダーの主流化の進行が挙げられた。そのうえで、パレスチナの女性、武力紛争下において人質(監禁)にされている女性および子どもの解放、女性および女児のHIV/AIDS、事務局における女性の地位の改善、女性差別撤廃条約、1996年から2001年の女性の「女性と開発」の役割調査、貧困や「女性に対する暴力」に関する世界的な関心の高まり等が報告された。また、北京行動綱領の実施状況に関し成果として挙げられたのは、女性の非識字率の低下、妊産婦死亡率の低下、女性の地位向上のための制度的仕組みの強化などである。一方、実施が達成できずにいる要因として、固定的男女役割意識、貧困、武力紛争、HIV/AIDSの蔓延と拡大、さらに経済危機等が挙げられた。

パネル・ディスカッションⅠは、「女性または男女平等に影響を与える新しい問題の台頭、その傾向および解決のための新たなアプローチ」と題し、北京行動綱領を完全実施するために必要なパネルが開催され、パネリストの報告と討論が行われた。テーマは、「女性と労働」、「女性とHIV/AIDS」、「女性の財産権」、「ジェンダー、公平、情報技術」、

表2●2000年度女性の地位委員会構成国（45カ国・4年任期）

任期	構成国
2000年12月31日まで	エチオピア、フランス、ドイツ、ガーナ、日本、モロッコ、パラグアイ、ペルー、ポーランド、タイ、英国
2001年12月31日まで	ボリビア、コートジボワール、キューバ、インド、イラン・イスラム共和国、レソト、マレーシア、韓国、ルワンダ、セントルシア、スリランカ、スーダン、ウガンダ
2002年12月31日まで	ベルギー、ブルンジ、北朝鮮、イタリア、リトアニア、メキシコ、モンゴル、ロシア、セネガル、トルコ
2003年12月31日まで	ベナン、ブラジル、チリ、中国、クロアチア、デンマーク、ドミニカ共和国、エジプト、キルギスタン、マラウイ、アメリカ

※アフリカ諸国から13カ国、アジア諸国から11カ国、東欧諸国から4カ国、ラテンアメリカおよびカリブ諸国から9カ国、西欧およびその他から8カ国となっている。
※日本は後に再選され、2004年までの任期となっている。

「女性差別撤廃条約の実施」の5つである。

そして、この会期では、以下の決議案が採択された。①パレスチナの女性、および②アフガニスタンの女性・女児である。また、次回会期（第45回女性の地位委員会）議題案として以下の2つが採択された。①女性・女児とHIV/AIDSおよび、②ジェンダーおよびあらゆる形態の差別、とくに人種主義・人種差別・外国人排斥および関連する不寛容である。

(3) 国連特別総会「女性2000年会議」準備委員会における主な議題

1）一般討議：「女性2000年会議への諸準備」

2）パネル・ディスカッションⅡ：「2000年以降の男女平等・開発・平和への展望」

2000年会議において採択予定の「政治宣言」案、および「成果文書」案について、その内容別にグループが組織され、非公式協議が進められた。「政治宣言」案に関しては、本会議終了までに合意に至った。「政治宣言」は、「成果文書」を実施するにあたっての各国の指針ともいえる。

他方、「成果文書」案については、今後の行動・課題に関する部分についての討議ではなく、「北京行動綱領」の状況に関しての事実等についてすら表現などの点で合意に至らず、ほとんどのパラグラフに括弧がついて、その結果として2000年会議の直前まで討議が継続されることとなった。こうした背景には、開発途上国グループといわれる「G77プラス中国」（133カ国〔代表ナイジェリア〕）内部で、意見調整がほとんどできていなかったことが挙げられる。また、EU（ヨーロッパ連合〔代表ポルトガル〕）、JUSCANZ（日本、アメリカ、カナダ、オーストラリア、ニュージーランド等）などのグループごとの意見があまりにも異なっていたことも挙げられる。2000年会議直前の会合においても、「北京行動綱領」を後退させようとするG77の一部のグループと、EUおよびJUSCANZの前進させようとするグループの対立が顕著になった。

パネル・ディスカッションⅡが、「2000年以降の男女平等・開発・平和への展望」と題して開かれた。前述のパネル・ディスカッションⅠと同様のものであるが、日程の都合で準備委員会の開始後に行われた。テーマは、「ジェンダーの視点からの人口、出生力および開発」、

「ジェンダーの視点からのグローバル化と貧困」、「ジェンダー、人道的介入および紛争解決」、「民主化とジェンダーおよび人権」の4つで、パネリストによる報告と討論が行われた。

2000年の女性の地位委員会は、女性2000年会議のためにあったといっても過言ではない。また、2000年度内に、女性差別撤廃条約の選択議定書の効力が発生した。これは、1999年度の第43会期女性の地位委員会で草案が採択され、その後、総会本会議でコンセンサス採択されたものである。このように2000年は、国連においても、また世界中の女性たちにとっても、非常に重要な年であったことは間違いないといえるだろう。

(谷口真由美／大阪大学大学院国際公共政策研究科博士後期課程)

5. 難民高等弁務官事務所

(1) UNHCRとは

国連難民高等弁務官事務所（The Office of the United Nations High Commissioner for Refugees: UNHCR）は、難民に対して国際的な保護と援助を与えることを目的として、1951年1月に設立された国連総会の補助機関である。当初はわずか30万ドルの予算と33名のスタッフで発足したが、2000年には9億4,234万ドルの予算が計上され、120カ国に5,200名あまりのスタッフを擁するまでになった。1990年末から2000年末まで緒方貞子氏（元上智大学教授）が高等弁務官を務めた。

UNHCRの任務は、UNHCR規程（総会決議第428（V）号に付属）で定められるように、難民に国際的保護を与えること、さらに難民の自発的帰還、または受入国社会への統合を促すことによって難民問題の恒久的解決を図ることである。ただ、同規程によればUNHCRは総会が定めるその他の活動にも従事することになっており、これまでに同規程または「難民の地位に関する条約」（通称「難民条約」）で定められる狭義の難民以外にも、紛争などによって発生した大量の難民、さらには国内で難民化した国内避難民（internally displaced persons）などへの支援を行ってきた。1999年末の時点でUNHCRの支援対象者数は2,233万人、その内訳は難民が1,169万人、難民申請者が122万人、帰還難民が251万人、国内避難民が408万人などとなっている。

UNHCR本部は、ジュネーブの国連欧州本部に隣接するRue de Montbrillantにある。

(2) 2000年の動き

2000年にはUNHCR職員が難民救援の現場で殺傷されるという痛ましい事件が続いた。8月、西ティモールで職員3名が民兵の襲撃に遭い負傷、翌9月には職員3名が同地で殺害され、ギニアでも職員1名が殺害された。これらの事件を受け、9月21日には約1,000名のUNHCR職員が国連欧州本部の周辺でデモ行進を行い、参加した緒方高等弁務官は国際社会に対して援助要員の安全を確保するよう強く求めた。

また、緒方高等弁務官にとっては最

後となった、定例のUNHCR執行委員会が10月2日から6日にかけてジュネーブで開催された。委員会構成国57カ国に加え、多数の国、国際機関、NGO代表者がオブザーバーとして参加した。初日には元UNHCR職員のアナン国連事務総長もスピーチを行い、「ともにチャレンジに立ち向かってきた」緒方氏をほめたたえた。緒方高等弁務官は過去10年間の活動を総括し、さまざまな批判を承知したうえで「バランスシートはそれほど悪くはない」との評価を下した。

緒方高等弁務官の在任期間中、UNHCRはイラク北部、旧ユーゴスラビアをはじめとして、紛争地域での難民・避難民に対する救援活動に積極的に関与した。それは、冷戦後の国際情勢といった要因もさることながら、緒方氏の率先力に負うところも大きく、その意味では、緒方氏はひとつの流れを築き上げたといえる。しかし、こうしたUNHCRの活動展開には批判的な見方もある。『国際難民法雑誌』(International Journal of Refugee Law) 2000年第1号の巻頭において編集長のグッドウィン・ギル教授は、難民保護の今後の課題はUNHCRが難民法を再認識することであると論じた。同教授は以前から、1990年代を通じてUNHCRが、難民および難民申請者の権利の保障を国家から確保するという、UNHCR規程に基づく本来の役割から離れ、国際社会から言われるままに人道援助を提供する機関になったことに警告を発してきた。

2001年にはUNHCRが発足し、また難民条約が採択されてからともに50年が経つ。しかし、難民保護制度の行き詰まりが世界各地で見受けられ、難民法は現在岐路に立たされている。そうした状況のもと、今後の難民保護制度のあり方を考えようと、UNHCRは2000年12月から「グローバル・コンサルテーション」と呼ばれるプロセスを開始した。2001年には、難民条約（および1967年の「難民の地位に関する議定書」）の締結国レベル、専門家レベル、執行委員会レベルの3つのレベル（「トラック」と呼ばれる）でのさまざまな会合に加え、地域的な会合、難民自身による会合も開催される予定となっている。このプロセスが難民問題を広く議論し、なんらかの解決策を提示する場となるのか、それとも難民条約採択50周年の記念行事に終わるのか。2001年1月から高等弁務官のポストに就いたルベルス前オランダ首相の活躍とあわせて注目したい。

(墓田桂／金沢大学大学院社会環境科学研究科)

6.人権条約機構

主要人権条約の締約国による履行を監視するために、6つの委員会が設置されている。2001～2002年の条約機関の会合は表3のとおり。2001年3月31日現在のアジア・太平洋地域の各国の条約の批准状況は表4のとおり。

条約機関は、その条約に関する見解や、締約国の義務についての解釈を一般的意見や勧告として採択している。

(ヒューライツ大阪事務局)

表3● 2001-2002年の国連条約機関の検討仮日程

	会期	期間	審議される国（予定）
社会権規約委員会	第25会期	2001.4.23-2001.5.11	ボリビア(*)、**中国（香港）(1)**、ホンジュラス(1)、**韓国(2)**、ベネズエラ(2)
	第26会期	2001.8.13-2001.8.31	ドイツ(4)、**日本(2)**、パナマ(2)、**ネパール(1)**、セネガル(2)、**シリア(2)**、ウクライナ(4)
	第27会期	2001.11-2001.12	アルジェリア(2)、コロンビア(4)、フランス(2)、スウェーデン(4)、英領地域(4)
	第28会期	2002.4-2002.5	クロアチア(1)、チェコ共和国(1)、アイルランド(2)、ジャマイカ(2)、トリニダードトバゴ(4)
自由権規約委員会	第71会期	2001.3.19-2001.4.16	クロアチア(1)、ドミニカ(3-4)、シリア(2)、ベネズエラ(3)、ユーゴスラビア(4)、**ウズベキスタン(1)**
	第72会期	2001.7.9-2001.7.27	チェコ共和国(1)、**北朝鮮(2)**、グァテマラ(2)、モナコ(1)、オランダ(3)
	第73会期	2001.10.15-2001.11.2	**アゼルバイジャン(2)**、**グルジア(2)**、スイス、**ウクライナ(2)**、英国(5)、英国海外領土(5)、英領地域(5)、**ベトナム(2)**
人種差別撤廃委員会	第58会期	2001.3.5-2001.3.23	アルジェリア(13-14)、アルゼンチン(15)、**バングラデシュ(7-11)**、コートジボアール(*)、**フィジー(*)**、ガンビア(*)、**グルジア(*)**、ドイツ(15)、ギリシャ(12-15)、アイスランド(15-16)、ジャマイカ(*)、**日本(1-2)**、**ラオス(*)**、ポルトガル(9)、**カタール(*)**、セネガル(*)、シエラレオネ(*)、スーダン(9-11)、トーゴ(*)
子どもの権利委員会	第26会期	2001.1.8-2001.1.26	ドミニカ共和国(1)、エジプト(2)、エチオピア(2)、ラトビア(1)、レソト(2)、リヒテンシュタイン(1)、リトアニア(1)、**パラオ共和国c(1)**、**サウジアラビア(1)**
	第27会期	2001.5.21-2001.6.8	**ブータン(1)**、コートジボワール(1)、コンゴ民主共和国(1)、デンマーク(2)、グァテマラ(2)、モナコ(1)、**オマーン(1)**、**トルコ(1)**、タンザニア(1)
	第28会期	2001.9.24-2001.10.12	カメルーン(1)、カーボヴェルデ(1)、ガンビア(1)、ケニア(1)、モーリタニア(1)、**カタール(1)**、パラグアイ(2)、ポルトガル(1)、**ウズベキスタン(1)**
	第29会期	2002.1.14-2002.2.1	アンドラ(1)、**バーレーン(1)**、チリ(2)、ガボン(2)、ギリシャ(2)、**レバノン(2)**、マラウイ(1)、モザンビーク(1)、**アラブ首長国連合(2)**
	第30会期	2002.6-2002.6	アルゼンチン(2)、ベラルーシ(2)、ベルギー(2)、ギニアビサウ(1)、スペイン(2)、スーダン(2)、チュニジア(2)、ウクライナ(2)、英国(2)、英領地域、英国海外領土(1)
	第31会期	2002.9-2002.10	ブルキナファソ(1)、チェコ共和国(1)、アイスランド(1)、イタリア(1)、ジャマイカ(1)、ポーランド(2)、**韓国(2)**、ルーマニア(1)、**ベトナム(1)**
女性差別撤廃委員会	第24会期	2001.1.15-2001.2.2	ブルンジ(1)、エジプト(3-5)、フィンランド(4)、ジャマイカ(2-3)、**カザフスタン(1)**、**モルジブ(1)**、**モンゴル(3-4)**、**ウズベキスタン(1)**
拷問禁止委員会	第26会期	2001.4.20-2001.5.18	ブラジル(1)、ボリビア(1)、コスタリカ(1)、チェコ共和国(2)、デンマーク(4)、ギリシャ(3)、グルジア(2)、**カザフスタン(1)**、ルクセンブルク(3)、ノルウェー(4)、スロバキア(1)、スウェーデン(4)、ウクライナ(4)、ベネズエラ(2)
	第27会期	2001.11.12-2001.11.23	未定

注1● 国連人権高等弁務官事務所のホームページより（2001年1月31日）。審理済みを含む。
注2● 審議される（予定）国の太字はアジア・太平洋地域。
注3● 審議される国の後の( )内は対象となる報告、(*)は報告書なしの審理。

表4●アジア・太平洋地域各国の人権条約批准状況（2001年3月31日現在）

		社会権規約	自由権規約	第一選択議定書	第二選択議定書	人種差別撤廃条約	禁止条約	アパルトヘイト・スポーツ禁止条約	ジェノサイド条約	不適用条約	戦争犯罪時効	子どもの権利条約	子どもの権利条約選択議定書(武力紛争)[*3]	子どもの権利条約選択議定書(人身売買等)[*3]
	採択時期	66/12	66/12	66/12	89/12	65/12	73/11	85/12	48/12	68/11	89/11	00/5	00/5
	締約国数(192カ国中)	144	147	98	44	157	101	58	132	44	191	3	2
	アジア・太平洋地域内(42カ国中)の締約国数	21	19	11	4	27	14	5	26	7	42	2	1
東アジア	韓国	90/4	90/4a	90/4		78/12			50/10		91/11	s	s
	北朝鮮	81/9	81/9[*1]						89/1	84/11	90/9		
	中国[*2]	01/3				81/12	83/4	s	83/4		92/3	s	
	日本	79/6	79/6			95/12					94/4		
	モンゴル	74/11	74/11	91/4		69/8	75/8	87/12	67/1	69/5	90/7		
東南アジア	インドネシア					99/6		93/7			90/9		
	カンボジア	92/5	92/5			83/11	81/7		50/10		92/10	s	s
	シンガポール										95/10		
	タイ	99/9	96/10								92/3		
	フィリピン	74/6	86/10a	89/8		67/9	78/1	87/7	50/7	73/5	90/8	s	s
	ブルネイ										95/12		
	ベトナム	82/9	82/9			82/6	81/6		81/6	83/6	90/2	s	s
	マレーシア							s	94/12		95/2		
	ミャンマー(ビルマ)								56/3		91/7		
	ラオス					74/2	81/10		50/12	84/12	91/5		
南アジア	アフガニスタン	83/1	83/1			83/7	83/7		56/3	83/7	94/3		
	インド	79/4	79/4			68/12	77/9	90/9	59/8	71/1	92/12		
	スリランカ	80/6	80/6a	97/10		82/2	82/2		50/10		91/7	00/9	
	ネパール	91/5	91/5	91/5	98/3	71/1	77/7	89/3	69/1		90/9	s	s
	パキスタン					66/9	86/2		57/10		90/11		
	バングラデシュ	98/10	00/9			79/6	85/2		98/10		90/8	00/9	00/9
	ブータン					s					90/8		
	モルジブ					84/4	84/4	s	84/4		91/2		
太平洋	オーストラリア	75/12	80/8a	91/9	90/10	75/9b			49/7		90/12		
	キリバス										95/12		
	サモア										94/11		
	ソロモン諸島	82/3				82/3					95/4		
	ツバル										95/9		
	トンガ					72/2			72/2		95/11		
	ナウル										94/7	s	s
	ニュージーランド	78/12	78/12a	89/5	90/2	72/11			78/12		93/4	s	s
	バヌアツ										93/7		
	パプアニューギニア					82/1			82/1		93/3		
	パラオ										95/8		
	フィジー					73/1			73/1		93/8		
	マーシャル諸島										93/10		
	ミクロネシア										93/5		
中央アジア	ウズベキスタン	95/9	95/9	95/9		95/9			99/9		94/6		
	カザフスタン					98/8			98/8		94/8		
	キルギス	94/10	94/10	94/10		97/9	97/9		97/9		94/10		
	タジキスタン	99/1	99/1	99/1		95/1					93/10		
	トルクメニスタン	97/5	97/5	97/5		00/1	94/9				93/9		

[*1] 97年8月、北朝鮮は国連事務総長に対し規約の廃棄を通告したが、同規約には廃棄条項が設けられていないため、事務総長はすべての締約国による同意がないかぎり、そのような廃棄は不可能だという見解を出している。
[*2] 香港とマカオを含む。
[*3] 子どもの権利条約選択議定書の正式名称は、「武力紛争への子どもの関与に関する子どもの権利条約の選択議定書」と「子どもの売買、子どもの売買春および子どもポルノグラフィに関する子どもの権利条約の選択議定書」。

国連高等弁務官事務所HP (http://www.unhchr.ch/) より

女性差別撤廃条約	女性差別撤廃条約選択議定書	女性の参政権条約	既婚女性の国籍条約	結婚同意・最低年齢に関する条約	拷問等禁止条約	改正奴隷条約※	奴隷制廃止補足条約	人身売買禁止条約	無国籍者の地位に関する条約	無国籍者削減に関する条約	難民条約	難民議定書	移住労働者権利条約	合計
79/12	99/10	52/12	57/01	62/11	84/12	53/12	56/09	49/12	61/08	54/09	51/07	67/01	90/12	
167	16	115	70	49	123	94	118	73	23	53	137	136	16	2,311
33	3	22	8	7	17	16	18	11	2	4	16	16	2	354
84/12		59/6			95/1		62/2		62/8		92/12	92/12		13
01/2														6
80/11					88/10						82/9	82/9		9
85/6		55/7			99/6c			58/5			81/10	82/1		10
81/7	s	65/8		91/6	68/12	68/12								14
84/9	s	58/12			98/10									6
92/10					92/10		57/6				92/10	92/10		11
95/10		66/3					72/3	66/10						6
85/8	00/6	54/11												6
81/8	s	57/9		65/1	86/6	55/7	64/11	52/9		s	81/7	81/7	95/7	19
														1
82/2														8
95/7		59/2					57/11							5
97/7		s			57/4		s							4
81/8		69/1					57/9	78/4						9
s		66/11			87/4	54/8	66/11	85/5						12
93/7		61/11	s		s	54/3	60/6	53/1						13
81/10		58/5	s		94/1	58/3	58/3	58/4					96/3	15
91/4		66/4			91/5	63/1	63/1							14
96/3		54/12	s			55/9	58/3	52/7						9
84/11	00/9	98/10		98/10	98/10	85/1	85/2	85/1					s	16
81/8														2
93/7														5
83/7		74/12	61/3		89/8c	53/12	58/1		73/12	73/12	54/1	73/12		17
									83/11	83/11				3
92/9				64/8							88/9	94/11		5
		81/9					81/9	81/9			95/2	95/4		6
99/10											86/3	86/3		4
														3
														1
85/1	00/9	68/5	58/12	64/6	89/12c	53/12	62/4				60/6	73/8		17
95/9														2
95/1		82/1			82/1						86/7	86/7		8
														1
95/8		72/6	72/6	71/7		72/6	72/6			72/6	72/6	72/6		12
														1
														1
95/7		97/9			95/9									9
98/8	s	00/3	00/3		98/8						99/1	99/1		9
97/2		97/2	97/2	97/2	97/9	97/9	97/9	97/9			96/10	96/10		17
93/10	s		99/6		95/1						93/12	93/12	s	10
97/5		99/10			99/6	97/5	97/5				98/3	98/3		13

※奴隷条約、奴隷条約改訂議定書、改正奴隷条約は実質的に同じものと見なした。批准 (加入) の時期は国連事務総長に批准書もしくは加入書が寄託された年月による。
a:自由権規約第41条に基づく、人権侵害に対する他国による申立ての審査についての規約人権委員会の権限の受理、b:人種差別撤廃条約第14条に基づく、人権侵害に対する他国による申立ての審査についての人種差別撤廃委員会の権限の受理、c:拷問等禁止条約第21条 (委員会の締約国義務不履行の検討)、第22条 (個人通報と委員会の権限) に基づく、委員会の権限の受理、s:署名のみ

115

資料1

条約委員会による
アジア・太平洋地域の
2000年の国別人権状況審査

条約委員会の概要

社会権規約委員会
【概要】
　経済的、社会的および文化的権利に関する国際規約（社会権規約）第16条は、締約国が権利の実現のためにとった措置およびこれらの権利の実現についてもたらされた進歩に関する報告を国連事務総長に提出し、それを経済社会理事会が審査することを定める。当初、この審査は同理事会の会期内作業部会で担当したが、報告制度の活性化を図るため、1985年以降、18名の個人資格の専門家で構成する社会権規約委員会が設置された。
　報告は、規約全体に関する単一の包括的報告書（グローバル・レポート）を、発効後2年以内に、2回目以降は5年ごとに提出することになっている。
　審査は年2回、各3週間の会期で行うが、事前に、5名の委員からなる非公式な会期前作業部会において、審査予定国に送付するための質問リストが作成される。
　報告審査はこの質問リストに基づいて質疑応答の形式で行われる。その際、委員会は責任追及ではなく「建設的対話」をめざす。審査後、最終見解を採択し、当該国に送付するとともに内容を公表する。報告義務を果たさない締約国に対しては、利用可能な情報に基づいて審査の対象となる。また、報告審査には関連する国連専門機関やNGOが参加を認められることもある（こうした一連のプロセスは他の条約委員会でも共通している）。

自由権規約委員会
【概要】
　市民的および政治的権利に関する国際規約（自由権規約）第28条により設置。
　締約国は、規約第40条第1項により条約発効後1年以内に報告を提出する義務を課されている。1981年以来、1回目の報告後、5年ごとに報告を提出するものとされている（CCPR/C/19/Rev.1, 26 Aug. 1982）。
　審査後は最終見解を採択。各会期の直前5日前には、報告書審査のための質問リスト作成と個人通報について2つの作業部会が開かれている。前者の作業部会はNGOの情報提供を受けている。現在、年3会期（3〜4月、7月、10〜11月）、各3週間開かれている。

人種差別撤廃委員会
【概要】
　あらゆる形態の人種差別撤廃に関する国際条約（人種差別撤廃条約）第8条により設置。18名の個人資格の専門家から構成される。
　第9条は報告の提出について、条約発効後1年以内に、その後は2年ごとに、かつ委員会が要請するときにはいつでも国連事務総長に提出すると定めるが、現在では包括的報告書を4年ごとに、その中間年に追加報告書を提出することになっている。報告

書の形式は、委員会が作成したガイドラインに従って、第1部に国内法制などの概説を、第2部に各条文の実施状況を説明するものである。第11条に基づく国家通報も当該委員会が受理する（審査終了後に最終見解を採択している）。

子どもの権利委員会
【概要】
子どもの権利条約第43条により設置。

締約国は、条約第44条第1項により、条約発効後2年以内に第1報告、その後は5年ごとに報告書を提出する。また委員会は追加情報の提出を要請でき（同条4項）、委員会の活動報告は、隔年で国連総会に提出される（同条5項）。審査終了後に最終見解を採択。現在、年3会期（1月、5～6月、9～10月）、各3週間開かれている。

会期の直後に次期会期で審査される報告書のための質問リスト作成のため会期前作業部会が5日間開催されている。条約第45条a項などから、NGOは助言や情報提供を行うことができる。

女性差別撤廃委員会
【概要】
女性に対するあらゆる形態の差別の撤廃に関する条約（女性差別撤廃条約）第17条により設置。

締約国は、条約発効後1年以内に第1報告、その後少なくとも4年ごと、および委員が求めるときに報告書を提出することになっている（第18条）。条約第20条は、同委員会が2週間を超えない範囲で会合をもつことを規定しているが、締約国数が多く報告書を十分に検討できないため、委員会は第20条の改正を求めており、現在は暫定的に年2会期（1～2月、6月）が開かれている（一般的意見22）。94年より報告書審査後に最終見解を採択している。

会期前作業部会は、99年から前回会合の終了直後に開かれ、そこで作成された質問リストに対する回答を定期報告書審査前に書面で提出するように締約国に求めている。

拷問禁止委員会
【概要】
拷問およびその他の残虐なもしくは品位を傷つける取扱いまたは刑罰を禁止する条約（拷問等禁止条約）第17条により設置。

締約国は、条約発効後1年以内に第1報告書を提出、その後は4年ごとに新しくとった措置に関する追加報告および委員会が要請する他の報告を提出することになっている（第19条第1項）。第20条では委員会による調査制度が規定されている。

会期前作業部会はないが、90年より人種差別撤廃委員会にならって国別報告者が任命され、審査をリードする。審査後に最終見解を採択。現在、年2会期が、4～5月、11月に開かれている。

国別の審査・報告書提出状況

《東アジア》
韓国（未批准：なし）
(1) 社会権規約（90年7月10日発効）
第2回報告（期限：97年6月30日）は99年7月1日に提出され（E/1990/6/ADD.23）、第25会期（2001年4月）で審査予定。第3回報告の期限は2002年6月30日。
(2) 自由権規約（90年7月10日発効）、自由権規約第1選択議定書（90年7月10日発効）
第3回報告の期限は2003年10月31日。
(3) 人種差別撤廃条約（79年1月4日発効）
第11回報告（期限：2000年1月4日）は未提出。
(4) 子どもの権利条約（91年12月20日発

第2回報告（期限：98年12月19日）は2000年5月1日に提出され（CRC/C/79/Add.14）、第31会期（2000年9、10月）で審査された。第3回報告の期限は2003年12月19日。
（5）女性差別撤廃条約（85年1月26日発効）
　第5回報告の期限は2002年1月26日。
（6）拷問等禁止条約（95年2月8日発効）
　第2回報告（期限：2000年2月7日）は未提出。

朝鮮民主主義人民共和国（未批准：自由権規約第1選択議定書、人種差別撤廃条約、拷問等禁止条約）
（1）社会権規約（81年12月14日発効）
　第2回報告（期限：92年6月30日）、第3回報告（期限：97年6月30日）は未提出。
（2）自由権規約（81年12月14日発効）
　第2回報告（期限：87年10月13日）は2000年3月20日に提出され、（CCPR/C/PRK/2000/2）、第72会期（2001年7月）で検討予定。第3回報告（期限：92年10月13日）、第4回報告（期限：97年10月13日）は未提出。
（3）子どもの権利条約（90年10月21日発効）
　第2回報告（期限：97年10月20日）は未提出。
（4）女性差別撤廃条約（2001年3月29日発効）

中国（未批准：自由権規約〔98年10月5日に署名済み〕、自由権規約第1選択議定書）
（1）社会権規約（2001年3月27日批准）
（2）人種差別撤廃条約（82年1月28日発効）
　第8回報告（期限：97年1月28日）、第9回報告（期限：99年1月28日）は2000年10月3日に提出され（CERD/C/357/Add.4）、第59会期に検討予定。第10回報告の期限は2001年10月28日。
（3）子どもの権利条約（92年4月1日発効）
　第2回報告（期限：99年3月31日）は未提出。
（4）女性差別撤廃条約（81年9月3日発効）
　第5回報告（期限：98年9月3日）は未提出。
（5）拷問等禁止条約（88年11月3日発効）
　第3回報告（期限：97年11月2日）は99年5月4日に提出（CAT/C/39/Add.2）。第24会期（2000年5月）で審査され、最終見解が採択された（A/55/44paras.106-145）。勧告の概要は以下のとおり。
・条約に一致した拷問の定義を国内法に編入すること。
・中国本土と香港特別行政区に対して、第21条「締約国の義務不履行と委員会の審査権限」および第22条「個人の通報と委員会の審査権限」に関する宣言を考慮し、ならびに香港特別行政区における第20条「情報に対する委員会の調査」の留保の撤回を検討すること。
・新しい法の実施と実行を監視し、この目的のためのその他の適切な措置をとること。
・拘禁中の被疑者がいかなる理由にかかわらず弁護士にアクセスできるよう、現行許可申請制度の廃止を検討すること。
・国際基準に従い、あらゆる形態の行政上の抑留を廃止するよう検討すること。
・すべての拷問の申立てについて、迅速で、効果的かつ公平な調査を確保すること。
・警察官に対して国際人権基準に関する研修を行う努力を継続し強化すること。
・次回の報告では地域別および性別の詳細な統計を含むこと。

日本（未批准：自由権規約第1選択議定

書)
(1) 社会権規約 (79年9月21日発効)
第2回報告 (期限：92年6月30日) は98年10月15日に提出され (E/1990/6/Add.21)、第26会期 (2001年8月) で審査予定。
(2) 自由権規約 (79年9月21日発効)
第5回報告の期限は2002年10月31日。
(3) 人種差別撤廃条約 (96年1月14日発効)
第1回報告 (期限：97年1月14日)、第2回報告 (期限：99年1月14日) は2000年1月13日に提出され (CERD/C/350/Add.2)、第58会期 (2001年3月) で審査された。第3回報告の期限は2003年1月14日 (資料11参照)。
(4) 子どもの権利条約 (94年5月22日発効)
第2回報告の期限は2001年5月21日。
(5) 女性差別撤廃条約 (85年7月25日発効)
第5回報告の期限は2002年7月25日。
(6) 拷問等禁止条約 (99年7月29日発効)
第1回報告 (期限：2000年7月29日) は未提出。

モンゴル (未批准：拷問等禁止条約)
(1) 社会権規約 (76年1月3日発効)
第3回報告 (期限：94年6月30日) は98年4月21日に提出され (E/1994/104/Add.21)、第23会期 (2000年8月) に審査された (E/C.12/1/Add.47)。勧告の概要は以下のとおり。
・国内法システムにおける規約の正確な位置づけに関する情報を、次回の報告に盛り込むこと。
・パリ原則 (1992) に従い、国内人権機関を早急に設立すること。
・ウィーン宣言および行動原則 (1993) に従って準備された、人権のための国内行動計画書の複写を次回報告に添付すること。
・国際協力および援助を求め、経済的、社会的および文化的権利の実施についてさらに努力すること。アジア開発銀行によって調印された『貧困パートナーシップ合意書』の位置づけに関して次回報告すること。
・貧困対策の国家計画について努力の成果を次回に報告すること。その際、一般的意見3に従って、社会の最も脆弱な集団を保護する義務を念頭に置くこと。
・雇用において女性差別を禁止する労働立法に実効性をもたせること。また、DVに関する意識促進キャンペーンを行い、夫婦間レイプを犯罪とみなし、被害者にシェルターや十分な救済を提供すること。
・緊急事項として、国際人道援助を通して住民の栄養摂取のニーズに継続して注意を向けること。
・遠隔地の住民が基礎的な公共医療に漸進的にアクセスできるよう措置をとること。次回の報告に、アジア開発銀行が支援をしている「保険セクター開発プログラム」に関する報告を含めること。
・学校カリキュラムの質を高めること、および中途退学の率が高い等の教育上の困難を克服することに注意を向けること。
・この最終見解を市民に広めること。
第4回報告 (期限：99年6月30日) は未提出。
(2) 自由権規約 (76年3月23日発効)、自由権規約第1選択議定書 (91年7月16日発効)
第4回報告 (期限：95年4月4日) は98年4月20日に提出 (CCPR/C/103/Add.7)。第68会期 (2000年3月) に最終見解が採択された (CCPR/C/79/Add.120)。勧告の概要は以下のとおり。
・規約上の権利があらゆる紛争において国内法より優先することを、法によって明らかにすること。
・女性の地位に関する詳細な統計を次回報告で提供すること。その際、「モンゴル女性の地位向上に関する国家プログラム」およ

びその他の行動について詳細な情報を含めること。
・司法手続きが第14条「公正な裁判を受ける権利」に一致しているか検討するための情報を、次回報告で提供すること。
・第2条3項に従って、規約上の権利の侵害について、被害者に効果的な救済を確保すること。
・第9条3、4項に従って、被拘禁者の人権に関するすべての事項を監督し、被拘禁者の人権侵害が生じた場合に救済を提供し、及び拘禁に関する法の再検討をするための十分なメカニズムを創ること。
・拘禁により囚人の健康が害されないように、また拘禁以外の刑罰の形態を導入するように拘禁施設の条件を改善すること。
・死刑維持の必要性を再検討すること。
・規約第4条の逸脱できない権利をすべて保護するように、憲法または緊急事態法を修正すること。
・都会の住人が利用できる教育、医療、その他の公共施設に、農村地域の住人がアクセスできるよう確保すること。
・第18条「思想、良心および宗教の自由」の遵守同様、憲法裁判所の判例、仏教の影響、一般的な宗教と信条の自由に関する法的枠組みと実行について、次回報告で情報を提供すること。
・第27条「少数民族の権利」に従って、少数者の権利の尊重を確保すること。
　第5回報告の期限は2003年3月31日。
(3) 人種差別撤廃条約（69年9月5日発効）
　第16回報告（期限：98年9月5日）、第17回報告（2000年9月5日）は未提出。
(4) 子どもの権利条約（90年9月2日発効）
　第2回報告（期限：97年9月1日）は未提出。
(5) 女性差別撤廃条約（81年9月3日発効）
　第5回報告（期限：98年9月3日）は未提出。

〈参考〉香港（中国）
(1) 社会権規約
　中国による第1回報告（期限：99年6月30日）は99年7月4日に提出され（E/1990/5/Add.43）、第25会期（2001年4月）で検討予定。第2回報告の期限は2004年6月30日。
(2) 自由権規約
　中国による第2回報告の期限は2003年10月31日。

〈参考〉マカオ（中国）
(1) 自由権規約
　中国による第1回報告の期限は2001年10月31日。

《東南アジア》
インドネシア（未批准：社会権規約、自由権規約、自由権規約第1選択議定書）
(1) 人種差別撤廃条約（99年7月25日発効）
　第1回報告（期限：2000年7月25日）は未提出。
(2) 子どもの権利条約（90年10月5日発効）
　第2回報告（期限：97年10月4日）は未提出。
(3) 女性差別撤廃条約（84年10月13日発効）
　第4回報告（期限：97年10月13日）は未提出。
(4) 拷問等禁止条約（98年11月27日発効）
　第1回報告（期限：99年11月27日）は未提出。

カンボジア（未批准：自由権規約第1選択議定書）
(1) 社会権規約（92年8月26日発効）
　第1回報告（期限：94年6月30日）、第2回報告（期限：99年6月30日）は未提出。

(2) 自由権規約（92年8月26日発効）
　　第2回報告の期限は、2002年7月31日。
(3) 人種差別撤廃条約（86年12月28日発効）
　　第8回報告（期限：98年12月28日）、第9回報告（期限：2000年12月28日）は未提出。
(4) 子どもの権利条約（92年11月14日発効）
　　第1回報告（期限：94年11月13日）は97年12月18日に提出（CRC/C/11/Add.16）。第24会期（2000年5、6月）で検討され、最終見解が採択された（CRC/C/15/Add.128）。勧告の概要は以下のとおり。
・条約の完全遵守のため、既存の法が、条約規定、とくに第2条「差別の禁止」、第3条「子どもの最善の利益」、第6条「生命の権利」および第12条「意見を表明する権利」の一般原則に一致するよう再確認し、新立法制定の必要性を確認すること。
・現行および将来の立法過程において、子どもの権利の重要性が含まれること。
・国家および地域、地方レベルで規約の実施を調整する、「子どものためのカンボジア国家評議会」の役割を強化すべく、国際協力を通じて効果的な措置をとること。
・規約の実施を監視し、権利侵害の申立てを取り扱う独立機構（子どものためのオンブズパーソン）の設立を検討すること。
・条約上のすべての分野を網羅するために、データ収集システムの発展・強化を継続して行うこと。
・優先的に、最大限の利用可能な資源を子どものための健康、教育および社会福祉に配分すること、とくに脆弱で不利な立場にある集団に属する子どもの保護に注意を向けること。
・子どもの権利について社会の意識を高めるべく、条約の原則および規定を学校や地方レベルなどで広めるように努力をすること。

・条約規定について、子どもの権利に関わるすべての職種をもつ人々に対する制度的な教育および研修計画を続行すること。
・立法において子どもの定義を挿入すること。
・条約の一般原則（第2条、第3条、第6条、第12条）を、子どもに影響を及ぼすすべての関連立法、司法、行政、政策に挿入すること。
・すべての子どもが条約上の権利を差別なく享受できるよう保障すること。
・すべての子どもがいかなる差別もなく義務的に出生登録されるように、国内立法を再検討すること。
・子どもの無国籍を根絶し予防するために、国籍法を再検討すること。
・第12～17条に照らして、基本的自由を効果的に享受するとともに、家庭や学校等における子どもの参加を促進するための措置をとること。
・第17条に照らして、有害な情報から子どもを保護する特別立法を制定すること。
・とくにHIVに感染している子どもなど、子どものための施設およびその他の保護形態に関する政策および法規を進展させること。
・養子縁組について、国家間の立法を制定し、国内の既存の立法を改正すること。
・第19条、39条に照らして、家庭内外における虐待および冷遇に対して闘い、防止し、犠牲者の社会復帰のために効果的な措置をとること。
・非識字、清潔な水の欠如および食料確保の不安定を、批判的に認識した多元的アプローチをとることによって、幼児期の罹患率および死亡率について把握すること。
・HIV／AIDSを予防するために効果的な措置をとること。
・障害をもつ子どもに関するキャンペーン、特別教育、啓発などのさまざまな計画を遂行するために、NGOと協力して活動し、また

NGOを支援すること。
・貧困家庭および不利な立場にある集団に属する子どもが、公共医療や薬にアクセスできるようにすること。
・青年期の保健に関する課題の範囲を決定するために、包括的で多分野にわたる研究をすること。
・すべての子どもが無償で義務教育を受けられるよう実効的な措置をとること。
・国際人権基準に則って、難民の子どもの権利について、保護立法を導入するべく必要な措置をとること。
・子ども兵について、身元確認、除隊、心理的リハビリテーション、社会復帰のための効果的な措置をとること。
・雇用の最少年齢に関する労働法を執行すること。
・性的搾取に対して現行立法が完全に実施されるように再検討すること。
・条約の原則と規定を考慮し、少年司法制度を設立すること。
・当該報告書を広く市民が利用できるようにすること。
　第2回報告（期限：99年11月13日）は未提出。
（5）女性差別撤廃条約（92年11月14日発効）
　第1回報告（期限：93年11月14日）、第2回報告（期限：97年11月14日）は未提出。
（6）拷問等禁止条約（92年11月14日発効）
　第1回報告（期限：93年11月13日）、第2回報告（期限：97年11月13日）は未提出。

シンガポール（未批准：社会権規約、自由権規約、自由権規約第1選択議定書、人種差別撤廃条約、拷問等禁止条約）
（1）子どもの権利条約（95年11月4日発効）
　第1回報告（期限：97年11月3日）は未提出。
（2）女性差別撤廃条約（95年11月5日発効）
　第1回報告（期限：96年11月4日）は99年12月1日に提出された（CEDAW/C/SGP/1）。第2回報告（期限：2000年1月14日）は未提出。

タイ（未批准：自由権規約第1選択議定書、人種差別撤廃条約、拷問等禁止条約）
（1）社会権規約（99年12月5日発効）
　第1回報告の期限は2001年6月30日。
（2）自由権規約（97年1月29日発効）
　第1回報告（期限：98年1月28日）は未提出。
（3）子どもの権利条約（92年4月26日発効）
　第2回報告（期限：99年4月25日）は未提出。
（4）女性差別撤廃条約（85年9月8日発効）
　第4回報告（期限：98年9月8日）は未提出。

フィリピン（未批准：なし）
（1）社会権規約（76年1月3日発効）
　第2回報告（期限：95年6月30日）は、6～9条については提出済み（E/1984/7/Add.4）。第3回報告（期限：2000年6月30日）は未提出。
（2）自由権規約（87年1月23日発効）、自由権規約第1選択議定書（89年11月22日発効）
　第2回報告（期限：93年1月22日）、第3回報告（期限：98年1月22日）は未提出。
（3）人種差別撤廃条約（69年1月4日発効）
　第15回報告（期限：98年1月4日）、第16回報告（期限：2000年1月4日）は未提出。
（4）子どもの権利条約（90年9月20日発効）
　第2回報告（期限：97年9月19日）は未提

出。
(5) 女性差別撤廃条約（81年9月4日発効）
第5回報告（期限：98年9月4日）は未提出。
(6) 拷問等禁止条約（87年6月26日発効）
第2回報告（期限：92年6月25日）～第4回報告（期限：2000年6月25日）は未提出。

ブルネイ（未批准：社会権規約、自由権規約、自由権規約第1選択議定書、人種差別撤廃条約、女性差別撤廃条約、拷問等禁止条約）
(1) 子どもの権利条約（96年1月26日発効）
第1回報告（期限：98年1月25日）は未提出。

ベトナム（未批准：自由権規約第1選択議定書、拷問等禁止条約）
(1) 社会権規約（82年12月24日発効）
第2回報告（期限：95年6月30日）、第3回報告（期限：2000年6月30日）は未提出。
(2) 自由権規約（82年12月24日発効）
第2回報告（期限：91年7月31日）～第4回報告（期限：98年12月23日）は未提出。
(3) 人種差別撤廃条約（82年7月9日発効）
第6回報告（期限：93年7月9日）～第9回報告（期限：99年7月9日）は2000年7月20日に提出され（CERD/C/357/Add.2）、第59会期で検討予定。第10回報告の期限は2001年7月9日。
(4) 子どもの権利条約（90年9月2日発効）
第2回報告（期限：97年9月1日）は2000年5月10日に提出され（CRC/C/65/Add.20）、第31会期（2002年9、10月）で検討予定。第3回報告の期限は2002年9月1日。
(5) 女性差別撤廃条約（82年3月19日発効）
第3回報告（期限：91年3月19日）～第5回報告（期限：99年3月19日）は未提出。

マレーシア（未批准：社会権規約、自由権規約、自由権規約第1選択議定書、人種差別撤廃条約、拷問等禁止条約）
(1) 子どもの権利条約（95年3月19日発効）
第1回報告（期限：97年3月19日）は未提出。
(2) 女性差別撤廃条約（95年8月4日発効）
第1回報告（期限：96年8月4日）、第2回報告（期限：2000年8月4日）は未提出。

ミャンマー（ビルマ）（未批准：社会権規約、自由権規約、自由権規約第1選択議定書、人種差別撤廃条約、拷問等禁止条約）
(1) 子どもの権利条約（91年8月14日発効）
第2回報告（期限：98年8月13日）は未提出。
(2) 女性差別撤廃条約（97年8月21日発効）
第2回報告の期限は2002年8月21日。

ラオス（未批准：社会権規約、自由権規約、自由権規約第1選択議定書、拷問等禁止条約）
(1) 人種差別撤廃条約（74年3月24日発効）
第6回報告（期限：85年3月24日）～第13回報告（期限：99年3月24日）は未提出。
(2) 子どもの権利条約（91年6月7日発効）
第2回報告（期限：98年6月7日）は未提出。
(3) 女性差別撤廃条約（81年9月13日発効）
第1回報告（期限：82年9月13日）～第5回報告（期限：98年9月13日）は未提出。

《南アジア》
アフガニスタン（未批准：自由権規約第1選択議定書、女性差別撤廃条約〔80年8月14日に署名済み〕）
（1）社会権規約（83年4月24日発効）
　第2回報告（期限：95年6月30日）、第3回報告（期限：2000年6月30日）は未提出。
（2）自由権規約（83年4月24日発効）
　第3回報告、第4回報告（期限：99年4月23日）は未提出。91年10月25日に提出された第2回報告書（CCPR/C/57/Add.5）は審査日程未定。
（3）人種差別撤廃条約（83年8月5日発効）
　第2～9回報告（期限：2000年8月5日）まで未提出。
（4）子どもの権利条約（94年4月27日発効）
　第1回報告（期限：96年4月26日）は未提出。
（5）拷問等禁止条約（87年6月26日発効）
　第2～4回報告（期限：2000年6月25日）は未提出。

インド（未批准：自由権規約第1選択議定書、拷問等禁止条約〔97年10月14日に署名済み〕）
（1）社会権規約（79年7月10日発効）
　第2回報告、第3回報告（期限：96年6月30日）は未提出。
（2）自由権規約（79年7月10日発効）
　第3回報告が審査された97年以降、新たな動きなし。第4回報告の期限は2001年12月31日。
（3）人種差別撤廃条約（69年1月4日発効）
　第15回報告、第16回報告（期限：2000年1月4日）は未提出。
（4）子どもの権利条約（93年1月11日発効）
　第2回報告（期限：2000年1月10日）は未提出。
（5）女性差別撤廃条約（93年8月8日発効）
　第2回報告（期限：98年8月8日）は未提出。

スリランカ（未批准：なし）
（1）社会権規約（80年9月11日発効）
　第2回報告、第3回報告（期限：2000年6月30日）は未提出。
（2）自由権規約（80年9月11日発効）、自由権規約第1選択議定書（98年1月3日発効）
　第4回報告（期限：96年9月10日）は未提出。
（3）人種差別撤廃条約（82年3月20日発効）
　第7～9回報告が2000年9月4日に提出された（CERD/C/357/Add.3）。第59会期にて審査予定。
（4）子どもの権利条約（91年8月11日発効）
　第2回報告が2000年9月21日に提出された（CRC/C/70/Add.17）。審査日程は未定。
（5）女性差別撤廃条約（81年11月4日発効）
　第3回報告、第4回合併報告（CEDAW/C/LKA/3-4）が提出された（99年10月7日）。第5回報告（期限：98年11月4日）は未提出。
（6）拷問等禁止条約（94年2月2日発効）
　第2回報告（期限：99年2月1日）は未提出。

ネパール（未批准：なし）
（1）社会権規約（91年8月14日発効）
　第1回報告（E/1990/5/Add.45）が提出された（99年10月25日）。第26特別会期（2001年8月）で審査予定。第2回報告（期限：98年6月30日）は未提出。
（2）自由権規約（91年8月14日発効）、自由権規約第1選択議定書（91年8月14日発効）
　第2回報告（期限：97年8月13日）は未提

出。
(3) 人種差別撤廃条約（71年3月1日発効）

第14回報告（CERD/C/337/Add.4）が提出された（99年3月18日）。第57会期（2000年5月）で審査され、最終見解が出された（A/55/18, paras.289-306）。勧告の内容は以下のとおり。
・第4条および第6条に付している留保の撤回をさらに検討すること。
・国家が国内人権機関の権能と効率性を確保するために必要な財源を支援すること、また、国内人権委員会の委任事項、構成、方法論、およびとくに人種差別撤廃に関する成果についての情報を次回の報告に含めること。
・年齢、性別、国籍、民族的出自、カーストを含む宗教、および言語を含めた総体的な人口に関する統計を、次回以降の報告に含めること。
・前回の勧告に引き続き、カースト制度に基づく慣行を撤廃するための実質的・効果的措置の履行や、そのような慣行による人権侵害の行為者の起訴等についての情報を、次回の報告に含めること。
・カーストに基づく差別を受けている者を保護し、その状況を向上させるための積極的是正措置を採ること。
・地方レベルにおいても本条約の履行を確保するために、地方自治体に履行のための専門的能力の開発などの支援を行うこと、また社会的弱者への社会サービスを今後も優先事項として焦点を当てていくこと。
・ネパールの隣国からの大量の難民の流入に関する情報を次回以降の報告に含めること、また難民保護に関する国際文書に規定されている諸権利を難民が享受できるようにするための国内立法措置をとること。
・差別的な伝統慣行や社会的傾向を撤廃するための、包括的な一般啓発キャンペーンを行うこと、また次回以降の報告において、採用された措置の実効性についての情報を含めること。
・第14条の個人通報を受諾する宣言を行うことについて検討すること。

第15回報告（期限：2000年3月1日）は未提出。
(4) 子どもの権利条約（90年10月14日発効）

第2回報告（期限：97年10月13日）は未提出。
(5) 女性差別撤廃条約（91年5月22日発効）

第2回報告、第3回報告（期限：2000年5月22日）は未提出。
(6) 拷問等禁止条約（91年6月13日発効）

第2回報告、第3回報告（期限：2000年6月12日）は未提出。

パキスタン（未批准：社会権規約、自由権規約、自由権規約第1選択議定書、拷問等禁止条約）
(1) 人種差別撤廃条約（69年1月4日発効）

第15回報告、第16回報告（期限：2000年1月4日）は未提出。
(2) 子どもの権利条約（90年12月12日発効）

第2回報告（期限：97年12月11日）は未提出。
(3) 女性差別撤廃条約（96年4月11日発効）

第1回報告（期限：97年4月11日）は未提出。

バングラデシュ（未批准：自由権規約第1選択議定書）
(1) 社会権規約（99年1月5日発効）

第1回報告（期限：2000年6月30日は未提出。
(2) 自由権規約（2000年12月6日発効）
(3) 人種差別撤廃条約（79年7月11日発効）

第7〜11回報告が2000年3月1日に提出された（CERD/C/379/Add.1）。第58会期（2001年3月）において審査予定。
(4) 子どもの権利条約（90年9月2日発効）
第2回報告（期限：97年9月1日）は未提出。
(5) 女性差別撤廃条約（84年12月6日発効）
第5回報告の期限は2001年12月6日。
(6) 拷問等禁止条約（98年11月4日発効）
第1回報告（期限：99年11月4日）は未提出。

ブータン（未批准：社会権規約、自由権規約、自由権規約第1選択議定書、人種差別撤廃条約〔73年3月26日署名済み〕、拷問等禁止条約）
(1) 子どもの権利条約（90年9月2日発効）
第1回報告（CRC/C/3/Add.60）が提出され（99年4月20日）、第27会期（2001年5、6月）で審査予定。第2回報告（期限：97年9月1日）は未提出。
(2) 女性差別撤廃条約（81年9月30日発効）
第1〜5回報告（期限：98年9月30日）は未提出。

モルジブ（未批准：社会権規約、自由権規約、自由権規約第1選択議定書、拷問等禁止条約）
(1) 人種差別撤廃条約（84年5月24日発効）
第5〜8回報告（期限：99年5月24日）は未提出。
(2) 子どもの権利条約（91年3月13日発効）
第2回報告（期限：98年3月12日）は未提出。
(3) 女性差別撤廃条約（93年7月31日発効）
第1回報告（CEDAW/C/MDV/1）が提出され（99年1月28日）、第24会期（2001年1月）に審査された。第2回報告（期限：98年7月1日）は未提出。

《太平洋》
オーストラリア（未批准：なし）
(1) 社会権規約（76年3月10日発効）
第3回報告（E/1994/104/Add.21）が提出され（98年6月15日）、第23特別会期（2000年8月）に審査、最終見解が出された（E/C.12/1/Add.50）。第4回報告（期限：99年6月30日）は未提出。勧告の内容は以下のとおり。
・国内裁判所において規約の条文を援用することができるよう、規約を国内法に受容し、またこの点につきコモンウェルス法と州法の間に抵触がないようにすること。
・先住民との和解、および社会的弱者の状況改善のための努力を続けること。
・労働保障に関する条項、とくに期間限定労働者や臨時雇い労働者に関する条項を強化し、効果的に履行すること。
・家内労働者が最低賃金を保障され、適切な社会保障と労働条件を享受できるように措置をとること。
・出産休暇を認める法律の施行を検討し、また母性の保護に関するILO第103号条約を批准すること。
・公務員に対する争議権の制限を、ILO第87号条約に従い、どうしても必要な職種にのみ限定すること。
・民営刑務所での労働が自発的に行われるものであり、また適切な報酬を受けるものであるよう確保すること。
・新しく移民してきた人々に対し、最初の2年間の社会保障受給資格を留保することが、彼らの適切な生活を営む権利に抵触しないよう確保すること。
・公定貧困指標を策定すること。
・委員会の一般的意見4および7に合致するようなかたちでの、連邦レベルでの居住

政策をすすめること、また、すべての州が適切な住居政策をとること。
・人権教育を初等、中等教育のカリキュラムに含め、またこれに関してとった措置について、第4回報告にて報告すること。
・次回の報告に、労働への権利、適切な労働状況、社会保障、住居、保健および教育に関して年齢、性別、少数者集団別に収集された、さらに詳しい追加的統計を含めること。

（2）自由権規約（80年11月13日発効）、自由権規約第1選択議定書（91年12月25日発効）

　第3回報告、第4回報告（CCPR/C/AUS/99/3、CCPR/C/AUS/99/4）が提出され（98年8月28日）、第69会期（2000年7月）に審査、最終見解が出された（CCPR/CO/69/AUS）。勧告（見解）の内容は以下のとおり。
・先住民が伝統的に占有する土地や天然資源に関係する決定において、先住民たちがさらに重要な役割を担うよう必要な措置をとること。
・先住民が依然社会的排除や貧困に直面している事実に鑑み、原住民土地法（Native Title Act）の修改正を含め、先住民の権利保護のためのいっそうの措置をとること。
・1984年のアボリジニおよびトレス海峡諸島における遺産保護法（Aboriginala and Torres Strait Islander Heritage Protection Act）に代わる、現在審議中の法案を完成させること。
・過去の政策により家族から引き離された先住民の子どもたちやその家族に対し、適切な補償を行う努力をいっそう強化すること。
・オーストラリアの法体系には、規約に効力を与える憲法上の規定や権利章典がないことを懸念し、規約に規定された権利と自由を実現しこれらの権利と自由を侵害された人々が効果的な補償を得ることができるようにするための措置をとること。
・人権条約の批准が、直ちに政府の裁量を規定するものではないとの趣旨の議員立法は加盟国の義務違反であり、この法律を撤回すること。
・個人通報560／1993に関してオーストラリアは委員会による規約の解釈を否定したが、これは選択議定書のもとでの加盟国の義務への違反であり、この政府解釈を再検討すること。
・非正規滞在者の全件収容に関する法律を見直すこと。

　第5回報告の期限は2005年7月31日。

（3）人種差別撤廃条約（75年10月30日発効、個人通報受諾宣言）

　第13回報告（期限：2000年10月13日）は未提出。

（4）子どもの権利条約（91年1月16日発効）

　第2回報告（期限：98年1月15日）は未提出。

（5）女性差別撤廃条約（83年8月27日発効）

　第4回報告（CEDAW/C/AUL/4）は提出済み（97年4月25日）。審査日程は未定。第5回報告は未提出（期限：2000年8月27日）。

（6）拷問等禁止条約（89年9月7日発効、個人通報受諾宣言）

　第2回報告（CAT/C/25/Add.11）が第25会期（2000年11月）で審査され、結論と勧告が出された（CAT/C/XXV/Concl. 3）。勧告の概要は以下のとおり。
・いかなるときにもすべての州・領土において、この条約の下の義務が遵守されるよう確保すること。
・条約第3条に基づいて、発生する事件について、閣僚決定を独立に審査するメカニズムの構築について検討すること。
・とくに警官、刑吏、刑務所医務官等の法

執行官への、拷問を防止するための教育啓発の努力を続け、さらに改善すること。
・不要に痛みや侮辱をもたらす拘束器具の使用について、つねに見直しを行い、それらが使用された際には適宜記録が残されるよう確保すること。
・本条約に基づき申立てを行った者が脅迫されたり、不利益な取扱いを受けないよう確保すること。
・刑務所の過密を減らすよう努力を行うこと。
・先住民族が犯罪に関わらざるをえなくさせるような社会的経済的不利益の状況を解決する努力を続けること。
・絶対的最下限刑を科すことについては慎重な見直しを続けること。
　第3回報告（期限：98年9月6日）は未提出。

キリバス（未批准：社会権規約、自由権規約、自由権規約第1選択議定書、人種差別撤廃条約、女性差別撤廃条約、拷問等禁止条約）
（1）子どもの権利条約（96年1月10日発効）
　第1回報告（期限：98年1月9日）は未提出。

サモア（未批准：社会権規約、自由権規約、自由権規約第1選択議定書、人種差別撤廃条約、拷問等禁止条約）
（1）子どもの権利条約（94年12月29日発効）
　第1回報告（期限：96年12月28日）は未提出。
（2）女性差別撤廃条約（92年10月25日発効）
　第1回報告、第2回報告（期限：97年10月25日）は未提出。

ソロモン諸島（未批准：自由権規約、自由権規約第1選択議定書、女性差別撤廃条約、拷問等禁止条約）
（1）社会権規約（82年3月17日発効）
　第3回報告書（期限：2000年6月30日）は未提出。
（2）人種差別撤廃条約（82年3月17日発効）
　第2～9回報告（期限：99年4月16日）は未提出。
（3）子どもの権利条約（95年5月9日発効）
　第1回報告（期限：97年5月9日）は未提出。

ツバル（未批准：社会権規約、自由権規約、自由権規約第1選択議定書、人種差別撤廃条約、拷問等禁止条約）
（1）子どもの権利条約（95年10月22日発効）
　第1回報告（期限：97年12月21日）は未提出。
（2）女性差別撤廃条約（99年11月5日発効）
　第1回報告（期限：2000年11月6日）は未提出。

トンガ（未批准：社会権規約、自由権規約、自由権規約第1選択議定書、女性差別撤廃条約、拷問等禁止条約）
（1）人種差別撤廃条約（72年3月17日発効）
　第15回報告の期限は2001年3月17日。
（2）子どもの権利条約（95年12月6日発効）
　第1回報告（期限：97年12月6日）は未提出。

ナウル（未批准：社会権規約、自由権規約、自由権規約第1選択議定書、人種差別撤廃条約、女性差別撤廃条約、拷問等禁止条約）
（1）子どもの権利条約（94年8月26日発

第1回報告（期限：96年8月25日）は未提出。

ニュージーランド（未批准：なし）
（1）社会権規約（79年3月28日発効）
第2回報告、第3回報告（期限：2000年6月30日）は未提出。
（2）自由権規約（79年3月28日発効）、自由権規約第1選択議定書（89年8月26日発効）
第4回報告、第5回報告（期限：2000年3月27日）は未提出。
（3）人種差別撤廃条約（72年12月22日発効）
第12～14回報告（期限：99年12月22日）は未提出。
（4）子どもの権利条約（93年5月6日発効）
第2回報告（期限：2000年5月5日）は未提出。
（5）女性差別撤廃条約（85年2月9日発効）
第5回報告の提出期限は2002年2月9日。
（6）拷問等禁止条約（90年1月9日、個人通報受諾宣言）
第3回報告（期限：99年1月8日）は未提出。

バヌアツ（未批准：社会権規約、自由権規約、自由権規約第1選択議定書、人種差別撤廃条約、拷問等禁止条約）
（1）子どもの権利条約（93年8月6日発効）
第2回報告（期限：2000年8月5日）は未提出。
（2）女性差別撤廃条約（95年10月8日発効）
第1回報告、第2回報告（期限：2000年10月8日）は未提出。

パプアニューギニア（未批准：社会権規約、自由権規約、自由権規約第1選択議定書、拷問等禁止条約）
（1）人種差別撤廃条約（82年2月26日発効）
第2～9回報告（期限：99年2月26日）は未提出。
（2）子どもの権利条約（93年3月31日発効）
第1回報告、第2回報告（期限：2000年3月31日）は未提出。
（3）女性差別撤廃条約（95年2月11日発効）
第1回報告、第2回報告（期限：2000年2月11日）は未提出。

パラオ（未批准：社会権規約、自由権規約、自由権規約第1選択議定書、人種差別撤廃条約、女性差別撤廃条約、拷問等禁止条約）
（1）子どもの権利条約（95年9月3日発効）
第1回報告（CRC/C/51/Add.3）が提出され（98年10月21日）、第26会期（2001年1月）に審査、最終見解が出された。

フィジー（未批准：社会権規約、自由権規約、自由権規約第1選択議定書、拷問等禁止条約）
（1）人種差別撤廃条約（73年1月11日発効）
第6～14回報告（期限：2000年1月11日）は未提出。
（2）子どもの権利条約（93年9月12日発効）
第2回報告書（期限：2000年9月11日）は未提出。
（3）女性差別撤廃条約（95年9月27日発効）
第1回報告が2000年2月29日に提出された（CEDAW/C/FIJ/1）。審査日程は未定。第2回報告（期限：2000年9月27日）は未提出。

マーシャル諸島（未批准：社会権規約、自由権規約、自由権規約第1選択議定書、人種差別撤廃条約、女性差別撤廃条約、拷問等禁止条約）
（1）子どもの権利条約（93年11月3日発効）
第1回報告（CRC/C/28/Add.12）が提出され（98年3月18日）、第25会期（2000年10月）に審査、最終勧告が出された（CRC/C/15/Add.139）。勧告の概要は以下のとおり。
・本条約がマーシャル諸島の国内法に法として受容されておらず、また国内法制や慣習法も、条約の原則と条項を反映していないことを懸念、国内法制が条約の原則と条項に完全に合致するものとし、国内法に条約を受容することを検討すること。
・他の主要な人権条約、および子どもの誘拐や国際養子に関するハーグ条約を批准するよう検討すること。
・子どものための包括的国内行動計画の策定や、条約の履行と評価を確保するための政府内担当者、中央と地方の省庁間調整メカニズムの設置について検討すること。
・子どもの経済的社会的文化的権利の履行確保のための優先的予算配分について規定した第4条にとくに注意を払うこと。
・オンブズパーソンや子どもの権利国内委員会のような、子どもが容易に接触できる独立の機構を、パリ原則に沿って設立することにつき検討すること。
・1999年の国勢調査を基礎として、今後いっそうの組織的包括的データ収集を行い、これらの指標を、条約の効果的な履行のための政策や計画の策定に生かすこと。
・条約の条項と原則に合致するよう、女子の最低婚姻年齢を、男子のそれと同程度に引き上げるよう法改正を行う努力をすること。
・条約の原則、とくに第3条、第6条の条項を、すべての法改正や司法・行政決定に反映すること。
・すべての子どもの基本的権利の享受を確保するために、効率的な出生登録を保障するための格別の努力を行うこと。
・家庭、学校、その他の組織における体罰を禁止する、適切な立法措置をとること。
・児童労働を禁止する法を制定し、またILO第138号条約および第182号条約の批准を検討すること。
・少年司法制度の見直しを行うこと。
・児童売春に関する法を制定し、その履行の効果的な監視を行うこと。また児童売買・児童売買春・児童ポルノに関する子どもの権利条約選択議定書に加入すること。
第2回報告（期限：2000年11月2日）は未提出。

ミクロネシア連邦（未批准：社会権規約、自由権規約、自由権規約第1選択議定書、人種差別撤廃条約、女性差別撤廃条約、拷問等禁止条約）
（1）子どもの権利条約（93年6月4日発効）
第2回報告（期限：2000年6月3日）は未提出。

《中央アジア》
ウズベキスタン（未批准：なし）
（1）社会権規約（95年12月28日発効）
第1回報告（期限：97年6月30日）は未提出。
（2）自由権規約（95年12月28日発効）、自由権規約第1選択議定書（95年12月28日発効）
第1回報告（CCPR/C/UZB/99/1）が提出され（99年7月2日）、第71会期（2001年3月）に審査予定。第2回報告の期限は2001年12月27日。
（3）人種差別撤廃条約（95年10月28日発効）
第1、2回報告（期限：98年10月28日）が

提出され(CERD/C/327/Add.1)、第57会期（2000年8月）にて審査、最終見解が出された（A/55/18/paras.422-441）。勧告の内容は以下のとおり。
・次回の報告において、憲法および国内法における条約の地位に関する追加情報を提供すること。
・次回の報告において、人種差別撤廃の分野におけるオンブズマンによる諸措置についての情報を提供すること。
・民族間紛争の起こりうる地域において、効果的な予防と監視に特別の注意を払うこと。
・国内法が条約の第4条に抵触している恐れがあるため、次回の報告において、関連諸法、憲法、および社会組織法第3条の条文を含めること。
・1951年の難民の地位に関する条約に沿った、庇護に関する法律を策定すること。
・第5条に規定されているように、差別なく、あらゆる人々が経済的社会的文化的権利を享受できるよう措置をとること。
・人種差別撤廃のための意識向上のために、いっそうの教育プログラムを行うこと。
・第14条を受諾する宣言を行うことについて検討すること。
　第3回報告の期限は2001年10月28日。
（4）子どもの権利条約（94年7月29日発効）
　第1回報告（CRC/C/41/Add.8）が1999年12月27日に提出されており、第28会期（2001年9、10月）にて審査予定。第2回報告の期限は2001年7月28日。
（5）女性差別撤廃条約（95年8月18日発効）
　第1回報告（CEDAW/C/UZB/1）が提出された（2000年1月19日、CEDAW/C/UZB/1）。第24会期（2001年1月）に審査。第2回報告（期限：2000年8月18日）は未提出。
（6）拷問等禁止条約（95年10月28日発効）

　第2回報告（期限：2000年10月27日）は未提出。

カザフスタン（未批准：社会権規約、自由権規約、自由権規約第1選択議定書）
（1）人種差別撤廃条約（98年9月26日発効）
　第1回報告（期限：2000年9月26日）は未提出。
（2）子どもの権利条約（94年9月11日発効）
　第1回報告（期限：96年9月10日）は未提出。
（3）女性差別撤廃条約（98年8月25日発効）
　第1回報告（CEDAW/C/KAZ/1）が提出された（2000年1月26日）。第24会期（2001年1月）で審査。
（4）拷問等禁止条約（98年9月25日発効）
　第1回報告が2000年8月15日に提出された（CAT/C/47/Add.1）。第26会期（2001年4、5月）で審査予定。

キルギス（未批准：なし）
（1）社会権規約（94年10月7日発効）
　第1回報告（E/1990/5/Add.42）が提出され（98年5月5日）、第23特別会期（2000年9月）にて審議、最終見解（E/C.12/1/Add.49）が出された。勧告の概要は以下のとおり。
・人権の侵害者の起訴にいっそう力を入れること。
・パリ原則に沿った国内人権機関を、できるだけ早期に設置すること。
・1993年のウィーン宣言および行動計画に沿って、国内行動計画を策定し履行すること。
・争議権に関する労働法の規定を、規約に沿ったものとなるよう見直しを行うこと。
・国内貧困緩和計画に関する情報を第2回報告にて提供すること。

・住居の権利をすべての人々に確保し、住居不足を速やかに解決すること。
・近年策定された保健に関する法と政策の履行についての情報を次回報告に含めること。
・教育への権利、とくに女児の教育への権利を確保することについて注意を払うこと。
　第2回報告期限は2001年6月30日。
（2）自由権規約（95年1月7日発効）、自由権規約第1選択議定書（95年1月7日発効）
　第1回報告（CCPR/C/113/Add.1）が提出され（98年5月5日）、第69会期（2000年7月24日）にて審査、最終見解が出された（CCPR/CO/69/KGZ）。
・条文の頒布や司法運営に関わる人々の組織的な研修を通して、規約と選択議定書の普及のための措置をとること。
・刑法を改正し拷問行為を犯罪とすること、また拷問行為をしかるべく独立した機関が調査し、責任者の処罰を行うこと。
・死刑モラトリアムが実施されていることは評価するが、男性のみに死刑が維持されているのは平等に反するので、すべての人々に対する死刑を廃止し、平等を確保すること。
・迅速な裁判、弁護士接見や家族との通信の権利等、第9条の要請を満たすよう、法および履行を確保し、次回報告で公判前の勾留にある人数とその期間についての正確な統計を提供すること。
・刑務所環境を向上させること、また少年施設を刑務所と分離すること。
・非常事態法を規約第4条に合致したものとすること。
・女性に対する伝統的偏見を撤廃し、教育、職場、社会生活、公共サービスにおける女性の平等を確保すること。
・既存の、女性に対する暴力や人身売買に関する法の履行に力を入れること。
・刑事司法において罪が確定しない場合に、裁判所が決定を出さずに検察官にさらなる調査権限を与えるような手続きを廃止すること。
・居住地域に関する承認システムを廃止すること。
・法において良心的兵役拒否についても定めること。
・国家通信庁の任務と権限を、法において明確に規定し、またその決定について司法機関に訴えることを可能にすること。
・2000年3月の議会選挙手続きにいくつかの問題があったことを懸念し、第25条に規定される権利をすべての市民が享受できるよう必要な措置をとること。
　第2回報告の期限は2004年7月31日。
（3）人種差別撤廃条約（97年10月5日発効）
　第2回報告（期限：2000年10月5日）は未提出。
（4）子どもの権利条約（94年11月6日発効）
　第1回報告（CRC/C/41/Add.6）が提出され（98年2月16日）、第24会期（2000年8月）にて審査、最終見解が出された（CRC/C/15/Add.127）。勧告の内容は以下のとおり。
・条約の履行にあたっての国内行動計画を策定し、その際に政府内での調整に配慮すること。また条約履行のための地方政府への支援を行うこと。
・中央政府および地方政府において、子どもの権利履行のための適切な予算配分を行うこと。
・条約の履行において、市民社会と協力し支援を行うこと。
・個人通報を受け付ける権限を備えた、条約履行を監視する独立の機関を設置すること。
・最も弱者に属する子どもにも教育を確保し促進するいっそうの努力を行うこと、また子どもと接する職業にある人々に対し、本条約の条項に関する訓練を施すこと。

・移動の権利を制限する現行のシステムを改正すること。
・無償かつ迅速な出生登録を確保し、また地方において出生登録に関する意識向上を行うこと。
・子どもの遺棄を予防し減少させるための効果的措置をとること、またそのために、子どもをもつ家庭へのカウンセリングや支援を行うこと。児童保護施設の状況についても包括的な調査を行うこと。
・里親や養子縁組についての政策および指針を策定し、中央監視メカニズムを設置すること、また国際児童養子に関するハーグ条約に加入すること。
・国連総会決議48／96にも配慮して、障害をもつ子どもに関する既存の政策や慣行を見直すこと。
・庇護認定政策を見直し、国際基準に沿ったものとすること。
・労働の最低年齢制限を強化すること。児童労働の状況についての国内調査を行うこと、またILO第182号条約を批准すること。
・子どもの商業的性的搾取の状況について調査し、これらの行為を犯罪として規定し、被害者となった子どもに処罰が及ぶことのないよう確保すること。また、このような子どものためにリハビリテーションを行うこと。

第2回報告の期限は2001年11月5日。
（5）女性差別撤廃条約（97年3月11日発効）

第2回報告の期限は2002年3月11日。
（6）拷問等禁止条約（97年10月5日発効）

第2回報告書の期限は2002年10月5日。

タジキスタン（未批准：なし）

（1）社会権規約（99年4月4日発効）

第1回報告の期限は2001年6月30日。
（2）自由権規約（99年4月4日発効）、自由権規約第1選択議定書（99年4月4日発効）

第1回報告（期限：2000年4月3日）は未提出。
（3）人種差別撤廃条約（95年2月10日発効）

第1～3回報告（期限：2000年2月10日）は未提出。
（4）子どもの権利条約（93年11月25日発効）

第1回報告（CRC/C/28/Add.14）が提出され（98年4月14日）、第25会期（2000年10月）に審査、最終見解が出された（CRC/C/15/Add.136）。勧告の内容は以下のとおり。
・ウィーン宣言および行動計画に基づき、本条約も含めた人権条約の履行にあたっての国内行動計画を策定し、その際に政府内での調整に配慮すること。また条約履行のための地方政府への支援を行うこと。
・中央政府および地方政府において、子どもの権利履行のための適切な予算配分を行うこと。
・条約の履行において、市民社会と協力し支援を行うこと。
・18歳以下の子どもたちの状況に関するデータを収集し、これを分析する機関を設置すること。
・本条約の履行を監視するための、パリ原則に沿った独立の人権機関を設置すること。
・子どもと接する職業にある人々に対し、本条約の条項に関する訓練を施すこと。このための技術援助を関連国際機関に要請すること。
・無償かつ迅速な出生登録を確保し、また地方において出生登録に関する意識向上を行うこと。
・子どもの遺棄を予防し減少させるための効果的措置をとること、またそのために、子どもをもつ家庭へのカウンセリングや支援を行うこと。児童保護施設の状況についても包括的な調査を行うこと。
・里親や養子縁組についての政策および指

針を策定し、中央監視メカニズムを設置すること、また国際児童養子に関するハーグ条約に加入すること。
・国連総会決議48／96にも配慮して、障害をもつ子どもに関する既存の政策や慣行を見直すこと。
・すべての子どもへの教育計画を効果的に履行するための、必要な人的資源・財源を配分する措置をとること。
・親と離れ離れになった子どもをよりよく保護するために、家族統合のためのシステムを設置し履行すること。また庇護申請者に対し、庇護申請手続きや、子どもに旅券を携帯させることの重要性等についての情報提供を行い、意識を向上させること。
・労働の最低年齢制限を強化すること。児童労働の状況についての国内調査を行うこと、またILO第182号条約を批准すること。
・子どもの商業的性的搾取の状況について調査し、これらの行為を犯罪として規定し、被害者となった子どもに処罰が及ぶことのないよう確保すること。また、このような子どものためにリハビリテーションを行うこと。
・子どもの売買・子ども買売春・子どもポルノに関する子どもの権利条約選択議定書を批准すること。
　第2回報告（期限：2000年11月25日）は未提出。
（5）女性差別撤廃条約（93年11月25日発効）
　第1回報告、第2回報告（期限：98年10月25日）は未提出。
（6）拷問等禁止条約（95年2月10日発効）
　第1回報告、第2回報告（期限：2000年2月9日）は未提出。

トルクメニスタン（未批准：なし）
（1）社会権規約（97年8月1日発効）
　第1回報告（期限：99年6月30日）は未提出。
（2）自由権規約（97年8月1日発効）、自由権規約第1選択議定書（97年8月1日発効）
　第1回報告（期限：98年7月31日）は未提出。
（3）人種差別撤廃条約（94年10月29日発効）
　第1〜3回報告（期限：99年10月29日）は未提出。
（4）子どもの権利条約（93年10月19日発効）
　第1回報告、第2回報告（期限：2000年10月19日）は未提出。
（5）女性差別撤廃条約（97年5月30日発効）
　第1回報告（期限：98年5月31日）は未提出。
（6）拷問等禁止条約（99年7月25日発効）
　第1回報告（期限：2000年7月25日）は未提出。

＊自由権規約の第2選択議定書については、ネパール、オーストラリア、ニュージーランド、トルクメニスタンを除いた国は未批准。女性差別撤廃条約の選択議定書については、タイ、バングラデシュ、ニュージーランドを除いた国は未批准。

（奥田悦子・岩谷暢子／神戸大学大学院
国際協力研究科博士課程）

● アジア・太平洋地域の政府・NGOの動向
New National Human Rights Institutions in Asia

アジアにおける新しい国内人権機関

　1999年中頃以降、アジアでは数カ国が国内人権機関を設置した。一方、設置にこぎつけることができなかった国も2〜3あった。ネパール、マレーシア、タイは、いまでは国内人権機関をもつようになった。スリランカは1997年に設置した。バングラデシュと韓国は、それに関連する法律の通過をめざし1999年より努力を続けている。人権機関の設置に関する法律案に対して、不十分である、あるいは独立性に欠けるといった世論があり、それが承認を遅らせてきた。

　ネパールでは、国内人権機関を設置する法律が1996年に制定され、最高裁判所も早くから実施を指示していたが、ようやく2000年になって実施された。

　タイでは、憲法上の規定に拘束され、国内人権機関を設立する法律が1999年に通過した。しかし、国内人権機関の実際の運営は構成員の選出が遅れているために棚上げ状態になっている。

　マレーシアは最近国内人権機関を設置した。人権機関を設置する法律を1999年末に通過させ、2000年末に動き始めた。

　アジアでの、新しい国内人権機関設置に関する法律の基本的な情報を以下に挙げる。

表1●アジアにおける新しい国内人権機関設置に関する法律

国	法律の名称	発効日
スリランカ	人権委員会法令21号	1996年
ネパール	人権委員会法令2053号	1997年
タイ	国内人権委員会法令 B.E.2542	1999年
マレーシア	マレーシア人権委員会法令597	2000年

　スリランカおよびネパールの国内人権機関は、2000年中頃にアジア・太平洋国内人権機関フォーラムに正式に加入し、同年8月にニュージーランドで開催された第5回会合にそれぞれ代表を送った。マレーシアの国内人権機関はフォーラム事務局が加入を呼びかけているが、まだメンバーになっていない。タイの国内人権機関は、2001年スリランカで開催される第6回会合の前にフォーラムに加入すると思われる。

　新しい国内人権機関の構成員に関する情報を次頁にまとめる。

　共通に観察されることだが、国内人権機関の構成員や事務局スタッフの資質がその運営の効果を大きく左右する。予算面での支援や設備は構成員やスタッフの有効性を補う。したがって、これら国内人権機関の構成員およびスタッフを審査することが重要となる。

　権限および役割の面では、大半は、

135

表2●アジアにおける新しい国内人権機関の構成員

国	構成員数	資格	期間	再選の有無
マレーシア	20人以下	異なる宗教や人種を背景にした人々も含めた著名人	2年	有
ネパール	5人	うち3人は法律、人権、ソーシャルワークあるいはコミュニケーションやジャーナリズムの分野で優れた貢献を果たした人。1人は憲法機関の任務を退いた人、あるいは政府の特定の役職にあった人 その他の資格： ・ネパール国籍 ・40歳以上 ・道徳的に恥ずべき行為を伴う刑事事件で有罪判決を受けたことがない。	5年	有
スリランカ	5人	・人権関連事項の知識あるいは経験 ・マイノリティの代表は考慮される。	—	—
タイ	11人	・権利と自由の保護に関する知識あるいは経験を有する人 その他の資格： ・出生によってタイ国籍をもつタイ人 ・35歳以上 ・下院および上院の議員ではない、行政官ではない、地方議会の議員あるいは地方行政官ではない。 ・いかなる政党のいかなる役職にもついていない。 ・麻薬常習者ではない。 ・破産状態にない。 ・禁固刑を受けていない、あるいは、裁判所の逮捕令状で拘束されていない。 ・任命の日から遡って5年間に刑務所から出所していない。（過失による犯罪を除いた2年以上の禁固刑の判決で服役） ・不誠実な職務履行、重大な不始末あるいは汚職を理由に、公務、国または民間の機関あるいは企業から追放、解雇あるいは免職されたことがない。 ・異常な富あるいは異常な資産増加を理由に、判事あるいは裁判所から国家財産への接収として資産没収の命令を受けたことがない。 ・選挙管理委員、オンブズマン、政府汚職撲滅委員会のメンバー、国家会計監査委員会あるいは国家経済・社会評議会のメンバーではない。 ・上院の決議で免職を受けたことがない。 メンバーはさらに以下のことが求められる： ・正規の国家公務員あるいは有給の政府役人ではない。 ・政府機関、国営企業あるいは地方自治体機関の役人や職員、あるいは政府機関や国営企業の長官や理事ではない。 ・営利事業を行っているパートナーシップ、会社あるいは組織で、いかなる役職にもついていない。 その他に考慮される事項： ・男性・女性の参加、人権分野の民間団体の代表も考慮に入れる。	6年	無

人権状況のモニター、法律や政策に関するアドバイスを政府に提言、国際合意事項を取り入れた法律の提案、人権教育など、基本的な特徴をもっている。

国内人権機関の管轄範囲に入らないケースは国により異なる。訴訟中のケース、裁判所ですでに決定が出されたケース、軍法の対象、条約義務違反、行政措置が関係しているケース、あるいは反テロリスト法に抵触する犯罪、などがある。

これらの新しい国内人権機関は、以前からあるオーストラリア、インド、インドネシア、ニュージーランドあるいはフィリピンの国内人権機関の経験から学ぶことができる。

(ジェファーソン・プランティリア／ヒューライツ大阪主任研究員、訳：小森恵)

● アジア・太平洋地域の政府・NGOの動向

The 5th Annual Meeting of the Asia Pacific Forum of National Human Rights Institutions

アジア・太平洋国内人権機関フォーラム第5回年次会合

1. 国内人権機関

　国連は1990年代に入り、国内人権機関の役割というものを重視し始め、93年には、総会決議48/134によって「国家機関の地位に関する原則」(パリ原則)が採択された。パリ原則によると、国内人権機関とは、①人権保障のために機能する既存の国家機関とは別個の公的機関で、②憲法または法律を設置根拠とし、③人権保障に関する法定された独自の権限をもち、④いかなる外部勢力からも干渉されない独立性をもつ機関をいう。

2. アジア・太平洋国内人権機関フォーラム

　1997年にアジア・太平洋地域で初の国内人権機関である、ニュージーランド人権委員会が設置された。その後、80年代後半から各国で、国内人権機関設置の動きが見られた。1996年には、オーストラリア、ニュージーランド、インド、インドネシアの国内人権機関の代表がオーストラリアのダーウィンで第1回アジア・太平洋地域国内人権機関ワークショップを開催し、この地域の国内人権機関の相互協力と情報交換などのため、アジア・太平洋国内人権機関フォーラム(以下「フォーラム」)を創設した(『アジア・太平洋人権レビュー(以下「レビュー」)1997』173～174頁参照)。なお、第2回フォーラム会合は1997年にニューデリーで(『レビュー1998』249頁参照)、第3回は1998年にジャカルタで(『レビュー1999』232頁参照)、また第4回会合は1999年にマニラで(『レビュー2000』151～153頁参照)それぞれ開催された。

3. 第5回年次会合の概要

　2000年8月7日から9日にかけて、ニュージーランドのロトルア市において、アジア・太平洋国内人権機関フォーラムの第5回目の年次会合が開催された。フォーラムは今会合から正式メンバーとなったネパールを加え、ニュージーランド、オーストラリア、フィジー、インド、インドネシア、フィリピン、スリランカの8つの国内人権機関によって構成されている。このフォーラム・メンバー以外には、地域内の政府、関係機関、国際的NGO、地域的NGOそして国内NGO、国連の専門機関等から100を超える代表がオブザーバー参加した。なお、日本政府は、在ニュージーランド大使館から書記官を派遣したにとどまった。

初日はフォーラム・メンバーによる非公開の準備会合だったため、実質討議は8日、9日の2日間であった。両日にわたって議論されたテーマは、「国内人権機関と経済的、社会的および文化的権利の促進と保護」、「国内人権機関と政府：活動と責任」、「国内人権機関と反人種主義世界会議」、「民主主義の促進：国内人権機関の役割とアジア・太平洋国内人権機関フォーラム」、「アジア・太平洋地域の協力」、「新しい国内人権機関の創設」、「女性と人権」の7つである。

4.議論の内容

今回の会合の特別テーマは「国内人権機関と経済的、社会的および文化的権利の保護と促進」であった。このテーマの隠れた主題は「国連グローバル・コンパクト」であったが、実際は参加者の認識不足から、これについて言及されることはほとんどなかった。しかし、議論においては、市民的、政治的権利（以下、自由権）と、経済的、社会的および文化的権利（以下、社会権）の不可分性（indivisibility）が繰り返し強調され、とくに発展途上国の側から社会権の保護と促進の重要性が訴えられた。そして、そのための国内人権機関の役割として、①社会権と自由権のバランスをとるために政府、NGO、産業界の間の討議をすすめること。またそのイニシアチブをとること、②社会権に関する教育や情報提供のプログラムをすすめていくこと、③関係する既存の法律や法案が社会権規約に合致するものであるか審査をしていくこと、④社会権に関する技術援助をすすめていくこと、⑤モニタリング等の活動を通じて、社会権に関する国内の基準を作っていくこと、の5つが挙げられた。

「民主主義の促進」というテーマにおいては、「人権としての民主主義」が主張され、制度を整えるだけでは人権が保護・促進されないことが確認され、市民社会を成熟させること、つまり市民社会のコントロールによって社会的意思決定がなされることがその第一歩であるとされた。そのために国内人権機関が果たすべき役割として、教育活動や政府報告の監視等を通じての貢献が挙げられた。

5.会合の総括

会議での議論は、ニュージーランドやオーストラリアの人権委員会代表によるイニシアチブの下ですすめられた。また、すべての行事、討議を通じて、ニュージーランドの先住民族であるマオリ族の文化色が強く出ており、全体として、太平洋地域主導の会議という感じが強く出ていた。さらに、参加したNGOの準備不足もあり、過去の年次会合に比べ、活気がなかったようである。それは、最終結論の質や量からも明らかである。

この会合においては、フォーラム・メンバー間の2つの「差」が顕著に表れていた。第1は、地域ごとの社会状況の差であり、第2は、国内人権委員会の制度的

な差である。フォーラムには、発展途上国と先進国両方の国内人権機関が参加している。そのような社会状況の差があるため、メンバー間とくに発展途上国と先進国の間の人権関心事が異なっていた。また、ニュージーランドやオーストラリアの人権委員会のように、制度的にも実質的にも評価できる機関もあれば、実体が伴っていない機関や、まだスタートしたばかりの人権機関もある。両者の差により、フォーラムの運営や議事に関してメンバー間の温度差が生じてしまった。これを克服することが、フォーラムの発展のためにも、アジア・太平洋地域の人権状況を向上させるためにも不可欠である。フォーラムは、今会合において、フォーラムの法人格化を図るなどして制度的に強化すること、フォーラムのイニシアチブによる地域協力活動を行うことを決定した。これらの決定は、このような差を克服するのに貢献するであろう。

このようにフォーラムは、地域差という大きな課題を抱えながらも、共通の課題である人権の促進と擁護のために、一歩一歩進んでいるといえる。この歩みを着実なものとするためにも、各国内人権機関は、NGOとも協力して、率直で効果的な意見交換の場としてフォーラムを活用していくことが必要であろう。そして、成果をその活動に生かしてほしい。

なお、日本では、人権擁護推進審議会において人権救済制度が審議されており、2003年頃には国内人権機関（人権委員会）が新設されるものと見込まれている。これまでのアジア・太平洋国内人権機関フォーラムの活動実績から多くを学び、よりよい国内人権機関づくりをめざしてほしい。

＊人権擁護推進審議会は2001年5月25日、差別や虐待などの人権侵害に対応する新たな人権救済機関のあり方について、最終答申を発表した。

(山科真澄／神戸大学大学院
国際協力研究科博士前期課程)

資料2

アジア・太平洋国内人権機関フォーラム第5回年次会合結論

2000年8月7～9日
ニュージーランド・ロトルア

はじめに

ニュージーランド、オーストラリア、フィジー、インド、インドネシア、ネパール、フィリピン、スリランカから構成されるアジア・太平洋国内人権機関フォーラム第5回年次会合は、2000年8月7日から9日までニュージーランドのロトルアで開催された。

フォーラムはニュージーランド人権委員会に対しこの会合の主催について謝意を表明した。また国連人権高等弁務官事務所に対し共催および会合と会期間ワークショップの財政支援について感謝し、オーストラリア開発庁に対しその財政支援について謝意を表明した。フォーラムはとくに事務局とニュージーランド人権委員会のスタッフの今会合を組織するための活動への努力に謝意を表明した。

フォーラムは地域内の政府、その他の関係機関、国際的、地域的そして国内的NGO、産業界からの100を超える代表のオブザーバー参加を歓迎した。参加国はオーストラリア、中国、クック諸島、インド、インドネシア、日本、大韓民国、ラオス、モンゴル、ミャンマー、ネパール、ニュージーランド、パキスタン、パプアニューギニア、サモア、シンガポール、ソロモン諸島、タイそしてベトナムの政府代表、ならびに東チモールの人民代表を含む。またとくにカンボジア、タヒチを含む24のNGOからの代表も会合に参加した。

ニュージーランド検事総長で司法副大臣のマーガレット・ウィルソン閣下が、ニュージーランド首相ヘレン・クラーク閣下の代理として開会の言葉を述べ、この会合を開会した。首相の言葉には国内人権機関の活動に対するニュージーランド政府の強力な支援と、アジア・太平洋国内人権機関フォーラムの役割が述べられていた。ニュージーランド外務大臣フィル・ゴフ閣下が「民主主義の制度的強化」促進への挑戦について閉会式で述べ、会合を閉会した。

この会合の特別テーマは「国内人権機関と経済的、社会的および文化的権利の保護と促進――国際的、地域的戦略」であった。フォーラムは国連人権高等弁務官地域代表で国連人権委員会副議長のP・N・バグワティ判事、および国連社会権規約委員会の特別報告者ポール・ハント教授をこのテーマに対する基調報告者として歓迎した。基調報告ならびにその後の議論は、経済的、社会的および文化的権利に関する国際規約が、この規約の条項を侵害する構造調整措置に対する盾になりうる事実に注意を払った。

結論

国内人権機関の地位と責任は、国連総会で採択された国内人権機関の地位に関

する原則(決議48／134「パリ原則」)を満たすものであるべきことをフォーラムは確認した。国内人権機関はパリ原則に従い、独立かつ多元的で、国際人権基準に基礎を置き、非政府の市民社会組織に参加の機会を与える適切で包括的な協議過程で設置されるべきことをフォーラムは強調した。これらを基礎として、ネパール人権委員会のフォーラムへの参加を承認した。これによって、フォーラムのメンバーは8機関となった。

フォーラム・メンバーは、フォーラムの法構造と機構運営に関連する問題を検討するため第4回年次会合で任命された作業部会の報告を検討した。フォーラム・メンバーは、フォーラムの法人格化、ならびに暫定管理運営評議会および執行作業部会の設置に関する作業部会が勧告した決議を原則的に承認した。フォーラム・メンバーはこの報告に対する補足意見を6週間以内に提出するものとする。フォーラム・メンバーは国際調整委員会への4人の地域代表の選出に関するガイドラインを策定すること、ならびに当分の間現在の4人の代表が職務を継続することに合意した。

フォーラムは、とりわけ、国家、国内人権機関およびNGOが、経済的、社会的および文化的権利の保護と促進のために実際的な措置に関する地域ワークショップの開催によって、経済的、社会的および文化的権利の促進と保護のより進んだ手段を模索することに合意した。

フォーラム・メンバーは近年の人種主義の経験について議論し、世界中のすべての国家と社会においてなんらかのかたちの人種主義がみられることに合意した。フォーラム・メンバーはそれぞれの人種主義に対する取組みの経験を交換し、人種主義の克服が、国内人権機関と市民社会が直面している最も重大な人権課題であるという見解を表明した。フォーラム・メンバーは、「人種主義、人種差別、外国人排斥および関連のある不寛容に反対する世界会議」(以下「反人種主義世界会議」)の重要性を強調し、アジア・太平洋地域が反人種主義世界会議に最大限貢献できるようにすることの重要性を力説し、そのためメンバー間の立場を調整することに合意した。フォーラム・メンバーは事務局の背景文書における勧告を支持した。フォーラム・メンバーは、反人種主義世界会議に関係する活動計画、およびフォーラムが共同して主張すべき立場に関する報告を事務局が各メンバーに要請することに合意した。

「民主主義の推進:国内人権機関とアジア・太平洋国内人権機関フォーラムの役割」というテーマは、フォーラム・メンバーと地域内のNGOからの代表によって率直かつ建設的に議論された。フィジーとインドネシアの人権委員会の代表がこのテーマについて演説した。その中で、それぞれの機関が市民的・政治的危機を取り扱う際に直面する困難と課題について詳細に述べた。スリランカの代表は、経済・社会状況と深刻な国家危機を踏まえて、発展途上国の国内人権機関が直面している特有の課題について注意を払った。両代表、とくにフィジー代表は、マイノリティと最も権利を侵害されやすい集団の人権の保護に関して、包括的な民主主義制という理念を啓発すること、ならびに彼らの経済・社会過程への参加を保護することの重要性について述べた。その後の議論で、フォーラム・メンバーは、これらは民主主義制度の歴史が浅い社会のみならず、伝統的に民主主義制度をとる社会にとっても課題であることに合意した。フォーラム・メンバーはまた、民主主義と法の支配は必要であるが、それ自体では人権を擁護するのに十分ではないことにも言及した。フォーラム・メンバーは、国連、とくに国連人権高等弁務官との協力により、国内人権機関、フォーラムの各メンバー、およ

び人権一般に影響する危機に対する地域的対応を進めるにあたり、フォーラムが重要な役割を果たしうることを考慮した。フォーラム・メンバーは、関係するメンバー機関の要請により、このようなタイプの状況に対応するための指針を事務局が策定するように要請した。

国内人権機関に関する高等弁務官特別アドバイザーおよびフォーラム事務局局長は、2000年3月北京で合意された主要な要素に基づき、また近年創設された国内人権機関のニーズとその創設を検討している諸国からの要請をとくに配慮しつつ、アジア・太平洋地域における人権の促進と保護に向けた取組みを調整する必要性を強調した。フォーラム・メンバーは、利用可能な技術、知識、経験そして資源が最大限に利用されるようにするために、社会のすべてのセクターとの協力の重要性、ならびにNGOとの協力を含む地域的協力を引き続き強化する必要性を再確認した。

加えて、フォーラム・メンバーは、事務局が準備した背景文書における数々の論点に取り組み、同文書における勧告を支持した。これらの論点は、「国連グローバル・コンパクトにおける国内人権機関の役割」、「国内人権機関と政府の活動と責任」、「女性と人権」そして「国内人権機関の主導による公開調査の実施」であった。フォーラムはまた、アジア・太平洋地域における子どもの兵士としての利用および国内避難民の状況に関する最近のワークショップ代表からの報告を検討し、ワークショップの報告と最終文書において国内人権機関に向けられた勧告に留意した。

フォーラムは国内人権機関の新設に関する提案された指針について議論した。フォーラムは事務局が改善した指針案についてのコメントを6週間以内に求めることを決定し、事務局に対し改訂された指針を検討し承認するため、すべてのメンバーにそれを配布することを要請した。

フォーラムは、5月7日から9日にかけてスバで行われた女性の人権に関するワークショップでの国内人権機関の役割に関する最終文書、とくにパラグラフ17における行動勧告を受け入れ、これを支持した。またフォーラムは国内人権機関に向けられた勧告に留意し、その勧告の実施を事務局に委ねた。次回のフォーラムの年次会合では、これらの勧告に対してとられた行動に関する報告をフォーラム・メンバーから受け取るものとする。

フォーラムは法律家諮問評議会の就任式を歓迎し、評議会のメンバーに対し指名受諾について謝意を表明した。評議会は第4回年次会合に従い、フォーラムが評議会に委ねた死刑およびインターネット上の子どもポルノグラフィに関して暫定報告を提出した。国連人権高等弁務官国内人権機関特別アドバイザーは、地域内における人権という大目的を押し進めるにあたっての評議会の重要性に留意した。フォーラムは評議会に対しその暫定報告の提出に対し謝意を表明し、その最終報告を検討し採択するため、フォーラム・メンバーに回付することを事務局に要請した。

フォーラムは東ティモールにおける「人権が根づく社会作りのためのプログラム」（human rights capacity building program）の企画要請を同国人民代表から受理した。フォーラムは事務局に対して、国連人権高等弁務官、国際連合東ティモール暫定統治機構（UNTAET）、関係する政府そしてNGOと協議し、この要請に対する対応案を進展させるよう要求した。

スリランカ人権委員会は約12カ月以内に行われる第6回アジア・太平洋国内人権機関フォーラム年次会合の開催地としての指名を快諾した。

（訳：山科真澄）

● アジア・太平洋地域の政府・NGOの動向
The Initiatives for the UN World Conference Against Racism (WCAR)

反人種主義・差別撤廃世界会議に向けた動向

1.世界会議の背景

　1997年、国連総会は2001年8月に反人種主義・差別撤廃世界会議（WCAR）を南アフリカのダーバンで開催する決議を採択した。

　「人種主義」「人種差別」と聞くと、南アフリカにおけるアパルトヘイト（人種隔離政策）、そしてナチスドイツによる第2次世界大戦時のユダヤ人大虐殺（ホロコースト）、もしくはアメリカ合衆国での黒人解放運動（公民権運動）が想起されるかもしれない。

　実際、第2次世界大戦の反省からできた国際連合では、人種差別や他民族に対する暴力に対しての対策を模索してきた歴史がある。人間の尊厳と平等への決意は数多くの国連決議、条約や宣言のかたちとなって生み出されてきた。直接的なものを挙げると1963年の人種差別撤廃宣言と1965年の人種差別撤廃条約の採択がある。また、1973年から82年にかけては人種主義・人種差別と闘う第1次10年、1983年から92年には同第2次10年が設定され、1978年と1983年にはそれぞれ人種主義・人種差別と闘う世界会議が開催されている。これらと並行して、各国・各地域で、人種差別撤廃条約の批准や、それに伴う国内レベルの法律が作られたり、関連する施策や取組みが行われてきたといえる。そして、ひとつのランドマークとして、南アフリカにおけるアパルトヘイトの劇的な終焉を世界は目撃した。今回の世界会議はアフリカ諸国の提案によって、その南アフリカで開催される。

　そして、今回の反人種主義・差別撤廃世界会議の開催決定の背景には、近年の新たな人種主義・人種差別の台頭についての懸念の認識がある。ソ連崩壊・東西冷戦の終結後、数多く発生している民族間の対立および「民族浄化」の思想と行為、グローバル化に伴うとくに移住労働者への差別や女性・子どもの人身売買、インターネットなどの情報技術を利用した差別煽動など、新たな様相を見せ、新たな定義を必要としてきた人種主義・人種差別について、21世紀の始まりにあたり、世界が力を合わせて闘う必要があるとの認識である。

　この世界会議では、1995年の北京女性会議のプロセスと同じように、宣言と行動計画が採択される。それにより国連加盟国政府に対しては宣言と行動計画に対する道義的な責任が負わされ、各国の「約束」は今後、定期的にモニタリングされることとなる。したがって、この世界会議はその前後のプロセスが重要

143

といえる。

2.世界会議のテーマ

この会議の正式名は「人種主義、人種差別、外国人排斥、および関連する不寛容に反対する世界会議」となっている。この世界会議および会議に至るプロセスにおいては、人種主義、人種差別の定義や概念は限定されることなく、幅広く捉えられることとなる。植民地主義や奴隷制の問題だけではなく、先住民族、移住、ジェンダー、カースト、難民、宗教などに見られる、人種、皮膚の色、世系、文化、言語、民族、種族などに基づくさまざまな形態の「人種主義、人種差別、外国人排斥、および関連する不寛容」を問題の対象としている。さらに複数の要因が重なった「複合差別」にも注意が向けられている。

インド政府は、カーストの問題を「人種主義の会議」の議題に含めることに反対している。これには日本の部落差別も関連しており、NGOはカースト差別や部落差別が議題や宣言、行動計画に含まれるよう強く要求している。

現在のところ設定されている世界会議の議題は、
テーマ1：人種主義、人種差別、関連する不寛容の源、原因、形態、今日的表現
テーマ2：人種主義、人種差別、関連する不寛容の被害者
テーマ3：国内、地域、国際レベルにおける人種主義、人種差別、関連する不寛容の根絶をめざした予防、教育、保護の方策
テーマ4：国内、地域、国際レベルにおける効果的救済、償還義務、賠償、［補償］、その他の方策のための規定
テーマ5：人種主義、人種差別、外国人排斥と闘ううえでの国際協力や国連その他の国際的メカニズムの発展向上を含めた、完全で効果的な平等を実現するための戦略

となっている。なお、テーマ4の「補償」がカッコに括られているのは、旧植民地支配国の政府の抵抗により保留となっているためである。

3.世界会議の参加者とNGOの参画

世界会議は基本的には国連の政府間会議であるため、参加者は国連加盟国の政府代表が中心となる。この世界会議は、人種差別撤廃条約の締約国だけではなく、国連加盟国全部が参加対象となっている。これに加えて、世界地域（アジア、アフリカ、ヨーロッパ、アメリカ）での準備会議に関わる地域機関や国内人権委員会、国連総会に常時オブザーバーとして招かれている機関、国連の専門機関、国連の人権機構内の組織、NGOなどである。

ここ最近の国連会議の傾向として、NGOの参加が奨励されている。NGOの協力が不可欠だという国連の認識である。NGOは、手続きを踏めば傍聴が可能となる。NGOの資格によっては、文書提出や発言の機会もある。この世界会議の事務局長である国連人権高等弁務官のメアリー・ロビンソンの意向と努

力もあり、できるだけ多くのNGOの参加と影響をこの世界会議にもたらすこと、それにより、差別の被害者の声を会議に届けることが奨励されている。国連はNGOに対して、世界会議および関連する地域会議などへの参加資金援助もかなり行っている。NGOフォーラムやその他のNGOによる会議も、世界会議に向けたプロセスにおいて重要な要素となる。政府間会議の宣言や行動計画の内容に影響を及ぼす活動のほか、さまざまなかたちでのロビーイング（圧力や影響を与える活動）がNGOによって展開されている。

4.これまでのプロセス

世界会議に向けたこれまでのプロセスを振り返ると、まず、2000年5月、国連人権委員会が中心となって第1回準備会議が行われ、組織体制、暫定的な議題、議事進行規則などの原案が作られた。また、国連が主催する専門家セミナーが4つの世界地域で実施されている。専門家セミナーには、NGOも参加して、地域でとくに懸念される問題を討議し、人種主義やその現状について話し合い、情報を共有し、「最良の行動」を共有することを目的としている。アジア・太平洋地域の専門家セミナーは、「とくに女性と子どもに関しての移住と人身売買」をテーマとして2000年9月にバンコクで行われた。

NGOでは並行して世界会議に向けた組織づくりと運動づくりが進められている。各地域にコーディネートをする調整委員会ができ、さまざまなNGOの協力、ネットワーク、連帯を押しすすめることをめざしている。アジア・太平洋地域の調整委員会は2000年9月にスリランカ・コロンボで会議を行い、反差別国際運動（IMADR）アジア委員会のニマルカ・フェルナンドを事務局長とする初期のチームが形成されている。

また、各地域の準備会議とNGOによるフォーラムもすべての地域で行われた。アジア・太平洋地域では、2001年の2月19〜21日に政府間のアジア地域準備会議が、その直前の17〜18日には、NGOフォーラムが、イランのテヘランで開催された。アジア地域準備会議では、この会議の（つまりアジア地域の）宣言と行動計画が採択された。NGOはこの政府間会議に影響を与えるべく、NGOの声明文書やフォーラムでのテーマ別ワークショップ（ジェンダーと人種主義、移住と人身売買、カースト、国内マイノリティ〔民族／宗教マイノリティ〕、先住民族、グローバル化と人種主義の6つのテーマ）で作成した文書、その他決議文を政府間会議で発表した。

すべての地域での準備会議、専門家セミナーの結果は、NGOの文書も含めて、3月初旬にスイス・ジュネーブでのセッション間会議でまとめて検討された。また、5月21日から6月1日にかけては同じくジュネーブで第2回世界会議準備会議が開催され、宣言や行動計画の原案の作成を含めた世界会議の実施に向けた最終的な詰めが行われる。この最終の準備会議に影響を与えるため、アジア・太平洋地域のNGOは、NGOネット

145

ワーク会議を4月の下旬にネパール・カトマンズで開催している。最後に世界会議に並行して南アフリカでもNGOフォーラムが行われ、世界の全地域のNGOが、NGOの声、ひいては差別の現場の被害者の声をより多く、より強く届けるために結集する。現地ホストNGOの南アフリカNGO連合（SANGOCO）では12,000人の参加を見込んでいる。

5.日本での動き

　各国でのNGOの動きにばらつきがあるのは否めない。アジア地域においては、現段階に至ってもまだ国内委員会や運動がほとんど見られない国が多くあるようだ。「人種主義」そしてその被害者はすべての国、地域に存在しているはずであり、アジアのNGOの調整チームもこのことを懸念しており、より多くの国、地域、分野のNGOの参加を促進しようとしている。

　日本においては、世界会議の開催が決定した当初から反差別国際運動日本委員会（IMADR-JC）が中心となって運動づくりや宣伝がすすめられてきた。同団体の提起しているこの世界会議の日本における意義を引用して紹介したい。

1. 「日本民族」以外の、アイヌ民族、沖縄／琉球出身者、在日朝鮮・韓国人、移住者・移住労働者などへの差別と排外主義、日本特有の部落差別に、反差別の連合によって対抗するよい機会となる。
2. 人種主義を「植民地主義と奴隷制」という歴史的文脈の中で捉える世界会議は、日本が非西欧諸国として唯一、周辺諸国を植民地化・侵略し、「従軍慰安婦」性奴隷制を国家として推進したことをあらためて反省するよい機会となる。
3. 国際的人身売買への加担、日本企業進出地域における人種差別を反省する機会となる。

　2001年1月には、関連団体が結集して、世界会議に向けた国内実行委員会が組織されている。「ダーバン2001」と名づけられた同実行委員会は、①世界会議の意義や日本の人種差別の状況を日本社会に知らせること、②世界会議に積極的に取り組むこと、③財源づくりに協力して取り組むこと、④世界会議後のフォローアップ活動の中で、共通の獲得目標（反差別法制定、国内人権機関設置、国連・個人通報制度実現）を掲げて取り組むこと、を活動目標に掲げている。

＊ヒューライツ大阪では、反人種主義・差別撤廃世界会議、およびアジア・太平洋地域の動きに関する関連情報を蓄積しています。情報の一部はホームページ（www.hurights.or.jp）にも掲載しています。

（川本和弘／ヒューライツ大阪）

● アジア・太平洋地域の政府・NGOの動向
Development of Human Rights Education in the Asia-Pacific Region

アジア・太平洋地域における人権教育活動の動向

　人権教育を制度化するプロセスにおいて、政府の法的および行政サポートは重要である。これは、政府だけで人権教育を実施すべきだという意味ではない。人権教育は、今後も多分野、多機関の取組みであり続けるし、決して政府が主導権を握るようなことにはならない。しかし、政府のサポートは、人権教育の持続と拡大にとって大きな助けになる。

　この考えに従い、政府は人権教育に対する国際的および地域的サポートを重視しなくてはならない。このタイプのサポートは国内の資源を補強する。

　「人権教育のための国連10年」（1995～2004年）は、政府に人権教育への支援を促すのに、有効な考え方を推進してきた。1995年以来、国連は、技術的支援を提示しながら、各国政府に10年の目的を達成するよう要請してきた。1999年から2000年初めにかけてアジア・太平洋地域で行われた国連支援の活動を見れば、国連の人権教育推進にかけた決意がうかがえる。

　2000年12月10日の人権デーに国連事務総長コフィー・アナンが行った声明は、国連のイニシアチブに対する各国政府の反応への期待と失望が入り混じっていた。

　5年前、「人権教育のための国連10年」が始まりました。その基本的な考え方は、政府、国際機関、公共および民間団体、職能団体、学校・大学、そして一般の人々など、すべてが、人権の認識と理解を深めるために、ともに努力するよう促すことでした。

　10年の中間地点に来た今日、私たちの目の前にはまだ長い道が続いています。人権教育のための効果的な国内戦略を立てた国はごくわずかしかありません。10年のもと、交わされた約束と実質的に投下された資源との間には大きなギャップがあります。

　一方、非政府組織は多くのことに取り組んでいます。明らかに、政府は彼らと密接に協力して、学ぶ必要があります。

　国連人権高等弁務官事務所が2000年9月に出した中間年の評価に関する報告[1]は、アジア・太平洋地域の状況を一定程度明らかにしている。

---

1)「人権教育のための国連10年」の目的達成に向けた進捗状況の中間評価として、国連人権高等弁務官事務所が作成した報告。第55回国連総会に提出された（2000年9月）。アジア・太平洋人権情報センターのホームページ（http://www.hurights.or.jp）に掲載。

C. アジア・太平洋

64. アジア・太平洋地域からは24件のアンケートの回答が寄せられた。アンケートを送付した60カ国の政府のうち、回答があったのは4カ国だった。その他、国内人権機関が3件、NGOが14件、研究機関および大学が2件であった。政府機関からも1件の回答が寄せられた。

1. 国内組織と行動計画

65. アジア・太平洋の国々では、「10年」のための法的、制度的支援を創出するステップを踏み出したところが多い。4カ国において人権教育のための国内委員会が設立された。その他の国では、法務省、教育省、国内人権機関などが主導機関として任命されていた。国内委員会や主導機関の存在が人権教育のための国内行動計画の綿密な作成と必ずしも相関するわけではない。2カ国のみが国内行動計画を採択したことを報告しており、国内委員会はあるが計画はまだ草案作成の段階にある国が1つ報告された。

66. 設立された、または設立が計画中の国内委員会について、NGOの関わりの程度はさまざまである。国内委員会への参加構成についての情報を送ってきた政府が1カ国あったが、そこでは適当な数のNGOの代表（全委員14人のうち6人）と、ジェンダーを考慮した代表（5人が女性）が含まれていると報告されていた。別の国の国内委員会では、経済界や地域コミュニティの団体もメンバーになっていると報告された。

67. 国内行動計画を起草中の国がいくつかあった。このなかには、国際労働機関（ILO）、ユネスコ、国連開発計画などの政府間組織から国内行動計画の起草のための支援を受けたと報告するものもあった。ある国では、国内行動計画の策定に加えて、32府県で推進本部が設立され、そのうち26府県で行動計画が策定されており、それらの自治体では政府の施策とは独自に人権教育施策を推進している（訳注：日本の状況に関する報告。数字は2000年6月現在のもの）。

68. NGOはほとんどの国において国内行動計画の作成には関与していないが、その実施には参加している。いくつかのNGOの代表は国内委員会のメンバーにもなっている。国内行動計画の策定を意図している政府は、NGOおよびその他の機関が行動計画の起草プロセスに参画できるよう支援することを表明している。

アナン事務総長の発言を思い出せば、地域のNGOの多くは政府の支援を得て、あるいは支援なしで、人権教育プログラムを継続的に実施してきた。報告は次のように述べている：

75. 「10年」の推進においては、とくにNGOがこれまで活動的であった。地域内での会議やワークショップでは、NGOが、さまざまな政府組織や非政府組織と協力し、国レベルで「10年」を推進する必要性が強調されている。また、この地域で「10年」を推進するための出版物を配布しているNGOがいくつかある。研修プログラムやマスメディア（ラジオとテレビ）のプログラムを実施しているNGO

もある。しかし、人権教育のための活動に取り組んでいないNGOも多くある。

同じように報告は、政府あるいは非政府のいずれがイニシアチブをとったかに関係なく、地域にある既存の資源を最大限活用する必要性を指摘している。これら既存の機関は、人権教育を掲げて始められたわけではないが、人権教育を活動のひとつに取り込むことができるはずだ。報告はこう説明している:

80. 国内の(政府および非政府)組織と政府間組織のよりよいネットワーキング、そして人権のアドボカシー(政策提言)活動における協力、協議、参加が必要とされている。アジア地域には地域的人権保障機構がないため、東南アジア諸国連合(ASEAN)や南アジア地域協力連合(SAARC)、南太平洋フォーラム(SPF)の枠組みにおいて、また、東南アジア文部大臣機構(SEAMEO)とアジア太平洋経済社会委員会(ESCAP)と協力し、機会が模索されるべきだと述べられている。

いいかえれば、アジア・太平洋地域の政府は人権教育をサポートできる地域レベルあるいは小地域レベルのメカニズムをすでにもっている。地域のイニシアチブは、個々の政府が人権教育の国内プログラムを発展させる助けになるはずだ。

一方、地域および国レベルの人権教育プロジェクトが続けられてきた。その例をいくつか次に挙げる。学校における人権教育そのものもあれば、部分的に関係している取組みもある。

ヒューライツ大阪は、1998年ニューデリーで開かれた学校における人権教育の南アジアワークショップのフォローアップ活動を行った。このフォローアップ活動は、バングラデシュ、インド、ネパール、パキスタン、スリランカのカリキュラム作成者、教員、教員指導者あるいは教育省職員を対象にした研修ワークショップで、2000年6月23日から26日までバンコクで開かれた。

このワークショップは人権教育のカリキュラム作成に焦点を当て、南アジアにおける現在の取組み(とりわけ、インド)について議論を行った。ワークショップでは、人権教育を学校のカリキュラムに組み込むためのベスト・アプローチを再びテーマとして取り上げた。

参加者は、2つの主要なアプローチ(人権のための教科を別途にもつアプローチと、人権を現在のカリキュラムの全教科に統合するアプローチ)を順番に使うことができるという意見である。これは、コンセプトを理解する能力が学年によって異なる生徒たちに、人権のコンセプトを紹介するには実践的に思える。

この方法でいけば、初等あるいは小学校レベルの生徒は、人権と同等の原則や価値観を吸収できるだろう。中等レベルの生徒は人権に関する科目を別にもつだろう。そして、第3のレベルでは、さらに専門化された科目として導入できる。

ワークショップ参加者が述べたように:

人権教育を制度化するために実用的なアプローチが求められている。カリ

キュラムに人権教育を統合するような総合的な教育改革は、少なくとも短期間では不可能だ。一方、現行のカリキュラムにある隙間を人権教育のために利用できる。カリキュラムを変更することなく、関連する科目で人権をカバーすることができる。カリキュラム外の諸活動も、地域の一部グループの経験に示されているように、利用できる。

最後に、人権の原則を、カリキュラム、あるいはカリキュラム外の諸活動だけではなく、管理も含め学校の環境全体を通して学べるようになれば、人権はもっと深く理解されることが強調された。

2000年11月6日から10日まで、マニラにて、カナダ人権財団とフィリピン人権委員会が共同で第3回地域ワークショップ"活動する国内人権機関"を開催した。インド、インドネシア、マレーシア、ネパール、フィリピン、タイの国内人権機関の代表だけではなく、これらの国々のNGOの代表もワークショップに参加した。

このワークショップでは、学校における人権教育プログラムを発展させる必要性がさまざまな角度から繰り返し強調された。政府支援の組織である国内人権機関は、政府に影響力を行使してそのような取組みを始めさせるうえで最も望ましい立場にいる。また、ワークショップでは、人権高等弁務官事務所(ワークショップの後援者のひとつでもあった)がこの分野を優先的に進めているという説明もあった。そのため、参加者の大半は現在のところ学校における人権教育を実施していないが、その重要性を認めたことは明らかだ。

2000年12月4日から6日、"アジア・太平洋地域の人権NGOのためのワークショップ——人権擁護の課題と戦略"と題する地域ワークショップが韓国で開催された。正式発足から3カ月経った韓国のユネスコ国内委員会のアジア太平洋国際理解教育センター(ACEIU)が主催者として開いたワークショップだ。

ワークショップには、カンボジア、インド、インドネシア、日本、韓国、マレーシア、モンゴル、ネパール、パキスタン、フィリピン、シンガポール、スリランカ、台湾、タイのNGOメンバーが参加した。

人権教育はワークショップの主要な議題のひとつとされた。多数の参加者から、学校における人権教育も含め、それぞれが取り組んでいる人権教育活動の報告があった。これは、学校における人権教育は、地域のNGOにとって関心のある分野になりつつあるという事実を表している。

ACEIUは単なる国内機関ではない。これはUNESCOの後援を得ている。そのため、ACEIUの活動領域には、アジア・太平洋地域における平和、人権、寛容、民主主義の分野の調査、トレーニング、意見・経験交流が含まれている。ある意味で、ACEIUは、UNESCOが地域における人権および人権教育をサポートするひとつの具体的な手段といえる。

同じように国連専門機関の強力なサポートを得た"人権教育に関する全国セミナー——パキスタン"というワークショップが開かれた[2]。

これは2000年9月25日から29日にかけ

てラホールで開催されたワークショップで、パキスタンの政府機関や研修機関から多数の人々が参加した（国立行政研究所、公務員学校、教育省カリキュラム部、労働省―労働者教育局長、法律・司法・人権省―大衆教育プロジェクト）。また、非政府組織（パキスタン医学研究所、パキスタン教育協会、シンド卒業生協会、ASR）やメディア関係（ザ・ニュース、デイリーNawai Waqt、Serendipプロダクション）からの参加もあった。またオブザーバーとして、もう1つ別の政府の研修機関（パキスタン公務員大学―ラホール）、NGO（人間の発展のための市民委員会）、学校（ラワルピンディ中等学校）が出席した。

このワークショップは、パキスタンの法律・司法・人権省（人権部局）とILO国際研修センター（イタリア、トリノ）が合同で主催した。これは"人権の伸張と実践―制度的能力構築プロジェクト"というプロジェクトの一環として開かれた。ノルウェーの機関が開発協力としてこのプロジェクトの資金援助をしている。プロジェクトの長期目標は、国内に人権概念と人権問題に関する意識を育てることである。当面の目的は、参加者および参加者の組織が、人権の保護と伸張において担っている役割を強化させることにある。したがって、プロジェクトのもとで行われる活動は、世界で機能している人権メカニズムについて知識を広げ、国および地方レベルにおける自分たちの能力を強化することにすべて向けられている。

セミナーは人権教育全般に主眼を置いた。そして、ワークショップで参加者が計画を立てた主要な領域のひとつに、学校における人権教育があった。これらの提案が実施する価値があると判断されれば、2001年実施のプログラムとしてILOから支援を得られる。

パキスタンのプロジェクトは、国際機関から国内の人権や人権教育の取組みに対する直接的な技術援助や資金援助の例である。これは、ユニセフやUNDP、あるいは人権高等弁務官事務所の国別プロジェクトと似ている。このアプローチは、国内の具体的なニーズや問題に対処しているため、長期的に効果があることが証明されるだろう。技術援助や財政援助を通して、実際のニーズに直接応えるかたちで国内の力が育てられていく。

パキスタンのプロジェクトの場合、学校における人権教育の取組み（公務員や一般社会への人権教育も同じく）が支援の対象となる。これによって、政府の官僚的なプロセスに起こりがちな遅延の問題を回避できる。

要約すれば、2000年は、人権教育の制度化という考え方を支持するさまざまな取組み例が国際、国際地域、国内の各レベルで出てきた年だ。これらの取組みを継続させることが、疑いなく、人権教育を全体的に支える環境をつくる助けとなる。

（ジェファーソン・プランティリア、訳：小森恵）

2）"人権教育に関する全国セミナー――パキスタン"、ヒューライツ大阪2000年9月号第21巻、FOCUS Asia-Pacific 13ページ。

資料3

社会権規約委員会
一般的意見14(2000)
到達可能な最高水準の健康についての権利(第12条)

第22会期
2000年5月11日採択
E/C.12/2000/4

1. 健康は、他の人権の行使にとって不可欠な基本的人権である。すべての人間は、尊厳ある人生を送るために到達可能な最高水準の健康を享受する権利を有する。健康についての権利の実現は、保健政策の策定、世界保健機関(WHO)が行っている保健政策の実施、または具体的な法文書の採択のような、数多くの補完的手法によって追求されうる。さらに、健康についての権利は、法的に執行可能な一定の要素を含んでいる[1]。

2. 健康についての人権は、数多くの国際文書で認められている。世界人権宣言第25条第1項は、「すべての者は、自己および家族の健康および福祉のための十分な(adequate)生活水準(食料、衣類、住居および医療ならびに必要な社会的サービスを含む)についての権利を有する」ことを確認している。経済的、社会的および文化的権利に関する国際規約は、国際人権法上、健康についての権利に関する最も包括的な条項を規定している。規約(訳注:以下、「規約」というときは本規約を指す)の第12条第1項に従い、締約国は「すべての者が到達可能な最高水準の身体および精神の健康を享受する権利」を認め、第12条第2項は例示として、「締約国が1の権利の完全な実現を達成するためにとる措置」をいくつか列挙している。加えて、健康についての権利はとりわけ、1965年の人種差別撤廃条約第5条(e)(iv)、1979年の女性差別撤廃条約第11条第1項(f)および第12条、ならびに1989年の子どもの権利条約第24条で認められている。1961年の(改正)ヨーロッパ社会憲章第11条、1981年の人および人民の権利に関するアフリカ憲章第16条、ならびに1988年の、経済的、社会的および文化的権利の分野における米州人権条約追加議定書第10条のように、いくつかの地域的な人権文書も、健康についての権利を認めている。同様に、健康についての権利は、国連人権委員会によっても[2]、また、1993年のウィーン宣言および行動計画、ならびにその他の国際文書の中でも宣言されている[3]。

3. 健康についての権利は、国際人権章典で述べられているように、食料、住居、労働、教育、人間の尊厳、生命、無差別、平等、拷問の禁止、プライバシー、情報へのアクセス、ならびに結社、集会および移動の自由を含む他の人権の実現と密接に関連しており、また依存している。これらおよび他の

---
1) たとえば、保健施設、物資およびサービスに関する無差別原則は、多くの国内法域において法的に執行可能である。
2) 決議1989/11において。
3) 1991年に国連総会によって採択された、「精神病をもつ人の保護および精神医療の改善のための原則」(決議46/119)ならびに、精神疾患の障害をもった人に関する委員会の一般的意見第5、1994年にカイロで開催された「人口と発展に関する国際会議」の行動計画、また、1995年に北京で開催された第4回世界女性会議の宣言および行動計画はそれぞれ、母性に関する健康と女性の健康についての定義を含んでいる。

権利自由は、健康についての権利の中心的な構成要素に関わっている。

4. 規約第12条を起草するにあたり、国連総会第三委員会は、世界保健機関の基本文書前文にある健康の定義を採択しなかった。これは、健康を「身体的、精神的および社会的に完全に良好な状態（well-being）であり、単に疾病や疾患がないことではない」と概念づけたものである。しかし、規約第12条第1項が「到達可能な最高水準の身体および精神の健康」と述べているのは、医療（health care）に対する権利に限られない。反対に、起草の過程および第12条第2項の明文の文言は、健康についての権利は人々が健康的な生活を送ることができる状況を促進する広範囲の経済的、社会的要素を含み、食料、栄養、住居、安全な飲み水および十分な衛生へのアクセス、安全かつ健康的な労働条件、ならびに健康的な環境のような、健康の基礎となる決定要素に及ぶことを認めている。

5. 委員会は、世界中の何百万もの人々にとって、健康についての権利の完全な享受はなお遠い目標であることを認識している。さらに、多くの場合、とくに貧困の中で生活する者にとっては、この目標はますます遠いものになりつつある。委員会は、多くの締約国において、第12条の完全な実施を妨げる、国家の力の及ばない国際的およびその他の要素から生ずる強力な構造的およびその他の障害があることを認める。

6. 締約国による規約の実施および報告義務の遵守を支援するため、この一般的意見は、第12条の規範的内容（第Ⅰ部）、締約国の義務（第Ⅱ部）、違反（第Ⅲ部）、国内レベルでの実施（第Ⅳ部）に焦点を当て、締約国以外の主体の義務については第Ⅴ部で扱う。本一般的意見は、長年にわたり締約国の報告を審査してきた委員会の経験に基づくものである。

Ⅰ. 第12条の規範的内容

7. 第12条第1項は健康についての権利を定義し、第12条第2項は、締約国の義務を例示的に、網羅的でないかたちで挙げている。

8. 健康についての権利は、健康である権利（a right to be healthy）と理解されるべきではない。健康についての権利は、自由と権利（entitlements）の両方を含んでいる。自由には、自らの健康と身体を管理する権利（性と母性に関する自由〔reproductive freedom〕を含む）、ならびに、拷問、同意のない医療および実験を受けない自由のような、干渉からの自由を含む。これに対し、権利には、人々が到達可能な最高水準の健康を享受するために平等な機会を与える健康保護の制度に対する権利を含む。

9. 第12条第1項における「到達可能な最高水準の健康」の概念は、個人の生物的および社会・経済的な前提条件と、利用可能な国家の資源の双方を考慮に入れている。国家と個人の関係においてのみでは解決できない側面は数多くある。とくに、良好な健康は国家によって確保されうるものではなく、また、国家は、人間の疾病の原因となりうるすべてのものに対して保護を与えられるわけでもない。たとえば、遺伝的要素、疾病に対する個人のかかりやすさ、不健康なまたはリスクの多い生活習慣は、個人の健康に関して重要な役割を果たすことがありうる。したがって、健康についての権利は、到達可能な最高水準の健康の実現のために必要なさまざまな施設、物資、サービスおよび条件の享受に対する権利として理解されなければならない。

10. 1966年の2つの国際規約の採択以来、世界の健康の状況は劇的に変わり、健康の概念は相当な変化を遂げかつその範囲も広がった。資源配分やジェンダー（訳注：社会的・文化的な性差）など、健康の決

定要素がより多く考慮に入れられるようになっている。より広い健康の定義はまた、暴力や武力紛争のような、社会的関連をもつ関心事項をも考慮に入れている4)。さらに、HIV／AIDSのような、以前は知られていなかった病気、および、がんのようにより広がった病気、また、世界人口の急速な増加は、健康についての権利の実現にとって新たな障害を作り出しており、第12条を解釈する際にはこれらを考慮に入れる必要がある。

11. 委員会は、第12条第1項で定義された健康についての権利を、時宜に適いかつ適切な医療だけでなく、安全な飲み水、十分な衛生、安全な食料、栄養および住居の十分な供給、健康的な職業および環境条件、ならびに健康に関連する教育および情報(性と母性に関する健康を含む)へのアクセスのような、健康の基礎となる決定要素に対しても及ぶ包括的な権利として解釈する。加えて、ひとつの重要な側面は、共同体(community)、国内および国際的なレベルでの、健康に関連するすべての意思決定への人々の参加である。

12. 健康についての権利は、そのすべての形態およびレベルにおいて、以下の相互に関連する本質的な要素を含むが、これらの具体的な適用は、特定の締約国において現存する条件に依存することとなろう。

(a) 利用可能性。締約国内で、機能する公的な保健および医療施設、物資およびサービスならびにプログラムが、十分な量で利用可能でなければならない。施設、物資およびサービスの具体的な性質は、締約国の発展段階を含む数多くの要素によって異なるであろう。しかし、これらには、安全な飲み水、十分な衛生設備、病院、診療所およびその他の健康関連施設、訓練を受け国内で妥当な給与を得ている医療および専門職員、世界保健機関の「必要不可欠な薬品に関する行動計画」で定義されている必要不可欠な薬品のような、健康の基礎となる決定要素が含まれるであろう5)。

(b) アクセス可能性。保健施設、物資およびサービス6)は、締約国の管轄内において、差別なくすべての者にとってアクセス可能でなければならない。アクセス可能性は、4つの互いに重なり合う側面をもつ。

無差別：保健施設、物資およびサービスは、すべての者、とりわけ最も脆弱な、または排除された(marginalized)人々に対して、法律上および事実上、禁止された事由のいずれによる差別もなくアクセス可能でなければならない7)。

物理的なアクセス可能性：保健施設、物資およびサービスは、人々のあらゆるセクター、とりわけ、種族的少数者、先住民、女性、子ども、青少年、高齢者、障害をもった人およびHIV／AIDSウィルスをもった人のような脆弱な、または排除された集団にとって、物理的に安全に手が届く範囲になければならない。アクセス可能性はまた、医療サービスならびに、安全な飲み水および十分な衛生設備のような、健康の基礎となる決定条件が、農村地域を含めて安全に手が届く範囲にあることをも含意する。アクセス可能性はさらに、障害をもった人にとっての施設への十分なアクセスを含む。

経済的なアクセス可能性(支払可能性)：保健施設、物資およびサービスは、すべての者にとって支払可能なものでなければならない。医療サービスおよび健康の基礎となる決定条件に関連したサービスに対

---

4) 戦争犠牲者の保護のためのジュネーブ条約(1949年)共通第3条、国際的武力紛争の犠牲者の保護に関する第一議定書(1977年)第75条第2項(a)、非国際的武力紛争の犠牲者の保護に関する第二議定書(1977年)第4条(a)。
5) 1999年12月改訂の、世界保健機関の必要不可欠な薬品モデル・リスト(WHO Drug Information, vol.13, No.4, 1999)を見よ。
6) とくに明記しないかぎり、この一般的意見で保健施設、物資およびサービスに言及するときは、この一般的意見の第11項および第12項(a)で述べた、健康の基礎となる決定条件が含まれる。
7) この一般的意見の18項および19項を見よ。

する支払いは、これらのサービスが、民間で提供されるにせよ公的に提供されるにせよ、社会的に不利な状況にある集団を含めてすべての者にとって支払可能であることを確保する、平等の原則に基づくものでなければならない。衡平さから、より貧しい家庭がより豊かな家庭に比べて健康に関する支出を不均衡に負わされるべきではないことが要求される。

情報のアクセス可能性：アクセス可能性は、健康の問題に関する情報および考えを求め、受けおよび伝える権利[8]を含む。しかし、情報へのアクセス可能性は、個人的な健康データが内密に取り扱われる権利を妨げるべきではない。

(c) 受容可能性。すべての保健施設、物資およびサービスは、倫理を尊重し、かつ文化的に適切な、すなわち、個人、少数者、人々および共同体（community）の文化を尊重し、ジェンダーおよびライフサイクル上の必要性に敏感であるとともに、機密性を尊重しかつ関係者の健康状態の改善を目的としたものでなければならない。

(d) 質。文化的に受容できるものであることと並んで、保健施設、物資およびサービスはまた、科学的および医学的に適切かつ良質のものでなければならない。このことはとりわけ、技術をもった医療要員、科学的に認可され、かつ有効期限内の薬品および病院器具、安全な飲み水、ならびに十分な衛生を必要とする。

13. 第12条第2項の非網羅的な例示は、国家がとるべき行動を定めるにあたっての指針を提供している。本項は、第12条第1項に含まれた健康についての権利の広い定義から生ずる措置の具体例を挙げ、それによって、以下の段落で示されるようなこの権利の内容を例示したものである[9]。

第12条第2項（a） 母体、子どもおよび母性に関する健康

14. 「死産率および幼児の死亡率を低下させるためのならびに児童の健全な発育のための対策」（第12条第2項（a））[10]は、子どもと母体の健康、性と母性に関する保健サービス（家族計画、産前および産後のケア）[11]、緊急の産科医療ならびに、情報およびその情報に基づいて行動するために必要な資源、を改善するための措置を必要とすると理解することができる[12]。

第12条第2項（b） 健康的な自然および職場環境に対する権利

15. 「環境衛生および産業衛生のあらゆ

---

[8] 市民的および政治的権利に関する国際規約の第19条第2項を見よ。この一般的意見は、健康に関連してのこの問題の特別の重要性から、情報へのアクセスにとくに重点を置いている。
[9] 健康についての権利に関する文献と実行においては、医療の3つのレベルがしばしば挙げられる。一次医療（primary health care）は、典型的には、一般的で比較的軽微な疾病を扱い、共同体（community）の中で比較的低料金で働く保健専門職員および／または一般的な訓練を受けた医師によって提供される。二次医療（secondary health care）は、センター、通常は病院において提供され、典型的には、比較的により高い料金で、特別の訓練を受けた保健専門職員および医師、特別の設備、および時には入院看護を用いて、比較的一般的で軽微な疾病または、共同体（community）レベルでは対応できない深刻な疾病を扱う。三次医療（tertiary health care）は、比較的数少ないセンターで提供され、典型的には、特別の訓練を受けた保健専門職員および医師、特別の設備を必要とする少数の軽微な疾病または深刻な疾病を扱い、かつ比較的高料金であることが多い。一次、二次および三次医療は互いに重なり合い、また相互に影響しあうことが多いため、この用語法の使用は、どのレベルの医療を締約国が提供しなければならないかを評価するのに必ずしも十分な助けとなる区別の基準となるものではなく、したがって、第12条の規範的な理解を助ける点では限界がある。
[10] 世界保健機関によれば、死産率はすでに一般的に使用されておらず、幼児および5歳未満の死亡率が代わりに算定されている。
[11] 産前（prenatal）とは、出産の前に存在し、または発生することを指す。周産期（perinatal）とは、出産の直前および出産後を指す（医療統計では、この期間は妊娠28週過後に始まり、出産後については1週間から4週間とまちまちに定義されている）。これに対し、新生児期（neonatal）とは、出産後最初の4週間にかかる期間を指す。他方、産後（post-natal）とは、出産後に発生することを指す。本一般的意見では、より一般的な産前・産後という語のみが用いられている。
[12] 母性に関する健康とは、女性と男性が、子どもをもつかどうか、および、いつ子どもをもつかについて決定する自由、自らの選択する安全、効果的、支払い可能かつ受け入れられる家族計画の手法について情報を与えられ、また、それに対するアクセスをもつ権利、ならびに、女性が安全に妊娠および出産期を経過することができるようにするような、適切な医療サービスへのアクセスの権利、を有することを意味する。

る状態の改善」(第12条第2項(b))は、とりわけ、職業上の事故および疾病に関する防止措置、安全な飲み水の十分な供給および基本的な衛生を確保する必要性、人々が放射能および有害化学物質のような有害物質、またはその他人間の健康に直接もしくは間接的に影響を与える有害な環境条件にさらされることの防止および削減からなる[13]。さらに、産業衛生は、合理的に実行可能なかぎりにおいて、労働環境に内在する健康への危険の原因を最小にすることを指す[14]。第12条第2項(b)はまた、十分な住居および衛生的な労働条件、十分な食料供給および適切な栄養をも包含し、アルコールの濫用ならびに、たばこ、薬物およびその他の有害物質の使用を戒めている。

第12条第2項(c) 疾病の予防、治療および管理に対する権利

16. 「伝染病、風土病、職業病その他の疾病の予防、治療および抑圧」(第12条第2項(c))は、性的に感染する疾病(とくにHIV／AIDS)のように生活習慣に関連した、また性と母性に関する健康に悪影響を与える関心事に対する予防および教育計画の設定、ならびに、環境安全、教育、経済発展およびジェンダーの平等のような、良好な健康にとっての社会的な決定要素の促進を必要とする。治療についての権利は、事故、伝染病および同様の健康に対する危険の場合の緊急医療制度の創設、ならびに、緊急事態における災害援助および人道的援助の供給を含む。疾病の抑圧とは、とりわけ、人口学的調査および細分類に基づいたデータ収集、免疫計画およびその他の伝染病管理の戦略の実施または発展を

用いかつ改善しつつ、利用できる関連技術を用いるために国家が個別および共同の努力を行うことを指す。

第12条第2項(d) 保健施設、物資およびサービスに対する権利[15]

17. 身体および精神の「病気の場合にすべての者に医療および看護を確保するような条件の創出」(第12条第2項(d))は、基本的な予防的、治療的、リハビリ的保健サービスおよび健康教育への平等かつ時宜に適ったアクセスの提供、定期的な検査計画、できれば共同体(community)レベルでの、一般的な疾病、負傷および障害の適切な治療、必要不可欠な薬品の供給、ならびに、適切な精神医療およびケアを含む。さらに、ひとつの重要な側面は、保健部門の組織、保険制度のような予防的および治療的健康サービスの供給における人々の参加、ならびにとくに、共同体(community)および国内レベルの双方でなされる、健康についての権利に関する政治的決定への参加の改善と拡張である。

第12条 幅広く適用される具体的な事項

無差別および平等の取扱い

18. 第2条第2項および第3条により、規約は、医療および健康の基礎となる決定条件へのアクセスにおいて、またそれを得るための手段および権利に関して、人種、皮膚の色、性、言語、宗教、政治的その他の意見、国民的または社会的出身、財産、出生、身体的または精神的障害、健康状況(HIV／AIDSを含む)、性的志向性ならびに、市民

---

13) 委員会はこの点で、以下のように述べた1972年のストックホルム宣言の原則1に留意する。「人間は、尊厳と福利のある人生を可能にする質の環境の中で、自由、平等および十分な生活条件に対する基本的な権利を有する」。また、個人の福利のために健康的な環境を確保する必要性に関する総会決議45／94、リオ宣言の原則1、ならびに、米州人権条約のサンサルバドル議定書第10条のような地域的人権文書を含む、最近の国際法の発展にも留意する。
14) ILO155号条約第4条第2項。
15) 上記の12項(b)および、注8)を見よ。

的、政治的、社会的その他の地位に基づき、健康についての権利の平等な享受または行使を無効にし、または妨げる意図または効果をもついかなる差別をも禁じている。委員会は、健康に関連する差別をなくすためのほとんどの戦略および計画のような多くの措置は、法律の採択、修正もしくは廃止、または情報の流布を通して、最小限の資源の必要性しか伴わずに追求できることを強調する。委員会は、たとえ深刻な資源の制約時でも、目標を定めた比較的低費用の計画の採択によって社会の脆弱な構成員が保護されなければならないと述べた一般的意見3の12項を想起する。

19. 健康についての権利に関しては、医療および保健サービスへのアクセスの平等が強調されなければならない。国家は、十分な資力がない者に対して、必要な健康保険および医療施設を提供し、医療および保健サービスの提供において、とくに健康についての権利の中核的義務に関して、国際的に禁じられた事由に基づくいかなる差別をも防止する特別の義務を負っている[16]。健康に関する資源配分が不十分なことは、明白ではないかたちでの差別につながることがありうる。たとえば、投資は、人々のはるかに大部分の利益となる予防的医療よりも、人々の中のわずかな特権的階層にのみアクセスしうるものであることが多い高価な治療的健康サービスの方を不均衡に利するべきではない。

ジェンダーの視点

20. 委員会は、女性と男性双方のためにより良好な健康を促進するため、国家がその保健関連政策、立案、計画および調査においてジェンダーの視点を組み込むことを勧告する。ジェンダーに基づくアプローチは、男性と女性の健康への影響において、生物的および社会・文化的要素が大きな役割を果たしていることを認める。性別による健康および社会・経済的なデータの細分化は、健康における不平等を認識し是正するために不可欠である。

健康についての権利と女性

21. 女性に対する差別をなくすためには、女性のライフ・スパン全体を通して、健康についての女性の権利を促進するための包括的な国内政策を発展させ実施する必要がある。そのような政策は、女性がかかる疾病の予防および治療を目的とした介入、ならびに、性と母性に関するサービスを含め、質の高く支払可能な全範囲の医療へのアクセスを与えるための政策を含むべきである。主な目標は、女性の健康上のリスクを軽減すること、とくに、出産に関わる死亡率を減少させることおよび、家庭内暴力から女性を保護することである。健康についての女性の権利の実現は、性と母性に関する健康の分野を含め、保健サービス、教育および情報へのアクセスを妨げるあらゆる障害を除去することを必要とする。女性に母性に関する完全な権利を否定する、有害な伝統的文化慣行および規範の影響から女性を守るための予防的、促進的および救済措置をとることも重要である。

子どもと青少年

22. 第12条第2項（a）は、幼児の死亡率を低下させならびに、幼児および児童の健全な発育を促進するための措置をとる必要性について述べている。その後の国際人権文書は、子どもと青少年が、最高水準の健康を享受する権利および疾病の治療のための施設へのアクセスを有することを認めている[17]。子どもの権利条約は国家に対し、子どもおよびその家族のための不可欠

---

16) 中核的義務については、本一般的意見の43項および44項を見よ。
17) 子どもの権利条約第24条第1項。

の健康サービス（母親のための産前および産後のケアを含む）を確保するよう要求している。同条約はこれらの目標を、予防的および健康促進的な生活習慣についての、子ども向けの情報へのアクセス、ならびに、これらの行動を実施するにあたっての家族および共同体（community）への支援を確保することと結びつけている。無差別原則の実施は、女子が男子と同様に、十分な栄養、安全な環境、身体的および精神的健康への平等なアクセスを有することを要求している。早期の婚姻、女性性器切除、男児優先の食事およびケアを含め、子どもとくに女子の健康に影響する有害な伝統的慣行を廃絶するため、効果的かつ適切な措置をとる必要がある18)。障害をもった子どもは、充実した、しかるべき人生を送り、また共同体（community）の中で参加する機会を与えられるべきである。

23. 締約国は、青少年がその健康に影響する決定に参加し、生活上の技術を習得し、適切な情報を得、カウンセリングを受け、また彼らがなす健康に関する生活習慣の選択を話し合う機会を確保するため、青少年にとって安全かつ支援的な環境を与えるべきである。健康についての青少年の権利の実現は、機密性とプライバシーを尊重し、かつ適切な性と母性に関する健康サービスを含む、若者向けの医療の発展にかかっている。

24. 健康についての子どもおよび青少年の権利を保障するためのすべての政策および計画においては、彼らの最善の利益が第一の考慮を受けるべきである。

高齢者

25. 健康についての高齢者の権利の実現に関しては、委員会は、一般的意見6（1995）の34項および35項に従い、予防的、治療的およびリハビリ的健康治療の要素を組み合わせた統合的アプローチの重要性を再確認する。これらの措置は、男女のための定期的な健康診断、高齢者の機能と自律性の維持を目的とした身体的および心理的リハビリ措置、慢性的疾患および回復不能な疾患をもつ人のために、避けられる苦痛をなくし尊厳をもって死ぬことができるようにする看護とケア、に基づくべきである。

障害をもった人

26. 委員会は、身体および精神の健康の文脈において、障害をもった人の問題を扱った、一般的意見5の34項を再確認する。さらに委員会は、公的健康セクターのみならず民間の保健サービスおよび施設の供給者も、障害をもった人に関して無差別の原則に従うことを確保する必要性を強調する。

先住民

27. 先住民に関連して形成されつつある国際法および国際慣行、ならびに国家がとっている近年の措置に照らして19)、委員会は、先住民を擁する国家が規約第12条に含まれた規定をよりよく実施することができるよう、健康についての先住民の権利を定義する助けとなる要素を認識することが有用だと考える。委員会は、先住民は保健

---

18)「母体および子どもの健康ならびに家族計画：女性と子どもの健康に有害な伝統的慣行」と題する、世界保健総会決議WHA47.10, 1994年を見よ。
19) 先住民に関連して最近形成されつつある国際規範には、独立国における先住民および部族民に関するILO169号条約（1989年）、子どもの権利条約（1989年）第29条（c）（d）および第30条、国家が先住民の知識、創意および慣行を尊重し、保持しかつ維持することを勧告した、生物多様性に関する条約（1992年）第8条（j）、国連環境開発会議のアジェンダ21（1992年）、とくに第26章、ならびに、国家は無差別原則に基づき、先住民のすべての人権の尊重を確保するため調和のとれた積極的措置をとるべきであると述べたウィーン宣言および行動計画（1993年）の第I部20項がある。また、気候変動に関する国連枠組み条約（1992年）の前文および第3条、ならびに、とくにアフリカにおける、深刻な干ばつおよび／または砂漠化状態にある国内の砂漠化に対抗するための国連条約（1994年）第10条第2項（e）も見よ。近年は、ますます多くの国が憲法を改正し、先住民の特別の権利を認める立法を導入している。

サービスおよび医療へのアクセスを改善するための具体的な措置に対する権利を有すると考える。これらの保健サービスは、伝統的予防的ケア、治癒のための慣行および医薬品を考慮に入れた、文化的に適切なものであるべきである。国家は、先住民が到達可能な最高水準の身体および精神の健康を享受できるよう、先住民がそれらのサービスを計画、実施および管理するための資源を与えるべきである。先住民の健康の十分な享受に必要な、不可欠な医療用植物、動物および鉱物もまた、保護されるべきである。委員会は、先住民の共同体（community）においては、個人の健康は社会全体の健康と結びつけられることが多く、集団的な側面をもつことを注記する。この点で委員会は、伝統的な領域と環境から先住民をその意思に反して移動させることとなり、彼らからその栄養源を断ちまた彼らとその土地との共生的な関係を壊す開発関連の活動は、彼らの健康に対して有害な効果をもつと考える。

制限
28. 公衆衛生の問題は時に、国家によって、他の基本的権利の行使を制限する理由として用いられる。委員会は、規約の制限条項である第4条は、国家が制限を課すことを許容するためというよりも、第一には、個人の権利を保護することを目的としているということを強調したい。したがってたとえば、国の安全または公の秩序の維持のような理由で、HIV／AIDSのような伝染する病気をもった人の行動を制限し、または隔離したり、政府に反対しているとみなされる人を医師が治療するのを認めなかったり、その共同体（community）の主な伝染病に対する免疫措置をとらない締約国は、第4条で認められた要素のそれぞれに関して、そのような重大な措置を正当化する責任を負う。そのような制限は、国際人権基準を含む法に従い、規約によって保護されている権利の性質に合致し、追求されている正当な目的の利益に適い、かつ、民主的な社会における一般的福利の促進にとって厳密に必要なものでなければならない。
29. 第5条第1項に沿い、そのような制限は比例的な、すなわち、いくつかの制限方法が可能ななかで最も非制限的な選択肢でなければならない。公衆衛生の保護という理由でそのような制限が基本的に許容される場合であっても、それらは限定的な期間のものかつ、見直しを受けるべきものである。

Ⅱ. 締約国の義務

一般的な法的義務
30. 規約は（訳注：権利の）漸進的実現を規定し、利用可能な資源の制約による拘束を認めているとはいえ、即時的効果をもつさまざまな義務を締約国に課してもいる。締約国は、健康に対する権利に関しては、権利がいかなる種類の差別もなく行使されることの保障（第2条第2項）、また、第12条の完全な実現に向けて措置をとる義務（第2条第1項）のような即時的義務を負う。そのような措置は、健康についての権利の完全な実現に向けて、意図的、具体的かつ目標を定めたものでなければならない[20]。
31. 時間をかけて健康についての権利を漸進的に実現することは、締約国の義務をまったく意味のない内容にするものと解釈されるべきではない。むしろ、漸進的実現とは、締約国が、第12条の完全な実現に向けて可能なかぎり迅速かつ効果的に移行する、具体的で継続的な義務を負うことを意味している[21]。

---
20) 一般的意見13の43項を見よ。
21) 一般的意見3の9項および、一般的意見13の44項を見よ。

32. 規約の中の他の権利と同様、健康についての権利に関してとられる後退的措置は許容されない、という強い推定が働く。意図的に後退的措置がとられる場合には、締約国は、それがすべての選択肢を最大限に慎重に検討した後に導入されたものであること、および、利用可能な最大限の締約国の資源の完全な利用という文脈において、規約に規定された権利全体との関連でそれが正当化されることを証明する責任を負う[22]。

33. 健康についての権利は、すべての人権と同じく、締約国に対し3つのタイプないしレベルの義務を課している。それは、*尊重 (respect)* する義務、*保護 (protect)* する義務、および*充足 (fulfil)* する義務である（訳注：強調原文。以下、斜体字はすべて原文のもの）。このうち、充足する義務は、環境整備 (facilitate)、供給 (provide) および促進 (promote) する義務を含む[23]。*尊重*する義務は国家に対し、健康についての権利の享受に直接又は間接的に介入するのを控えることを要求する。*保護*する義務は国家に対し、第三者が第12条の保障に介入するのを防止するため措置をとることを要求する。最後に、*充足*する義務は国家に対し、健康についての権利の完全な実現に向けて適切な立法、行政、予算、司法、促進的およびその他の措置をとることを要求する。

具体的な法的義務

34. 国家はとくに、とりわけ次のことによって、健康についての権利を*尊重*する義務を負う。それは、囚人ないし被拘禁者、少数者、庇護要請者および不法移民を含めすべての人に対して、予防的、治療的健康サービスおよび緩和的健康サービス（訳注：主として末期ガンの患者に行われる緩和ケア）への平等なアクセスを拒否または制限するのを控えること、また、女性の健康上の地位および必要性に関して差別的行為を行うのを控えることである。さらに、尊重する義務は、精神病の治療もしくは伝染病の防止および抑圧のため例外的に行われるものでないかぎり、伝統的な予防的ケアを禁止もしくは妨げることを控えまた、安全でない薬品の販売および強制的な医療実験の実行を控えるという国家の義務を含む。そのような例外的な場合は、最善の方法ならびに、「精神病の人の保護および精神医療の改善のための原則」を含む適用可能な国際基準を尊重しつつ、具体的かつ制限的な条件に服するべきである[24]。加えて、国家は、避妊具およびその他の、性と母性に関する健康を維持するための手段へのアクセスを制限すること、性教育および性に関する情報を含め、健康に関連する情報を差し控えないし意図的に不正確に述べること、また、健康に関連する事項に対する人々の参加を妨げることを控えるべきである。国家はまた、例えば国有施設からの産業廃棄物によって違法に空気、水および土壌を汚染すること、実験が人間の健康に有害な物質を排出する結果となる場合には核、生物もしくは化学兵器の使用もしくは実験を行うこと、また、例えば国際人道法に違反した武力紛争の際に懲罰的措置として健康サービスへのアクセスを制限すること、も控えるべきである。

35. *保護*する義務は、とりわけ以下のことを含む。それは、第三者によって供給される医療および保健関連のサービスに対する平等のアクセスを確保する立法を採択し、またはその他の措置をとること、保健分野の民営化が保健施設、物資およびサービスの利

---
[22] 一般的意見3の9項および、一般的意見13の45項を見よ。
[23] 一般的意見12および13によれば、充足する義務は、環境整備を行う (facilitate) 義務と供給する (provide) 義務を組み込んでいる。本一般的意見では、世界保健機関およびその他の活動における健康促進がもつ決定的な重要性から、充足する義務は、促進する (promote) 義務をも組み込んでいる。
[24] 総会決議46／119（1991年）。

用可能性、アクセス可能性、受容可能性および質を低下させる要因にならないことを確保すること、第三者による医療器具および薬品の販売を管理すること、医療行為者およびその他の保健専門職員が適切な教育、技術および倫理的行為準則に則ることを確保すること、である。国家はまた、産前および産後ケアならびに家族計画へのアクセスにおいて有害な社会的もしくは伝統的慣行が介入しないことを確保する義務、第三者が女性に対し、女性性器切除のような伝統的慣行に従うよう強制するのを防止する義務、また、ジェンダーに基づく暴力の表れに照らして、社会のすべての脆弱なまたは排除された集団、とくに女性、子ども、青少年および高齢者を保護するための措置をとる義務をも負う。国家はまた、第三者が、健康に関連する情報およびサービスに対する人々のアクセスを制限しないことを確保するべきである。

36. 充足する義務は、とりわけ以下のことを要求する。それは、できれば立法による実施の方法で、国内の政治制度および法制度の中で健康についての権利を十分に承認すること、また、健康についての権利の実現のため、詳細な計画を伴う全国的な保健政策を採択することである。国家は、主要な伝染病に対する免疫計画を含む医療の提供を確保し、また、栄養的に安全な食料と飲み水、基本的な衛生、および十分な住居と居住環境のような、健康の基礎となる決定要素に対するすべての者の平等なアクセスを確保しなければならない。公的な保健インフラストラクチャーによって、とくに農村地域における安全な妊娠・出産を含む、性と母性に関する健康サービスを提供するべきである。国家は、医者およびその他の医療要員の適切な訓練、ならびに十分な数の病院、診療所およびその他の保健関連施設の設置、また、国全体での衡平な配分を考慮した、カウンセリングおよび精神保健サービスを提供する施設の設置、を確保しなければならない。さらに、国家の義務には、すべての者にとって支払可能な公的、民間またはその混合の健康保険制度の提供、医学的調査および健康教育の促進、また、とくにHIV／AIDS、性と母性に関する健康、伝統的慣行、家庭内暴力、アルコールの濫用ならびにタバコ、薬品およびその他の有害物質の使用に関する情報キャンペーンが含まれる。国家はまた、環境および職業上の健康への危険、ならびに疫学的なデータで証明される他の危険に対して措置をとることも要求される。この目的のため、国家は、ガソリンから出る鉛のような重金属による汚染を含め、空気、水および土壌の汚染を軽減しまた廃絶することを目的とした国内政策を立案し実施するべきである。さらに、締約国は、職業上の事故と疾病の危険を最小限にするための一貫した国内政策を立案、実施かつ定期的に再検討するとともに、職業上の安全および健康サービスに関する一貫した国内政策を提供することを要求される25)。

37. 充足（環境整備）する義務は国家に対し、とりわけ、個人と共同体（community）が健康についての権利を享受するのを可能にしまた支援する積極的な措置をとることを要求する。締約国はまた、個人または集団が、その力の及ばない理由によって、規約に含まれる一定の権利を自らの用いうる手段で実現できないときには、それを充足（供給）する義務を負う。健康についての権利を充足（促進）する義務は国家に対し、人々の

---

25) そのような政策の要素となるものには、危険な材料、設備、物質、薬剤および作業行程の認識、決定、認可および管理、労働者に対する、健康に関する情報の提供および、必要な場合には、十分な防護服および用具の供給、十分な査察による法と規則の執行、職業上の事故および疾病についての通知の必要性、重大な事故および疾病についての調査の実行ならびに年間統計の制作、それに沿って正しくとられた行動に対する懲戒措置から労働者とその代表を保護すること、本質的に予防的機能をもつ職業上の健康サービスの提供、がある。1981年の、ILOの職業上の安全および健康に関する条約（第155号条約）ならびに、1985年の、職業上の健康サービスに関する条約（161号条約）を見よ。

健康を創り出し、維持しまた保持する行動をとることを要求する。そのような義務には、以下のものを含む。それは、(i) 調査や情報提供などによって、健康にとって良好な結果をもたらす要素についての認識を育成すること、(ii) 健康サービスが文化的に適切であり、また、医療に携わる人員が、脆弱なまたは排除された集団の具体的な必要性を認識しかつそれに対応するよう訓練を受けることを確保すること、(iii) 国家が、健康的な生活習慣と栄養、有害な伝統的慣行、およびサービスの利用可能性に関する適切な情報の流布においてその義務を果たすのを確保すること、(iv) 人々が自らの健康について、情報を得たうえでの選択を行うのを支援すること、である。

国際的な義務

38. 一般的意見3で委員会は、健康についての権利のような規約で認められた権利の完全な実現に向けて、個々にまた国際的な援助および協力、とくに経済上および技術上の援助および協力を通して措置をとるすべての締約国の義務について注意を喚起した。国連憲章第56条、規約の具体的な規定（第12条、第2条第1項、第22条および第23条）、ならびに一次医療（primary health care）に関するアルマ・アタ宣言の精神に則り、締約国は、国際協力の不可欠の役割を認め、健康についての権利の完全な実現を達成するための共同および個別の行動をとる約束を遵守するべきである。この点で、締約国は、国内における、またとくに先進国と途上国の間における人々の健康上の地位に現存する大きな不平等は政治的、社会的および経済的に受け入れがたく、したがってすべての国にとって共通の関心事であると宣言したアルマ・アタ宣言を参照すべきである[26]。

39. 第12条に関連する国際的な義務を遵守するため、締約国は、他国における健康についての権利の享受を尊重し、また、法的または政治的手段を用いて第三者に影響を与えることができる場合には、国連憲章および適用可能な国際法に従い、第三者が他国においてこの権利を侵害するのを防止しなければならない。利用可能な資源に応じて、国家は、可能な限り、不可欠な保健施設、物資およびサービスに対するアクセスを容易にしまた、要求される場合には必要な援助を提供するべきである[27]。締約国は、国際協定において健康についての権利が正当な考慮を与えられることを確保するべきであり、またこのために、新たな法文書の発展を検討すべきである。他の国際協定の締結に関連して、締約国は、それらの協定が健康についての権利に悪影響を与えないことを確保するための措置をとるべきである。同様に、締約国は、国際組織の加盟国としての自らの活動が健康についての権利に正当な考慮を払うことを確保する義務を負う。したがって、国際金融組織、とりわけ国際通貨基金、世界銀行および地域的な開発銀行の加盟国である締約国は、これらの組織の貸与政策、信用協定および国際的措置に影響を与える際には健康についての権利の保護により大きな注意を払うべきである。

40. 締約国は、国連憲章ならびに、国連総会および世界保健総会の関連決議に従い、難民と国内避難民への援助を含め、災害援助および緊急時の人道的援助の提供にあたって協力する共同および個別の責任を負っている。各国は、その能力を最大限に用いてこの任務に貢献すべきである。安全な飲み水、食料と医薬品のような国際的な

---

26) アルマ・アタ宣言（一次医療に関する国際会議の報告書、アルマ・アタ、1978年9月6〜12日）2条（世界保健機関「すべての人に健康を」シリーズ第1号、世界保健機関、ジュネーブ、1978年、所収）。
27) 本一般的意見の45項を見よ。

医療援助、資源の配分および管理、ならびに財政的援助における優先順位は、人々のなかの最も脆弱な、または排除された集団に与えられるべきである。さらに、疾病のなかには国境を越えて容易に伝染するものもあることからすれば、国際社会はこの問題に取り組む集団的な責任を負っている。経済的に発展した締約国は、この点で、より貧しい途上国を援助する特別な責任と利益を有する。

41. 締約国はいかなるときにも、他国に対し十分な医薬品と医療器具の供給を制限する禁輸又は同様の措置を課すことを控えるべきである。このような物資の制限は、決して、政治的および経済的圧力の手段として用いられるべきではない。この点で委員会は、経済制裁と経済的、社会的および文化的権利の尊重との関係について一般的意見8で述べた立場を想起する。

42. 国家のみが規約の締約国であり、したがってその遵守に対しては最終的に責任を負うとはいえ、社会のすべての構成員(健康専門職員を含む個人、家族、地域社会(local community)、政府間および非政府組織、市民社会組織、民間商業部門)が、健康についての権利の実現に関する責任を負っている。したがって締約国は、これらの責任を果たすことを容易にするような環境を提供すべきである。

中核的義務

43. 一般的意見3で委員会は、締約国は、どんなに少なくとも、不可欠な一次医療を含め、規約で宣明されたそれぞれの権利の最低限の不可欠なレベルの充足を確保する中核的な義務を負っていることを確認している。「人口と発展に関する国際会議の行動計画」のような、より最近の文書とあわせ読むと28)、アルマ・アタ宣言は、第12条から生ずる中核的義務についての強力な指針となっている。したがって、委員会の見解では、これらの中核的義務は、少なくとも以下の義務を含む。

(a) 無差別的に、とくに、脆弱な、または排除された集団のために、保健施設、物資およびサービスへのアクセスの権利を確保すること。

(b) 飢餓からの自由をすべての者に確保するため、栄養的に十分かつ安全な最低限の不可欠な食料へのアクセスを確保すること。

(c) 基礎的な居所、住居および衛生、ならびに安全な飲み水の十分な供給へのアクセスを確保すること。

(d) 「必要不可欠な薬品に関する世界保健機関行動計画」で随時定義されるとおりの必要不可欠な薬品を供給すること。

(e) すべての保健施設、物資およびサービスの衡平な配分を確保すること。

(f) 疫学的な根拠に基づき、人口全体の健康上の関心事に取り組んだ全国的な公的保健戦略および行動計画を採択し実施すること。この戦略および行動計画は、人々の参加を得て、また透明性のある過程を経て、考案されかつ定期的に見直しを受けるべきである。これらは、進歩が具体的に監視できるような保健上の標識(indicators)と指標(benchmarks)に対する権利のような手法を含むべきである。戦略および行動計画が考案される過程、またその内容は、すべての脆弱な、または排除された集団に特別の注意を払うべきである。

44. 委員会はまた、以下のものは同等の優先順位をもつ義務であることを確認する。

(a) 母性に関する、母体の(産前および産後の)ならびに子どもの医療を確保すること。

---

28) 人口と開発に関する国際会議報告書、カイロ、1994年9月5〜13日(国連出版物、Sales No.E.95.XIII.18)、第I章、決議1、附録第VII章および第VIII8章。

(b) 当該共同体（community）で起こっている主な伝染病に対する免疫措置をとること。
(c) 疫病および風土病を予防、治療および抑圧するための措置をとること。
(d) 当該共同体（community）における主な健康上の問題に関する教育および、情報へのアクセスを提供すること。これには、それらの問題を防止および抑圧する手法を含む。
(e) 健康と人権に関する教育を含め、保健に携わる人員に適切な訓練を行うこと。

45. 疑問のないようにするため、委員会は、援助を行い、途上国が上記の43項および44項に示された中核的義務その他の義務を充足することができるようにするような「国際的な援助および協力、とくに経済上および技術上の援助および協力」29) を与えるのはとくに国家、および、そのような立場にあるその他の主体にかかっているということを強調したい。

III. 違反

46. 第12条の規範的内容（第I部）が締約国の義務（第II部）に適用されると、健康についての権利の違反の認定を容易にする動的な過程が明らかになる。以下の項は、第12条の違反の例を挙げたものである。

47. どの作為または不作為が健康についての権利の侵害となるかを決定するにあたっては、第12条を遵守する締約国の怠慢（unwillingness）と、無能力（inability）とを区別することが重要である。このことは、到達可能な最高水準の健康について述べた第12条第1項、また、各締約国に対して、利用可能な資源を最大限に用いて必要な措置をとる義務を課した規約第2条第1項から導かれる。健康についての権利の実現のために利用可能な資源を最大限に用いようとしない締約国は、第12条の下での義務に違反している。もし、資源の制約により国家が規約上の義務を遵守できない場合には、当該国は、それにもかかわらず、上記に述べた義務を優先的事項として充足するためにその用いうるすべての利用可能な資源を用いるあらゆる努力がなされたということを正当化する責任を負う。しかしながら、締約国は、いかなる状況においても、上記43項の逸脱不可能な中核的義務を遵守しないことを正当化することはできない。

48. 健康についての権利の違反は、国家または国家による規制が不十分な他の主体による直接的な行動によって起こりうる。上記43項に述べた、健康についての権利の下での中核的義務に合致しないいかなる後退的措置をとることも、健康についての権利の違反となる。作為による違反には、健康についての権利の継続的な享受に必要な立法の正式な廃止もしくは停止、または、健康についての権利に関連する既存の国内的もしくは国際的な法的義務に明白に合致しない立法もしくは政策の採用が含まれる。

49. 健康についての権利の違反は、法的義務から生ずる必要な措置の不作為ないし措置をとらないことからも生じうる。不作為による違反には、到達可能な最高水準の身体と精神の健康の享受に対するすべての者の権利の完全な実現に向けて適切な措置をとることの怠ること、職業上の安全と健康、また職業上の健康サービスに関する国内政策をもたないこと、ならびに、関連する法を執行しないことが含まれる。

尊重義務の違反

50. 尊重する義務の違反は、規約の第12

---

29) 規約第2条第1項。

条に掲げられた基準に違反する国家の行動、政策または法であって、身体的な害、不必要な病的状態および予防可能な死亡数をもたらす可能性のあるものである。例としては、法律上もしくは事実上の差別の結果、特定の個人もしくは集団に対して保健施設、物資およびサービスへのアクセスを拒否すること、健康の保護または治療にとって重要な情報を意図的に差し控え、または不正確に述べること、健康についての権利のいずれかの構成要素の享受を妨げる、立法の停止または法もしくは政策の採択、国家が、他国、国際組織および、多国籍企業のようなその他の主体との二者間または多角的な協定の締結の際に、健康についての権利に関する法的義務を考慮に入れないこと、が挙げられる。

保護義務の違反
51. 保護する義務の違反は、国家がその管轄内にある人を、健康についての権利の第三者による侵害から保護するために必要なすべての措置をとらないことから生ずる。このカテゴリーには、健康についての他者の権利の侵害を行わせないよう個人、集団または企業の活動を規制するのを怠ること、医薬品または食品（訳注：食品関係）の雇用者および製造者によるもののような、健康に有害な行為から消費者と労働者を保護するのを怠ること、たばこ、麻薬およびその他の有害物質の製造、販売および消費を戒めるのを怠ること、暴力から女性を保護し、または実行者を訴追するのを怠ること、有害な伝統的医療または文化慣行を引き続き遵守するのを戒めるのを怠ること、抽出業および製造業による水、空気および土壌の汚染を防止するための法を制定または執行するのを怠ること、が含まれる。

充足義務の違反
52. 充足する義務の違反は、締約国が、健康についての権利の実現を確保するために必要なすべての措置をとるのを怠ることから生ずる。例としては、すべての者に健康についての権利を確保することを目的とした国内保健政策を採択または実施するのを怠ること、個人または集団、とくに、脆弱な、または排除された人々にとっての健康についての権利の不享受を結果としてもたらす、公的資源の不十分な支出または配分の誤り、保健に関する標識または指標に対する権利を認定することなどによって、国内レベルで健康についての権利の実現を監視するのを怠ること、保健施設、物資およびサービスの不均衡な配分を軽減するための措置をとるのを怠ること、健康についてジェンダーに配慮した手法をとるのを怠ること、幼児および出産時の死亡率を減少させるのを怠ること、が含まれる。

Ⅳ.国内レベルでの実施

枠組み立法
53. 健康についての権利を実施するための最も適切で実行可能な措置は、国により相当に異なるであろう。各国は、その具体的な状況に対応するのにどの措置が最もふさわしいかを評価するにあたって、裁量の余地を有している。しかし、規約は明らかに、すべての者ができるかぎり早く、到達可能な最高水準の身体および精神の健康を享受することができるよう、保健施設、物資およびサービスに対してすべての者がアクセスをもつことを確保するためにあらゆる必要な措置をとるよう、各国に義務を課している。このことは、すべての者に対し健康についての権利の享受を確保するための国内戦略（その戦略の目標を定めた人権原則に基づく）の採択、ならびに、政策の策定および、それに対応した、保健に関する標識および指標に対する権利の明確化を必要とする。国内保健戦略はまた、定義された目標

を達成するために利用可能な資源、および、それらの資源を利用する最も費用効果的な方法を明らかにするべきである。

54．国内保健戦略と行動計画の策定および実施は、とりわけ、無差別および、人々の参加という原則を尊重すべきである。とくに、自らの発展に影響をもたらしうる意思決定過程における個人および集団の参加の権利は、第12条の下での政府の義務を果たすために展開されるいかなる政策、計画もしくは戦略においても、中心的な要素とならなければならない。健康を促進することは、優先事項の決定、意思決定、立案、よりよい健康の達成のための戦略の実施および評価において、実効的な共同体（community）的行動を伴わなければならない。保健サービスの実効的な提供は、人々の参加が国家によって保障された場合にのみ、確保されうるものである。

55．国内保健戦略および行動計画はまた、説明責任、透明性および司法の独立という原則に基づくべきである。なぜならば、健康についての権利の実現を含め、すべての人権の実効的な実施にとって、よき統治（good governance）が不可欠だからである。この権利の実現にとって好ましい環境を作るために、締約国は、民間商業部門と市民社会がその活動の遂行において健康についての権利を意識し、その重要性を考慮するのを確保するための適切な措置をとるべきである。

56．国家は、健康についての権利の国内戦略を現実に実施に移すための枠組み法の採択を検討すべきである。枠組み法は、国内保健戦略および行動計画の実施を監視するための国内制度を設立すべきである。これには、達成されるべき目標および達成のための時間枠、健康についての権利の指標が達成される手段、保健に関わる専門家、民間部門および国際組織を含めた市民社会との協働の計画、健康についての権利の国内戦略の実施に対する組織的責任、ならびに、可能な救済手続きが含まれるべきである。健康についての権利の実現に向けての進歩を監視するにあたって、締約国は、自らの義務の実施に影響を与える要素および困難を明らかにすべきである。

健康に関する標識および指標

57．国内保健戦略は、健康についての権利の適切な標識および指標を明らかにすべきである。標識は、第12条の下での締約国の義務を国内的および国際的レベルで監視することを目的とすべきである。健康についての権利の適切な標識は、健康についての権利のさまざまな側面を考慮したものであるべきで、国家は、この分野で世界保健機関と国連児童基金（ユニセフ）が続けている作業から、適切な標識に関する指針を得ることができよう。健康についての権利の標識は、禁止された事由に基づく差別についての細分化を必要とする。

58．健康についての権利の適切な標識を明らかにした後は、締約国は、それぞれの標識に関連して適切な国内指標を設定することが求められる。定期的な報告手続きの間、委員会は、締約国との評価の過程に携わることになろう。評価は、標識および国内指標についての締約国と委員会による共同の検討を伴い、それにより、次の報告期間中に達成されるべき目標が明らかにされるであろう。次の5年間に締約国は、第12条の実施を監視する助けとなるこれらの国内指標を用いることとなる。その後、続く報告手続きにおいて、締約国と委員会が、指標が達成されたか否かを検討し、直面した困難があればその理由について検討することになろう。

救済および説明責任

59．健康についての権利の侵害の被害者となったいかなる人または集団も、国内お

よび国際的レベルの双方で、効果的な司法的その他の適切な救済に対するアクセスを有するべきである30)。そのような侵害のすべての被害者は、十分な救済を受ける権利を有するべきであり、この救済は、原状回復、賠償、外形的救済（satisfaction〔訳注：陳謝などの行為をさす〕）または再発防止の保証というかたちをとりうる。健康についての権利の侵害に対しては、国内のオンブズマン、人権委員会、消費者団体、患者の権利団体または同様の組織が取り組むべきである。

60. 健康についての権利を認めた国際文書を国内法制に編入することは、救済措置の範囲と実効性を大きく高めることができるものであり、あらゆる場合に奨励されるべきである31)。編入により裁判所は、規約に直接依拠して、健康に対する権利の、または少なくともその中核的義務の違反について判決を下すことができる。

61. 裁判官および、法律専門職の者は、その任務の遂行において健康についての権利の違反により大きな注意を払うよう、締約国から奨励されるべきである。

62. 締約国は、脆弱な又は排除された集団が自らの健康についての権利を実現するのを支援するため、人権活動家およびその他の市民社会の構成員の活動を尊重、保護、環境整備および促進すべきである。

V. 締約国以外の主体による義務

63. 国際的、地域的および各国レベルで健康についての権利を実現するにあたっての国連の機関および計画の役割、とくに、世界保健機関に与えられた中心的な役割は、健康についての子どもの権利に関してのユニセフの任務と同様、特別の重要性をもっている。健康についての権利の国内戦略を策定し、また実施する際には、締約国は世界保健機関の技術的援助と協力を利用すべきである。さらに、報告書を準備する際には、締約国は、データの収集、細分化、ならびに健康についての権利の標識および指標の発展に関して、世界保健機関の幅広い情報と助言サービスを活用すべきである。

64. さらに、市民社会のさまざまな構成員を含め、関係するすべての主体の間での相互作用を高めるためには、健康についての権利の実現に向けての調和のとれた努力が保たれるべきである。規約の第22条と第23条に従い、世界保健機関、国際労働機関、国連開発計画、ユニセフ、国連人口基金、世界銀行、地域的開発銀行、国際通貨基金、世界貿易機関および、国連システム内のその他の関連機関は、自らの個別の任務を正当に尊重しつつ、国内的レベルでの健康についての権利の実施に関連して、それぞれの専門知識に基づいて締約国と効果的に協力するべきである。とくに、国際金融機関、なかでも世界銀行と国際通貨基金は、その貸与政策、信用協定および構造調整計画において、健康についての権利の保護により大きな注意を払うべきである。締約国の報告書と、第12条の下での義務を遵守する締約国の能力を審査する際、委員会は、他のすべての主体から提供された支援の効果を検討する。国連の専門機関、計画および機関が、人権に基づいたアプローチをとることは、健康についての権利の実施にとって大きな助けとなるであろう。締約国の報告書の審査の過程で委員会はまた、第12条の下での国家の義務に関連して、保健に携わる専門家組織およびその他の非

---

30) 集団それ自体が権利の保持者として救済を求めうるか否かにかかわらず、締約国は、12条の集団的側面と個人的側面双方について義務を負っている。集団的権利は、健康の分野において決定的に重要である。近代的な公的保健政策は予防と促進に大きく依存しており、これらは主として集団に向けられたアプローチである。
31) 一般的意見2の9項を見よ。

政府組織の役割も検討する。

65. 災害援助および難民と国内避難民への援助を含む緊急時の人道的援助に関連しては、世界保健機関、国連難民高等弁務官事務所、国際赤十字／赤新月およびユニセフの役割が、非政府組織および国内医療団体と並んで特別の重要性をもつ。国際的な医療援助、安全な飲み水、食料および医療物資のような資源の配分と管理、ならびに財政援助の提供における優先順位は、人々のなかの最も脆弱な、または排除された集団に与えられるべきである。

＊脚注はすべて原注である。

(訳：申惠丰／青山学院大学法学部助教授)

自由権規約委員会 一般的意見28(2000)
男性と女性の権利の平等(第3条)

2000年3月29日第68会期
CCPR/C/21/Rev. 1/Add.10

1. 委員会は、過去20年間に及ぶ活動で集積した経験に照らして、本規約第3条に関する一般的意見を更新し、一般的意見4(1981年、第13会期)を差し換えることを決定した。この更新は、女性が規約に基づいて保護される人権を享受することに関する、本条の重要な影響力を考慮することを追究する。

2. 第3条は、平等を基礎として全体的に、規約で規定された権利をあらゆる人間が享受すべきであることを示している。いかなる者でも、どのような権利の完全で平等な享受を否定された場合は必ず、本条の完全な効力は妨げられる。したがって、締約国は男性と女性とが平等に本規約で規定されたすべての権利を享受できることを確保しなければならない。

3. 規約第2条および第3条で規定された、規約が認める権利をすべての個人に対して確保する義務は、締約国がそれらの権利をすべての者が享受できるようにすることを要請している。このような措置には、個々の権利を平等に享受するために障害となっていることを除去し、国民と公務員に対して人権教育を行い、規約で定められたことを効果的なものとするために、国内法制を調整することが含まれる。締約国は、保護措置をとるだけではなく、効果的かつ平等な女性のエンパワメントを達成するために、あらゆる分野で積極的措置をとらなければならない。締約国は、これらの義務を効果的なものとするために、立法規定に加えていかなる措置がなされたか、またはすべきなのか、いかなる進展がみられたか、およびいかなる困難が生じ、それを克服するためにいかなる手段がとられたかを、委員会が確認できるよう、社会における女性の現実の役割に関する情報を提供しなければならない。

4. 締約国はいかなる差別もなく権利の享受を平等になしうるよう確保する義務がある。第2条と第3条とは、公的および私的領域の双方における権利の平等な享受を阻害する差別的行為を終了させるために性を理由とする差別の禁止を含めたあらゆる措置をとることを、締約国に要求している。

5. 世界中で女性が権利を平等に享受できていないが、これは宗教的態度を含む伝統、歴史および文化に深く根ざしている。いくつかの国での女性の従属的な役割は、高い割合で出生前に性が選択され、女子の胎児が中絶されることで例証されている。締約国は、伝統的、歴史的または文化的な態度により、女性の法の前の平等の権利とすべての規約の権利を平等に享受する権利とが侵害されることを正当化されないように確保しなければならない。締約国は、第3条の遵守を危うくする、または危うくしかねない伝統的、歴史的および文化的な慣行と宗教的態度に関する適切な情報を用意し、そうした要因を克服するためにとられた措置、またはとることが予定されている措置を説明しなければならない。

6. 第3条に定められた義務を満たすために、締約国は規約が明示する各権利を女性

と男性とが平等に享受することを妨げる要因に対して考慮を払わなければならない。規約上の権利の履行に関して各締約国における女性の立場の完全な状況を委員会が把握できるようにするために、この一般的意見は規約に基づく権利を女性が平等に享受することに影響を及ぼす要素のいくつかを特定し、これらの様々な権利について欠かせない情報の類型を詳細に述べる。

7. 緊急事態の間（第4条）、女性による人権の平等な享受は保護されなければならない。第4条で規定されているように、公の緊急時に規約に基づく義務に違反する措置をとる締約国は、その措置が及ぼす女性の状況に対する影響に関する情報を委員会に提供し、かかる措置が非差別であることを証明しなければならない。

8. 女性は内戦または国際武力紛争時にとくに弱い立場にある。締約国は、かかる状況にある間にとられた、女性を強姦、誘拐およびその他のジェンダーに基づく暴力から保護するあらゆる措置を委員会に通知しなければならない。

9. 規約締約国になるに際して、国家は、第3条に従って、規約が定めるすべての市民的および政治的権利を男性と女性とが平等に享受する権利を確保する義務を負い、第5条に従って、この規約のいかなる規定も、国、集団または個人が、第3条で規定される権利を破壊し、もしくはこの規約が定めていない制限を行うことを目的とする活動に従事し、またはそのようなことを目的とする行為を行う権利を有することを意味するものと解することはできない。そのうえ、法律、条約、規則または慣習によって認められまたは存する基本的人権を女性が平等に享受することについては、規約がそれらの権利を認めていないことまたはその認める範囲がより狭いことを理由として、制限しまたは侵してはならない。

10. 第6条が保護する生命に対する権利について報告する際、締約国は、女性の出生率および死亡に関連する妊娠と出産についての資料を提出しなければならない。性別ごとの幼児死亡率についての資料は提出されなければならない。締約国は、望まれない妊娠を女性がしないように援助し、女性が内密に生命を危険にさらす堕胎を受けなくてすむように確保するためにとられた、すべての措置に関する情報を提供しなければならない。締約国はまた女児の嬰児殺し、寡婦の焼き殺しおよび持参金殺人といった、生命に対する権利を侵害する慣行から女性を保護する措置についても報告しなければならない。委員会は、生命を危険にさらす貧困と欠乏との、女性への特別な影響に関する情報が提供されることも望む。

11. 児童に対する特別の保護を定める規約第24条だけでなく、第7条の遵守をも評価するために、委員会は強姦を含む女性に対する家庭内およびその他の形態の暴力に対する国内法ならびに慣行に関する情報を必要とする。委員会はまた、締約国が強姦の結果妊娠した女性に安全な堕胎を受ける機会を与えているかを知る必要がある。締約国は、堕胎の強制や不妊の強制を防ぐ手段に関する情報をも委員会に提出しなければならない。女性器切除の慣行が存在する締約国は、その程度およびそれを廃絶するためにとった措置に関する情報を提出しなければならない。これらすべての問題に関して締約国から提出される情報には、第7条に基づく権利を侵害されている女性に対してなされる、法的救済措置を含めた保護措置が含まれていなければならない。

12. 締約国は、第8条に基づくその義務を考慮して、委員会に、その国内または国外でなされる女性と子どもの人身売買と強制的な売買春を廃絶するためにとられた措置を通知しなければならない。締約国はまた、とりわけ家事労働やその他の雇用の形態を装う奴隷状態から、外国人の女性と子ども

を含む、女性と子どもを保護するためにとられた措置に関する情報を提出しなければならない。女性と子どもを雇用している締約国、女性と子どもを送り出している締約国および女性と子どもを受け入れている締約国は、女性と子どもの権利の侵害を防ぐためにとられている、国内または国際的な措置に関する情報を提供しなければならない。

13. 締約国は、公の場で女性が身につけるべき衣服に対するあらゆる特有の規制に関しての情報を提供しなければならない。委員会はそうした規制は、次に挙げるような規約が保障する多くの権利を侵害することになることを強調する。それらは、非差別に関する第26条、そうした規制を執行するために身体刑が科されれば第7条、そうした規制に従わない者を逮捕して処罰した場合は第9条、そうした規制のために移動の自由が制限されるならば第12条、恣意的にもしくは不法に干渉されずにすべての者にプライバシーの権利を保障する第17条、女性が衣服の制約のために自らの宗教と表現の自由の権利とを保持し続けることができない場合は第18条および第19条、そして最後に、衣服の制約が女性の主張する文化と衝突する場合は、第27条の定める権利である。

14. 第9条に関して、締約国は恣意的若しくは不平等な立場に基づいて、家での監禁といった、女性の自由を奪うようないかなる法律または慣行に関する情報を提出しなければならない（一般的意見8の1項を参照）。

15. 第7条と第10条に関して、締約国は、自由を奪われた者の権利が男性と女性とに対して平等に保障されることを確保することに関連するすべての情報を提出しなければならない。とくに、締約国は男性と女性とが別々に拘禁されているか、そして女性は女性の看守のみによって監視されているかについて報告しなければならない。締約国はまた、少女の被告人が成人とは分離される規則の遵守と、たとえば、社会復帰および教育プログラムならびに夫婦や家族の面会を享受する機会などでの、自由を奪われた男性と女性との間で存在する、いかなる違いに関しても報告しなければならない。自由を奪われた妊娠中の女性は、出産中においては絶えず、そして新しく誕生した子どもの世話をしている間は、人間的扱いを受け、その生来の尊厳が尊重されなければならない。締約国はこうしたことを確保するための設備と、このような母親とその嬰児に対する医療および保健サービスに関する報告をしなければならない。

16. 第12条に関して、締約国は女性の移動の自由の権利を制限するいかなる法規定と慣行とに関する情報を提出しなければならない。たとえば、妻に対する夫の権力の行使または成人した娘に対する親の権力の行使、成人の女性に対するパスポートやその他の種類の旅行書類の発行には第三者の合意が必要となるといった、女性が旅行することを妨げる法的または事実上の制約である。締約国はそうした法と慣行とを撤廃するためと、それらから女性を保護するためにとられる、国内的救済措置の利用を含めた措置に関しても報告しなければならない（一般的意見27の6項と18項を参照）。

17. 締約国は、外国人の女性が、第13条が規定するように、平等を基礎として自己の追放に反対する理由を提示し自己の事案が審査される権利を与えられることを確保しなければならない。この点から、女性は、先の項（10および11）で述べたような、ジェンダーに特有の規約違反に基づく理由を提示する権利を有しなければならない。

18. 締約国は、第14条で規定された司法へのアクセスと公正な裁判を受ける権利は男性と平等な立場で女性が享受しているかを委員会が確認できるための情報を提供しなければならない。とくに締約国は、女性が裁判所を直接かつ自動的に利用するのを

妨げる法規則があるか（通報番号２０２/1986、Ato del Avellanal v. Peru〔1988年10月28日見解採択〕）、男性と同じ立場で女性が証人として証拠を提出できるか、そしてとくに家族の問題について女性が法的な扶助を平等に利用できることを確保するための措置がとられているかについての情報を委員会に提出しなければならない。締約国は、ある範疇（categories）に入る女性が、14条2項に基づいて無罪の推定を享受することを否定されているか、そしてこの状況を終了させるためにとられた措置があるかについて、報告をしなければならない。

19. 第16条に基づく、すべての場所において、法律の前に人として認められる、すべての者の権利は、とくに女性に直接関係している。これは、女性がしばしば性や妻の地位を理由として、この権利を奪われているからである。この権利は、自己の財産、契約の主体となること、または、他の市民的権利を行使する女性の能力が妻の地位またはその他の差別的理由に基づいて制限されないことを意味する。この権利はまた、女性が、死去した夫の財産と共に、その家族に対して与えられる対象物として扱われないことをも意味する。締約国は女性が完全な法主体として扱われること、または機能することを妨げている法と慣行、およびそうした取扱いを許容している法と慣行とを根絶するためにとられた措置に関する情報を提供しなければならない。

20. 締約国は、男性との平等を基礎として、第17条によって保護されるプライバシーおよびその他の権利を女性が享受する権利を干渉する法と慣行の効果を、委員会が評価できるように、情報を提出しなければならない。そうした干渉の例は、女性の法的権利および強姦からの保護を含む法的保護の範囲を決定するために、女性の性生活を考慮した場合に生じる。また他の例として、締約国が、生殖（リプロダクティブ）の機能に関連する女性のプライバシーを尊重しない場合もある。たとえば、女性が不妊処置を受ける決定をするためにはその夫の認可が必要である場合や、女性が不妊処置を強要される場合には、子どもの数と年齢とをどの程度にするかといった、一般的な制約を受ける場合や、締約国が医師とその他の医療関係者に堕胎を受けた女性の事例を報告させることを法的な義務として課している場合である。これらの事例は、規約第6条や第7条のように、規約の他の権利をも危ういものとしている。女性のプライバシーは私人によっても、また干渉されうる。たとえば、雇用者が女性を雇う前に妊娠テストを女性に要請するような場合である。締約国は第17条に基づく権利を女性が平等に享受することに干渉する法および公のまたは私人の行為、ならびにそうした干渉を撤廃し、そうしたいかなる干渉からも女性を保護するためにとられた措置に関する報告をしなければならない。

21. 締約国は思想、良心および宗教の自由、ならびに自ら選択する宗教または信念を受け入れる自由（そこには宗教または信念を変更する自由および自らの宗教または信念を表現する自由が含まれる）が、男性と女性の双方に、同じ状況で、差別もなしに、法と慣行とにおいて保障され保護されることを確保するための措置をとらなければならない。第18条が保護するこのような自由は、規約が認めている以外の制限に服するようなことがあってはならず、とりわけ第三者の許可を必要とする規則もしくは父、夫、兄弟またはその他の者による干渉によって、制約を受けてはならない。第18条は思想、両親および宗教の自由に関連して女性を差別することを正当化するための根拠とはならない。それゆえ締約国は思想、良心および宗教の自由における女性の地位に関する情報を提出しなければならず、女性に対するこれらの自由の侵害を撤廃し防ぐために、そし

て、いかなる差別に対する女性の権利を保護するために、とられたまたはそうした目的をもつ措置を説明しなければならない。

22. 第19条に関して、締約国は委員会に、この規定に基づき平等を基礎として保護される権利を女性が行使することを妨げる、いかなる法またはその他の要因についての情報を提出しなければならない。女性と少女とを、暴力的で、品位を落とすまたは非人間的な扱いの対象物として描く猥褻でポルノグラフィックな物の出版および流布は、女性と少女とがそのように扱われることを助長する傾向にあるので、締約国は、そうした物の出版および流布を制限するための法的措置についての情報を提出しなければならない。

23. 締約国は第23条に従って婚姻に関して男性と女性とを平等に扱わなければならず、このことは一般的意見19（1990）でさらに詳細に述べられている。男性と女性とは、自身の自由かつ完全な合意によってのみ婚姻を成立させる権利をもち、締約国は平等を基礎として、この権利の享受を保護する義務がある。多くの要因によって、女性は自由に婚姻を決定することができない。その第1の要因は、婚姻をすることができる最低年齢と関連する。そうした年齢は男性と女性とにとって平等な基準を基礎として締約国によって定められなければならない。こうした基準により、十分な説明に基づいた強制的でない決定をする女性の能力が確保されなければならない。第2の要因は、いくつかの締約国においてみられるように、制定法または慣習法に基づき、女性自身に代わって、一般的に男性がなる法定保護者（guardian）が、婚姻に同意を与えていることで、その結果女性が自由な選択を行使することを妨げていることである。

24. 女性が自由かつ完全な合意をした場合にのみ婚姻する女性の権利に対して、影響を与える別の要因は、強姦の被害者となった女性を社会的に排除し、そうした女性に結婚を同意させる圧力をかける傾向にある社会的な態度の存在である。女性の婚姻に対する自由かつ完全な合意は、強姦者がその被害者と結婚すれば、その刑事責任が無効または軽減されることを許している法によって損なわれる。締約国は被害者との婚姻が刑事責任を無効にまたは軽減しているか、そしてとくに強姦の被害者が社会から排除されることに耐えなければならない社会において、被害者が未成年者の場合、強姦が被害者の婚姻年齢を引き下げているかについて説明をしなければならない。婚姻の権利に影響を与えるその他のものとして、締約国が男性と比較して女性の再婚に制限を加えていることが挙げられる。自身の配偶者を選択する権利もまた、特定の宗教を有する女性が、宗教をもたないまたは異なる宗教を有する男性との婚姻を妨げる法と慣行によって制限を受けることがある。締約国はこうした法と慣行、および自由かつ完全な合意がある場合にのみ女性が婚姻できる権利を損ねる法を廃止し、そうした慣行を根絶するためにとられた措置に関する情報を提出しなければならない。婚姻の権利における取扱いの平等は、一夫多妻制がこの原則に合致しないことを意味することにも留意しなければならない。一夫多妻制は女性の尊厳を侵害する。これは女性に対する受理できない差別である。したがって、この制度が存在する場合は必ずこれを完全に廃止しなければならない。

25. 第23条4項に基づく義務を履行するために、締約国は、夫婦の制度が、子どもの監護および世話、子どもの宗教および道徳教育、子どもに親の国籍を取得させる権能（capacity）、ならびに財産が共同所有であろうと一方の配偶者の単独所有であろうと、財産の所有および管理に関して、双方の配偶者が平等の権利と義務とを有するように確保しなければならない。締約国は、必

要ならば、そうした財産の所有と管理について婚姻した女性が平等な権利を有することを確保するための立法を検討しなければならない。締約国はまた、婚姻を理由とする国籍の得失、居住権の行使、および夫か妻かの本来の姓を保持するまたは新しい姓を選択する決定に平等を基礎として参加するそれぞれの配偶者の権利に関し、性を理由とする差別が生じないことを確保しなければならない。婚姻中の平等とは、夫と妻が家族内での責任と権限とを平等にあずからなければならないことを意味している。

26. 締約国はまた、婚姻の解消に際して、一方の配偶者が権利を放棄する可能性を除外するように、平等を確保しなければならない。財産の分配、離婚手当および子どもの監護に関しての決定だけでなく、離婚および婚姻の無効の理由についても、男性と女性とに同じものとしなければならない。子どもと監護権をもたない親との間の連絡を維持する必要性も平等を基礎として認識されなければならない。婚姻の解消が一方の配偶者の死亡によるものである場合、女性はまた男性の遺産に対する権利を平等にもたなければならない。

27. 第23条の文脈における家族の概念を理解するに際して重要なことは、事実婚の夫婦とその子どもおよびそのどちらかの親（single parents）とその子どもを含むさまざまな形態の家族の概念が受け入れられ、こうした事情の女性が平等に扱われることを確保することである（一般的意見19の2項の最終文を参照）。父か母のどちらかしかいない家族はしばしば、1人またはそれ以上の子どもを育てる母親で構成されており、締約国は同様の状況にある男性との平等を基礎として、そうした母親が親の役目を果たすことを援助するためにとられた措置を述べなければならない。

28. 子どもを保護する締約国の義務（第24条）は少年と少女とに対して平等に果たされなければならない。締約国は教育、食糧および保健サービスにおいて少女が少年と平等に扱われるように確保するためにとった措置に関して報告し、この問題に関して性別ごとの資料を委員会に提出しなければならない。締約国は、立法とその他のいかなる適切な措置の双方を通じて、女児の自由と福祉を損なう、すべての文化的または宗教的慣行を根絶しなければならない。

29. 政治に参加する権利は、平等を基礎としてあらゆるところで完全に実施されているわけではない。締約国は、法が男性と平等に第25条の権利を女性に保障することを確保し、女性が政治と官公庁（public office）に参画することを促進し確保するための、適切なアファーマティブ・アクションを含む効果的かつ積極的な措置をとらなければならない。投票権をもつすべての者がその権利を行使することができることを確保するためにとられた締約国の効果的な措置は、性を理由とする差別的なものであってはならない。委員会は締約国に、高級官僚と司法とにおいてだけでなく立法府を含む、公選による官職においての、女性が占める割合に関する統計の情報を提出することを要請する。

30. 女性に対する差別は、しばしば、人種、皮膚の色、言語、宗教、政治的意見その他の意見、国民的もしくは社会的出身、財産、出生またはその他の地位等の理由による差別と絡み合う。締約国は性以外の理由による差別の事例が、特別に女性に対して与えている影響を説明し、そうした影響をなくすためにとられた措置に関する情報を含めたものを提出しなければならない。

31. 第26条が保護する、法の前の平等の権利と差別からの自由の権利により、締約国はすべての領域における公的かつ私的な差別に対して、行動を起こすことが要請されている。市民権またはある国の国民でない者の権利の分野における女性に対する

差別——通報番号35/1978、Aumeeruddy - Cziffra et al. v. Mauritius（1981年4月9日見解採択）——だけでなく、社会保障法のような分野における女性に対する差別——通報番号172/1984、Broeks v. Netherlands（1987年4月9日見解採択）、通報番号182/1984、Zwaan-de-Vries v. The Netherlands（1987年4月9日見解採択）、通報番号218/1986、Vos v. The Netherlands（1989年3月29日見解採択）——は第26条違反である。処罰されないままとなる、「姦通罪（honnour crimes）」を犯すことは、重大な規約違反（とくに第6条、第14条および第26条違反）となる。姦通またはその他の罪で男性よりも女性により重い刑罰を科す法もまた、平等の取扱いの要請に違反している。委員会は、締約国の報告書審査において、女性の大部分が労働法によって保護されていない領域で雇用されていることと、とくによりよい給与の職業に就き、同一価値の労働に対する平等な報酬を得る点に関して、一般的な慣習および伝統により女性が差別を受けていることとを散見している。締約国は自国の立法と慣行とを再検討し、例えば雇用、教育、政治活動、ならびに融資、物資および便宜の提供において、私人による差別を禁止するといった、すべての分野における女性への差別を撤廃するために必要なすべての措置の実施を先導しなければならない。締約国は、これらすべての措置を報告し、そうした差別の被害者が利用可能な救済措置に関する情報を提出しなければならない。

32. 規約第27条に基づき、少数民族に属する者が享受する言語、文化および宗教に対する権利は、国、集団または個人に、法による平等な保護を受ける権利を含めた規約上のいかなる権利をも女性が平等に享受する権利を侵す権限を認めるものではない。締約国は規約に基づく女性の平等権侵害を構成する、少数民族のコミュニティの資格に関連するいかなる立法と行政上の慣行——通報番号24/1977、Lovelace v. Canada（1981年7月見解採択）——ならびにすべての規約の市民的および政治的権利を享受する男性と女性との平等な権利を確保するためにとられた、またはその確保を念頭に置いた措置に関する報告を提出しなければならない。同様に、締約国は、女性の権利に影響を与える少数民族のコミュニティにおける文化的または宗教的慣行に関して、自国の責任を果たすためにとられた措置についての報告を提出しなければならない。報告書では、締約国は、女性が自身のコミュニティの文化的生活に対して寄与することに注意を払わなければならない。

(訳：藤本晃嗣／大阪大学大学院国際公共政策研究科博士課程)

資料5

武力紛争への子どもの関与に関する子どもの権利条約の選択議定書

2000年5月25日
A/RES/54/263

この議定書の締約国は、

子どもの権利の促進および保護のために努力しようとする広範な決意が存在することを示す、子どもの権利に関する条約に対する圧倒的な支持を心強く思い、

子どもの権利が特別な保護を必要とすることを再確認し、かつ、いかなる区別もなく子どもの状況を継続的に改善することおよび平和および安全な状態のもとで子どもの発達および教育が行われることを求め、

武力紛争が子どもに与える有害かつ広範な影響、およびこれが恒久的な平和、安全および発展に与える長期的な影響を憂慮し、

武力紛争の状況下で子どもを攻撃目標とすること、および、学校および病院のように相当数の子どもがいることが通例である場所を含む、国際法に基づき保護された対象を直接攻撃することを非難し、

国際刑事裁判所規程が採択されたこと、とりわけ、15歳未満の子どもを徴兵しもしくは軍隊に入隊させることまたは敵対行為に積極的に参加させるために使用することが国際的武力紛争においても非国際的武力紛争においても戦争犯罪に含められたことに留意し、

したがって、子どもの権利に関する条約において認められた権利の実施をさらに強化するためには武力紛争への関与から子どもをいっそう保護する必要性があることを考慮し、

子どもの権利に関する条約第1条が、この条約の適用上、子どもとは、子どもに適用される法律の下でより早く成年に達する場合を除き、18歳未満のすべての者をいうと規定していることに留意し、

条約の選択議定書が、軍隊への徴募および敵対行為への参加が可能な年齢を引き上げることにより、子どもに関わるあらゆる活動において子どもの最善の利益が第一義的に考慮されるという原則の実施に効果的に寄与することを確信し、

1995年12月の赤十字／赤新月国際会議が、とくに、紛争当事者は18歳未満の子どもが敵対行為に参加しないことを確保するためにあらゆる実行可能な措置をとるよう勧告したことに留意し、

とくに武力紛争において使用するための子どもの強制的または義務的徴募を禁ずる、最悪の形態の児童労働の禁止および廃絶のための即時行動に関するILO第182号条約が1999年6月に全会一致で採択されたことを歓迎し、

国の軍隊とは異なる武装集団による国境内外の子どもの徴募、訓練および使用をもっとも重大な懸念とともに非難し、かつ、この点に関して子どもを徴募、訓練および使用する者の責任を認め、

武力紛争の各当事者の、国際人道法の規定を遵守する義務を想起し、

この議定書は、国際連合憲章（第51条を含む）および関連の人道法規範に掲げられた目的および原則を損なうものではないことを強調し、

国際連合憲章に掲げられた目的および原則の全面的尊重および適用可能な人権

文書の遵守に基礎を置く平和および安全な状態が、とくに武力紛争中および外国による占領中の子どもの全面的保護のために不可欠であることを心に留め、

経済的または社会的地位またはジェンダーを理由としてこの議定書に反する徴募または敵対行為における使用の対象にとくになりやすい子どもの特別なニーズを認め、

また、武力紛争への子どもの関与の経済的、社会的および政治的根本原因を考慮に入れる必要性にも注意し、

この議定書の実施、ならびに武力紛争の被害を受けた子どもの身体的および心理的リハビリテーションおよび社会的再統合における国際協力を強化する必要があることを確信し、

議定書の実施に関わる情報および教育プログラムの普及への、地域社会ならびにとくに子どもおよび被害を受けた子どもの参加を奨励し、

次のとおり協定した。

第1条（18歳未満の者による敵対行為への直接参加の禁止）

締約国は、自国の軍隊の18歳に満たない構成員が敵対行為に直接参加しないことを確保するためにあらゆる実行可能な措置をとる。

第2条（18歳未満の者の義務的徴募の禁止）

締約国は、18歳に満たない者が自国の軍隊に義務的に徴募されないことを確保する。

第3条（自発的入隊に関する最低年齢の引上げおよび保障）

1. 締約国は、当該条文に掲げられた原則を考慮しながら、自国の軍隊への自発的入隊に関する最低年齢を子どもの権利に関する条約第38条3項に定められた年齢よりも引き上げる。その際、当該条項に掲げられた原則を考慮し、かつ、条約に基づき18歳未満の者は特別な保護を受ける権利があることを認めるものとする。

2. 各締約国は、この議定書の批准またはこの議定書への加入の際に、自国の軍隊への自発的入隊を認める最低年齢、および当該入隊が強制または威迫により行われないことを確保するためにとった保護措置の記述を記載した、拘束力のある宣言を寄託する。

3. 自国の軍隊への18歳未満の者の自発的入隊を認める締約国は、最低限次のことを確保するための保護措置を維持する。

（a）当該入隊が真に自発的なものであること。

（b）当該入隊が、その者の親または法定保護者の、十分な情報を得たうえでの同意に基づいて行われること。

（c）当該の者が、当該軍務に伴う義務について全面的に情報を提供されること。

（d）当該の者が、国の軍務への受入れに先立ち、年齢に関して信頼できる証明を行うこと。

4. 各締約国は、国際連合事務総長に宛てた通告により、いつでもその宣言を強化することができるものとし、同事務総長は、その強化をすべての締約国に通知する。当該通告は、同事務総長により受領された日に効力を生ずる。

5. この条の1に掲げられた、年齢を引き上げる義務は、子どもの権利に関する条約第28条および第29条に従って締約国の軍隊が運営または管理する学校には適用されない。

第4条（国の軍隊とは異なる武装集団）

1. 国の軍隊とは異なる武装集団は、いかなる状況においても、18歳未満の者を徴募しまたは敵対行為において使用してはならない。

2. 締約国は、そのような徴募および使用を防止するため、当該慣行を禁止および犯罪化するために必要な法的措置をとることを含むあらゆる実行可能な措置をとる。
3. この議定書に基づくこの条の適用は、武力紛争のいかなる当事者の法的地位にも影響を及ぼすものではない。

第5条（既存の権利の確保）

この議定書のいかなる規定も、締約国の法律または国際文書および国際人道法に含まれる規定であって子どもの権利の実現にいっそう貢献するものの適用を排除するものと解釈してはならない。

第6条（国内実施措置）

1. 各締約国は、その管轄内においてこの議定書の規定の効果的実施および執行を確保するため、あらゆる必要な法的、行政的その他の措置をとる。
2. 締約国は、この議定書の原則および規定を、適当な手段により、大人および子どものいずれに対しても同様に広く知らせかつ促進することを約束する。
3. 締約国は、その管轄内にある者でこの議定書に反して徴募されまたは敵対行為において使用された者が、除隊その他の方法により軍務から解放されることを確保するために、あらゆる実行可能な措置をとる。締約国は、必要な場合、このような者に対し、その身体的および心理的回復および社会的再統合のためのあらゆる適当な援助を与える。

第7条（国際協力）

1. 締約国は、議定書に反するあらゆる活動の防止ならびにこの議定書に反する行為の被害を受けた者のリハビリテーションおよび社会的再統合におけるものも含むこの議定書の実施にあたって、技術的協力および財政的援助によるものも含めて協力する。当該援助および協力は、関係締約国および他の関連の国際機関との協議に基づいて行われるものとする。
2. 当該援助を行う立場にある締約国は、既存の多国間、二国間その他のプログラムを通じ、またはとくに国際連合総会規則に従って設置された自発的基金を通じ、当該援助を提供する。

第8条（締約国の報告義務）

1. 各締約国は、当該締約国について議定書が効力を生ずるときから2年以内に、議定書の規定を実施するためにとった措置（参加および徴募に関する規定を実施するためにとった措置を含む）に関する包括的な情報を提供する報告を、子どもの権利に関する委員会に提出する。
2. 包括的な報告の提出後は、各締約国は、条約第44条に従って子どもの権利に関する委員会に提出する報告に、議定書の実施に関するすべての追加的な情報を含める。議定書の他の締約国は5年ごとに報告を提出する。
3. 子どもの権利に関する委員会は、締約国に対し、この議定書の実施に関する追加的な情報を求めることができる。

第9条（署名・批准・加入）

1. この議定書は、条約の締約国または署名国であるすべての国による署名のために開放しておく。
2. この議定書は、批准されなければならず、またはすべての国による加入のために開放しておく。批准書または加入書は国際連合事務総長に寄託する。
3. 国際連合事務総長は、条約および議定書の寄託者として、条約のすべての締約国および署名国に対し、第3条に従って行われた各宣言書を通知する。

第10条（効力発生）

1. この議定書は、10番目の批准書または加入書の寄託ののち3カ月で効力を生ずる。
2. この議定書は、その効力が生じたのちに批准しまたは加入する国については、その批准書または加入書が寄託された日ののち1カ月で効力を生ずる。

第11条（廃棄）

1. いずれの締約国も、国際連合事務総長にあてた書面による通告により、いつでもこの議定書を廃棄できるものとし、同事務総長は、その後その廃棄を条約の他の締約国および署名国に通知する。廃棄は、国際連合事務総長が通告を受領した日ののち1年で効力を生ずる。しかしながら、廃棄しようとする締約国が当該期間の満了時に武力紛争に加わっている場合、当該廃棄は武力紛争が終了するまで効力を生じない。
2. 当該廃棄は、当該廃棄が効力を生ずる日の前に生じたいかなる行為についても、この議定書に基づく義務から締約国を解放する効果を有しない。また、当該廃棄は、当該廃棄が効力を生ずる日の前にすでに委員会の検討対象となっているあらゆる問題の継続的検討を、いかなるかたちでも害するものではない。

第12条（改正）

1. いずれの締約国も、改正を提案し、かつ改正案を国際連合事務総長に提出することができる。同事務総長は、直ちに締約国に当該改正案を送付するものとし、当該提案の審議および投票のための締約国会議の開催についての賛否を示すよう要請する。当該改正案の送付の日から4カ月以内に締約国の3分の1以上が会議の開催に賛成する場合には、同事務総長は、国際連合の主催のもとに会議を招集する。会議において出席しかつ投票する締約国の過半数によって採択された改正案は、承認のため、国際連合総会に提出する。
2. この条の1に従って採択された改正は、国際連合総会が承認し、かつ締約国の3分の2以上の多数が受託したときに、効力を生ずる。
3. 改正は、効力が生じたときは、改正を受託した締約国を拘束するものとし、他の締約国は、改正前のこの議定書の規定（受託した従前の改正を含む）により引き続き拘束される。

第13条（正文）

1. この議定書は、アラビア語、中国語、英語、フランス語、ロシア語およびスペイン語を等しく正文とし、国際連合に寄託される。
2. 国際連合事務総長は、この議定書の認証謄本を条約のすべての締約国および署名国に送付する。

＊見出しは利用者の便宜のため訳者がつけたものであり、正文には含まれていない。改訳にあたり、山下恭弘「武力紛争における子どもの保護――子どもの権利条約選択議定書の成立」福岡大学法学論叢45巻2号（2000年）87頁以下を参照した。

（訳：平野裕二／ARC）

資料6

子どもの売買、子ども売買春および子どもポルノグラフィに関する子どもの権利条約の選択議定書

2000年5月25日
A/RES/54/263

この議定書の締約国は、

子どもの権利に関する条約の目的およびその規定、とくに第1条、第11条、第21条、第32条、第33条、第34条、第35条および第36条の実施をさらに達成するためには、子どもの売買、子ども売買春および子どもポルノグラフィからの子どもの保護を保障するために締約国がとるべき措置を拡大することが適当であることを考慮し、

また、子どもの権利に関する条約が、子どもが経済的搾取および危険があり、もしくはその教育を妨げ、またはその健康または身体的、精神的、霊的、道徳的もしくは社会的発達にとって有害となるおそれのあるいかなる労働に従事することからも保護される権利を認めていることも考慮し、

子どもの売買、子ども売買春および子どもポルノグラフィを目的とした国際的な子どもの取引が相当規模で行われかつ増加していることを重大に懸念し、

子どもがとくに被害を受けやすいセックス・ツーリズムの慣行が広範に存在しかつ継続していることを、それが子どもの売買、子ども売買春および子どもポルノグラフィを直接助長するものであるゆえに深く懸念し、

女子を含む、とくに傷つきやすい立場に置かれた多くの集団は性的に搾取される危険がさらに高いこと、および性的に搾取された者のなかで女子が不相当に高い割合を占めていることを認め、

インターネットその他の発展しつつある技術によって子どもポルノグラフィがますます入手しやすくなっていることを懸念し、かつ、インターネット上の子どもポルノグラフィとの闘いに関する国際会議（ウィーン、1999年）、とくに、子どもポルノグラフィの製造、流通、輸出、送受信、輸入、意図的な所持および広告を世界的に犯罪とするよう呼びかけ、かつ政府とインターネット産業間の協力およびパートナーシップを強化することの重要性を強調した同会議の結論を想起し、

子どもの売買、子ども売買春および子どもポルノグラフィの撲滅が、低開発、貧困、経済的格差、不公正な社会経済的構造、機能不全家族、教育の欠如、都市と非都市部間の移住、ジェンダーによる差別、成人の無責任な性行動、有害な伝統的慣行、武力紛争および子どもの取引を含む助長要因に取り組むホリスティックなアプローチをとることによって促進されるであろうことを信じ、

また、子どもの売買、子ども売買春および子どもポルノグラフィに対する消費者の需要を減少させるためには公衆の意識を喚起する努力が必要であることも信じ、さらに、あらゆる主体間の地球規模のパートナーシップを強化しかつ国内レベルにおける法執行を向上させることが重要であることを信じ、

国際養子縁組に関わる子どもの保護および協力に関するハーグ条約、子どもの奪

取の民事面に関するハーグ条約、親の責任および子どもの保護のための措置に関わる管轄権、適用可能な法、承認、執行および協力に関するハーグ条約、および最悪の形態の児童労働の禁止および撲滅のための即時的行動に関するILO第182号条約を含む、子どもの保護に関わる国際法文書の規定に留意し、

子どもの権利の促進および保護に関して広範な決意が存在している証である、子どもの権利に関する条約に対する圧倒的な支持を心強く思い、

子どもの売買、子ども売買春および子どもポルノグラフィの防止のための行動計画ならびに1996年の子どもの商業的性的搾取に反対するストックホルム会議の宣言および行動綱領の規定、ならびに関係国際機関のその他の関連の決定および勧告を実施することの重要性を認め、

子どもの保護および調和のとれた発達のためには各人民の伝統および文化的価値観が重要であることを正当に考慮し、

次のとおり協定した。

第1条（子どもの売買等の禁止）

締約国は、この議定書が規定する子どもの売買、子ども売買春および子どもポルノグラフィを禁止する。

第2条（定義）

この議定書の適用上、次の用語は次のことを意味する。

（a）子どもの売買とは、子どもが、いずれかの者または集団により、報酬または他の何らかの見返りと引換えに他の者に譲渡されるあらゆる行為または取引を意味する。

（b）子ども売買春とは、報酬または他のなんらかの形態の見返りと引換えに性的活動において子どもを使用することを意味する。

（c）子どもポルノグラフィとは、主として性的目的で、実際のまたはそのように装ったあからさまな性的活動に従事する子どもをいかなる手段によるかは問わず描いたあらゆる表現、または子どもの性的部位を描いたあらゆる表現を意味する。

第3条（立法上・行政上の措置）

1. 各締約国は、最低限、次の行為および活動が、このような犯罪が国内でもしくは国境を越えてまたは個人的にもしくは組織的に行われるかを問わず、自国の刑法において全面的に対象とされることを確保する。

（a）第2条（a）で定義された子どもの売買との関連では、次の行為および活動

　（i）いかなる手段によるかは問わず、次の目的で子どもを提供し、引き渡しまたは受け取ること。

　　—子どもの性的搾取
　　—利得を目的とした子どもの臓器移植
　　—強制労働に子どもを従事させること

　（ii）養子縁組に関する適用可能な国際法文書に違反し、仲介者として不適切なかたちで子どもの養子縁組への同意を引き出すこと。

（b）第2条（b）で定義された子ども売買春の目的で子どもを提供し、入手し、周旋しまたは供給すること。

（c）第2条（c）で定義された子どもポルノグラフィーを製造し、流通させ、配布し、輸入し、輸出し、提供し、販売し、または上記の目的で所持すること。

2. 締約国の国内法の規定に従うことを条件として、前項のいずれかの行為の未遂および共謀または当該行為のいずれかへの参加に対しても同様のことが適用される。

3. 各締約国は、当該犯罪を、その深刻な性質を考慮に入れた適切な刑罰によって処罰する。

4. 自国の国内法の規定に従うことを条件として、各締約国は、適切な場合には、この条の1に定められた犯罪に関して法人の責任を定めるための措置をとる。締約国の法

原則に従うことを条件として、法人の当該責任は刑事上、民事上または行政上のものとすることができる。

5. 締約国は、子どもの養子縁組に関与するすべての者が適用可能な国際法文書に従って行動することを確保するためにあらゆる適切な立法上および行政上の措置をとる。

第4条（国内裁判権）

1. 各締約国は、第3条の1に掲げられた犯罪が自国の領域においてまたは自国に登録された船舶もしくは航空機において行われた場合に当該犯罪に対する裁判権を設定するため、必要とされる措置をとる。

2. 各締約国は、次の場合には、第3条の1に掲げられた犯罪に対する裁判権を設定するために必要とされる措置をとることができる。

　　a―罪を犯したと申し立てられている者が自国の国民または自国の領域に常居所を有する者である場合
　　b―被害者が自国の国民である場合

3. 各締約国はまた、罪を犯したと申し立てられている者が自国の領域内におり、かつ当該犯罪が自国の国民によって行われたという理由でその者を他の締約国に引き渡さない場合、上記の犯罪に対する裁判権を設定するために必要とされる措置をとる。

4. この議定書は、国内法に従って行使されるいかなる刑事裁判権も排除するものではない。

第5条（犯罪人の引渡し）

1. 第3条の1に掲げられた犯罪は、締約国間の現行のいかなる犯罪人引渡し条約にも引渡し犯罪として含まれているとみなされ、かつ、今後締約国間で締結されるあらゆる犯罪人引渡し条約に、当該条約に掲げられた条件に従って引渡し犯罪として含められる。

2. 条約の存在を引渡しの条件としている締約国が、引渡し条約を締結していない他の締約国から引渡しの請求を受けた場合、当該締約国はこの議定書を当該犯罪に関わる引渡しの法的根拠とみなすことができる。引渡しは、被請求国の法律が定める条件に従って行われる。

3. 条約の存在を引渡しの条件としていない締約国は、被請求国の法律が定める条件に従うことを条件として、締約国間で当該犯罪を引渡し犯罪と認める。

4. 当該犯罪は、締約国間における引渡しの実行上、その発生地のみならず、第4条に従って裁判権を設定することを求められている国の領域においても行われたものとして取り扱われる。

5. 第3条の1に掲げられた犯罪に関して引渡しの請求が行われ、かつ被請求国が当該犯罪者の国籍を理由として引渡しを行わないまたは行う意思を有しない場合、被請求国は当該事件を自国の権限ある機関に付託して訴追するために適切な措置をとる。

第6条（共助）

1. 締約国は、第3条の1に掲げられた犯罪に関する捜査または刑事手続きもしくは引渡し手続きとの関連で、手続きのために必要な利用可能な証拠の入手における共助を含む最大限の共助を行う。

2. 締約国は、締約国間に存在する、司法共助に関するあらゆる条約その他の協定に従って前項に基づく義務を履行する。そのような条約または協定が存在しない場合、締約国は自国の国内法に従って共助を行う。

第7条（押収・没収・施設閉鎖）

　締約国は、自国の国内法の規定に従うことを条件として、次のことをする。

（a）適切な場合には次のものの押収および没収に対応するための措置をとること。

（i）この議定書に基づく犯罪を行うためまたはその便宜を図るために用いられる、資料、資産その他の手段のような物品
　（ii）当該犯罪から生じる収益
（b）上記の物品または収益の押収または没収を求める他の締約国からの請求を実行すること。
（c）当該犯罪を行うために用いられる施設を一時的または恒久的に閉鎖することを目的とした措置をとること。

第8条（被害を受けた子どもの保護）

1.　締約国は、この議定書で禁じられた慣行の被害を受けた子どもの権利および利益を、とくに次のことによって刑事司法手続きのあらゆる段階において保護するため、適切な措置をとる。
（a）被害を受けた子どもがとくに傷つきやすい立場に置かれていることを認めること、および、証人としての特別なニーズを含むその特別なニーズを認めるため手続きを適合させること。
（b）被害を受けた子どもに対し、その権利、その役割ならびに訴訟手続きの範囲、時期および進行について、およびその事件の処理について、告知すること。
（c）被害を受けた子どもの個人的利益が影響を受ける場合、その意見、ニーズおよび関心が、国内法の手続規則に一致する方法で訴訟手続きにおいて提出されかつ検討されることを認めること。
（d）法的手続き全体を通じ、被害を受けた子どもに適切な支援サービスを提供すること。
（e）被害を受けた子どものプライバシーおよびアイデンティティを適切に保護し、かつ、被害を受けた子どもの特定につながりうる情報の不適切な流布を避けるため国内法に従って措置をとること。
（f）適切な場合には、被害を受けた子どもならびにその家族および子どもの側の証人に対し、脅迫および報復からの安全を確保すること。
（g）事件の処理、および被害を受けた子どもへの賠償を認めた命令の執行において不必要な遅延を避けること。
2.　締約国は、被害者の実年齢が定かでないことにより、被害者の年齢を確定することを目的とした調査を含む刑事捜査の開始が妨げられないことを確保する。
3.　締約国は、この議定書に掲げられた犯罪の被害を受けた子どもが刑事司法制度によって取り扱われる際、子どもの最善の利益が第一義的に考慮されることを確保する。
4.　締約国は、この議定書で禁じられた犯罪の被害を受けた子どもに対応する者を対象として、とくに法律および心理学に関する適切な訓練を確保するための措置をとる。
5.　締約国は、適切な場合には、当該犯罪の防止ならびに（または）当該犯罪の被害を受けた子どもの保護およびリハビリテーションに従事する者および（または）機関の安全および不可侵性を保護するための措置をとる。
6.　この条のいかなる規定も、罪を問われた者が公正な裁判を受ける権利を妨げまたはその権利と一致しないものとして解釈してはならない。

第9条（その他の実施措置）

1.　締約国は、この議定書に掲げられた犯罪を防止するための法律、行政措置、社会政策およびプログラムを採用または強化し、実施しかつ普及する。このような慣行の被害をとくに受けやすい子どもを保護するため、特段の注意が払われるものとする。
2.　締約国は、この議定書に掲げられた慣行の防止措置および有害な影響について、あらゆる適切な手段による情報提供、教育および訓練を通じ、子どもを含む公衆一般

の意識を促進する。この条に基づく義務を履行するにあたり、締約国は、国際的レベルにおけるものも含めて、そのような情報提供ならびに教育計画および訓練計画への、地域共同体ならびにとくに子どもおよび被害を受けた子どもの参加を奨励するものとする。

3. 締約国は、当該犯罪の被害者に対し、その全面的な社会的再統合および全面的な身体的および心理的回復を含むあらゆる適切な援助を確保することを目的として、あらゆる実行可能な措置をとる。

4. 締約国は、この議定書に掲げられた犯罪の被害を受けたすべての子どもが、法的に責任のある者に対して差別なく被害賠償を求める十分な手続きにアクセスできることを確保する。

5. 締約国は、この議定書に掲げられた犯罪を広告する資料の製造および配布を効果的に禁ずることを目的とした適切な措置をとる。

第10条（国際協力）

1. 締約国は、子どもの売買、子ども売春、子どもポルノグラフィおよび子どもを対象としたセックス・ツーリズムを伴う行為の防止、発見、捜査ならびに当該行為に責任を負う者の訴追および処罰のための国際協力を、多国間、地域間および二国間協定により強化するためあらゆる必要な措置をとる。締約国はまた、自国の公的機関、国内的および国際的非政府組織と国際機関間の国際的協力および調整も促進するものとする。

2. 締約国は、被害を受けた子どもを、その身体的および心理的回復、社会的再統合および帰還に関して援助するための国際協力を促進する。

3. 締約国は、子どもが子どもの売買、子ども売買春、子どもポルノグラフィおよび子どもを対象としたセックス・ツーリズムの慣行の被害を受けやすくなることを助長する、貧困および低開発のような根本的原因に対応するための国際協力の強化を促進する。

4. 援助を与える立場にある締約国は、既存の多国間、地域間、二国間その他のプログラムを通じ、財政的、技術的その他の援助を提供する。

第11条（既存の権利の確保）

この議定書のいかなる規定も、次のものに含まれる規定であって、子どもの権利の実現にいっそう貢献する規定に影響を及ぼすものではない。
（a）締約国の法
（b）締約国について効力を有する国際法

第12条（締約国の報告義務）

1. 各締約国は、当該締約国について議定書が効力を生ずるときから2年以内に、議定書の規定を実施するためにとった措置に関する包括的な情報を提供する報告を、子どもの権利に関する委員会に提出する。

2. 包括的な報告の提出後は、各締約国は、条約第44条に従って子どもの権利に関する委員会に提出する報告に、議定書の実施に関するすべての追加的な情報を含める。議定書の他の締約国は5年ごとに報告を提出する。

3. 子どもの権利に関する委員会は、締約国に対し、この議定書の実施に関する追加的な情報を求めることができる。

第13条（署名・批准・加入）

1. この議定書は、条約の締約国または署名国であるすべての国による署名のために開放しておく。

2. この議定書は、批准されなければならず、またはすべての国による加入のために開放しておく。批准書または加入書は国際連合事務総長に寄託する。

第14条（効力発生）

1. この議定書は、10番目の批准書または加入書の寄託ののち3カ月で効力を生ずる。
2. この議定書は、効力が生じたのちに批准しまたは加入する国については、その批准書または加入書が寄託された日ののち1カ月で効力を生ずる。

第15条（廃棄）

1. いずれの締約国も、国際連合事務総長に宛てた書面による通告により、いつでもこの議定書を廃棄できるものとし、同事務総長は、その後その廃棄を条約の他の締約国およびすべての署名国に通知する。廃棄は、国際連合事務総長が通告を受領した日ののち1年で効力を生ずる。
2. 当該廃棄は、当該廃棄が効力を生ずる日の前に生じたいかなる行為についても、この議定書に基づく義務から締約国を解放する効果を有しない。また、当該廃棄は、当該廃棄が効力を生ずる日の前にすでに委員会の検討対象となっているあらゆる問題の継続的検討を、いかなるかたちでも害するものではない。

第16条（改正）

1. いずれの締約国も、改正を提案し、かつ改正案を国際連合事務総長に提出することができる。同事務総長は、直ちに締約国に当該改正案を送付するものとし、当該提案の審議および投票のための締約国会議の開催についての賛否を示すよう要請する。当該改正案の送付の日から4カ月以内に締約国の3分の1以上が会議の開催に賛成する場合には、同事務総長は、国際連合の主催のもとに会議を招集する。会議において出席しかつ投票する締約国の過半数によって採択された改正案は、承認のため、国際連合総会に提出する。
2. この条の1に従って採択された改正は、国際連合総会が承認し、かつ締約国の3分の2以上の多数が受託したときに、効力を生ずる。
3. 改正は、効力が生じたときには、改正を受託した締約国を拘束するものとし、他の締約国は、改正前のこの議定書の規定（受託した従前の改正を含む）により引き続き拘束される。

第17条（正文）

1. この議定書は、アラビア語、中国語、英語、フランス語、ロシア語およびスペイン語を等しく正文とし、国際連合に寄託される。
2. 国際連合事務総長は、この議定書の認証謄本を条約のすべての締約国および署名国に送付する。

＊見出しは利用者の便宜のため訳者がつけたものであり、正文には含まれていない。

（訳：平野裕二）

資料7

人種差別撤廃委員会
一般的勧告25(2000)
人種差別のジェンダーに関連する側面

2000年3月20日第56会期
CERD General recom. 25

1. 委員会は、人種差別が女性と男性に等しくまたは同じような態様で影響を及ぼすわけでは必ずしもないことに留意する。人種差別が、女性にのみに、もしくは主として女性に影響を及ぼし、または男性とは異なる態様で、もしくは異なる程度で女性に影響を及ぼすという状況が存在する。女性と男性が、公的生活分野および私的生活分野において異なった生活経験をもっているということが明確に承認され、または認識されていない場合には、このような人種差別はしばしば見逃されるであろう。

2. 一定の形態の人種差別は、そのジェンダーのゆえにとくに女性にのみ向けられることがありうる。たとえば、拘禁中または武力紛争中に特定の人種的または種族的集団に属する女性に対して性的暴力が行われる場合や、先住民女性の強制的不妊措置、インフォーマル・セクターの女性または外国で雇用されている家事労働者に対して、その雇用者が行う虐待などがそうである。人種差別の結果は、主としてまたはもっぱら女性に影響を及ぼすことがありうる。たとえば、人種的な偏見を動機とするレイプの結果としての妊娠がそうであり、いくらかの社会では、そのようなレイプの犠牲者である女性は追放（ostracism）のおそれもある。女性は、また、ジェンダーに関連した障壁のゆえに人種差別に対する救済措置や苦情処理手続きを利用できないことによって、いっそうの障害に遭遇する可能性もある。たとえば、法制度におけるジェンダーに基づく偏見や、私的生活領域における女性に対する差別などである。

3. 委員会は、いくらかの形態の人種差別が女性に対して独自で特別な影響を及ぼすことを認識し、その作業において、人種差別と結合している可能性のあるジェンダーの要素またはジェンダー問題を考慮するよう努めるであろう。委員会は、この点に関する委員会の実行にとって、締約国と協力して、女性に対する人種差別、ならびに人種、皮膚の色、世系または民族的もしくは種族的出身を理由として市民的、政治的、経済的、社会的および文化的権利の完全な行使および享受において女性が直面している不利益、障害および困難な問題を評価し、これを監視するより体系的かつ一貫したアプローチを発展させることが有益であると信ずる。

4. したがって、委員会は、各会期における作業（締約国が提出した報告書の検討、最終所見、早期警報手続きおよび緊急行動手続き、ならびに一般的な性格を有する勧告を含む）において、人種差別の形態を検討するに際してジェンダーの視点を取り入れ、ジェンダーに基づく分析を組み入れ、および他のジェンダーを除外しない言葉（gender-inclusive language）の使用を奨励する努力を強化するつもりである。

5. 人種差別のジェンダーに関連する側面を十分に考慮に入れるための方法論の一

部として、委員会は、その会期の作業の中に、ジェンダーと人種差別の関連に関する分析を含める。とくに次の点を考慮する。
　（a）人種差別の形態および発現の態様
　（b）人種差別が発生する諸状況
　（c）人種差別の諸結果、および
　（d）人種差別の救済措置および苦情処置手続きの存在と利用可能性

6.　委員会は、締約国が提出する報告書が女性に関する条約の実施に特定した情報、またはそれに関する十分な情報を含んでいないことに留意し、条約上の諸権利の、人種差別のない平等な享受に影響を及ぼす要因、およびかかる平等な享受を女性に確保するに際して経験している困難な諸問題を、質・量共にできるかぎり記述するよう締約国に要請する。人種または種族的出身別のデータであって、さらにそれを当該人種集団または種族集団内におけるジェンダーを基準に細分したデータがあれば、それがなければ注目されることなく、またそれに関心が向けられることのないままとされる可能性のある女性に対する人種差別形態を委員会および締約国が確認し、比較し、およびその矯正措置をとることが可能となるであろう。

（訳：村上正直／大阪大学大学院
国際公共政策研究科助教授）

資料8

人種差別撤廃委員会 一般的勧告26(2000)
人種差別に対する救済(第6条)

2000年3月14日第56会期
CERD General recom. 26

1. 人種差別撤廃委員会は、人種差別行為および人種的侮辱行為が、自己の価値および評判に関する被害者の自己認識をどれほど害するかがしばしば過小評価されていると信ずる。

2. 委員会の意見によれば、条約第6条が具体化している、人種差別の結果として被ったあらゆる損害に対し公正かつ適正な賠償または救済を求める権利は、人種差別の実行行為者の処罰だけでは必ずしも確保されない。同時に、裁判所および他の権限のある機関は、適切な場合にはつねに、被害者が被った物質的または精神的損害に対して金銭賠償を与えることを考慮するべきである。委員会は、この意見を締約国に通知する。

(訳:村上正直)

資料9

人種差別撤廃委員会
一般的勧告27(2000)
ロマに対する差別

2000年8月16日第57会期
CERD General recom. 27

人種差別撤廃委員会は、

「あらゆる形態の人種差別の撤廃に関する条約」の締約国から提出された文書、条約第9条に基づき提出された締約国の定期報告書、および締約国の定期報告書の検討に関連して委員会が採択した最終所見を考慮し、

ロマに対する差別の問題に関する討議を組織し、委員会の委員の貢献、ならびに、国連諸機関その他の条約機関、および地域的組織の専門家による貢献を得、

関心を有する非政府組織との間で組織された非公式会合の間の発言および書面で寄せられた情報を通じてなされた非政府組織の貢献をも得、

条約の諸規定を考慮に入れ、

条約の締約国に対し、ロマの特有の状況を考慮に入れて、ロマ社会の構成員の利益のために、適当な場合には、とくに以下のすべてまたは一部の措置をとるよう勧告する。

A.一般的な性格を有する措置

1. 条約に従い、ロマに対するあらゆる形態の人種差別を、他の者または集団に対するものと同様に撤廃するため、適当な場合には、立法を再検討しおよび制定しまたは改正すること。
2. ロマの状況を改善し、ならびに国家機関およびいかなる人または団体による差別に対するロマの保護を改善するために、国内戦略およびプログラムを採択しおよび実施し、ならびに確固とした政治的意思および道義的リーダーシップを表明すること。
3. ロマが自らが望む呼称および所属を望む集団に関して、ロマの希望を尊重すること。
4. 市民権および帰化に関する立法がロマ社会の構成員に対する差別を行わないよう確保すること。
5. ロマ出身者である移民または庇護申請者に対していかなる形態の差別をも回避するために必要なすべての措置をとること。
6. 計画されおよび実施されるすべてのプログラムおよびプロジェクト、ならびに採用されるすべての措置において、しばしば二重の差別の犠牲者となっているロマの女性の状況を考慮に入れること。
7. ロマ社会の構成員に対して効果的な救済措置を確保する適当な措置をとること、ならびに、ロマの基本的な権利および自由の侵害の関する事案において、十分かつ迅速な裁判等がなされることを確保すること。
8. ロマ社会と、中央および地方の当局との間で、連絡および対話のための適当な方法を発展させ、およびこれを奨励すること。
9. 真の対話、協議その他の適当な方法を奨励することによって、寛容を促進ならびにロマ社会と非ロマ社会の双方に存在する

偏見および否定的なステレオタイプを克服し、調整および適応のための努力を促進し、ならびに差別を回避し、ならびに、すべての者が自己の人権および自由を十分に享受することを確保するため、ロマ社会と非ロマ社会との間の関係(とくに、地方レベルにおける関係)を改善する努力を行うこと。
10. 第二次世界大戦中に、追放および大量殺害によってロマ社会になされた地獄の責め苦を認めること、ならびに、それに関してロマ社会への賠償の方法を検討すること。
11. 非差別、他の者の尊重および寛容(とくに、ロマに関するそれ)の精神をもって、政治文化を発展させ、および住民全体を啓発するための必要な措置を市民社会と協同してとること、ならびに、そのためのプロジェクトを開始すること。

B.人種的暴力からの保護のための措置

12. ロマに対する人種を動機とした暴力行為を防止するための措置をとることによって、いかなる差別もないロマの身体の安全および完全性の保護を確保すること。当該行為を調査しおよび処罰するために警察、検察および裁判所による迅速な行動を確保すること。ならびに、加害者(公務員であるかその他の者であるかを問わない)がいかなる程度の不処罰をも享受しないことを確保すること。
13. とくに逮捕および拘禁に関連して、警察がロマに対して武器を違法に使用することを防止するための措置をとること。
14. 人種的偏見に基づいた紛争を防止し、ロマ社会の構成員およびその他の者に対する人種を動機とする暴力行為と戦うために、警察とロマの社会および結社との間の連絡および対話のための適当な取り決めを奨励すること。

15. ロマ社会の構成員が警察その他の法執行機関に就職することを奨励すること。
16. ロマ社会の構成員に対する暴力および強制移動を防止するため、旧紛争地区における締約国および責任を有する他の国家または当局の行動を促進すること。

C.教育の分野における措置

17. 学校制度の中にロマ出身者であるすべての児童を含めることを支援すること、およびドロップアウトの比率の減少(とくに、ロマの女子生徒のそれ)のために行動すること、ならびに、それらの目的のために、ロマの父母、結社および地域社会と積極的に協力すること。
18. ロマの生徒に対する二言語または母語の指導の可能性を残しながら、可能なかぎりロマの生徒の隔離を防止し、および回避すること。この目的のため、すべての学校の教育の質を向上させ、および多数のロマ少数者が就学している学校の到達度のレベルを向上させることに努めること、学校の職員をロマ社会の構成員から募集することに努めること、ならびに、文化間の教育を促進することに努めること。
19. 教育の分野において、その父母の協力の下にロマの児童を支援する措置をとることを検討すること。
20. ロマの生徒に対するいかなる差別または人種的嫌がらせをも撤廃するために決意をもって行動すること。
21. 旅行者であるロマ社会の児童に対して基礎教育課程を確保するために必要な措置をとること。その方法としては、当該児童に地域の学校に一時的に入学することを認めること、野営地において一時的な学級を設けること、または遠隔地教育に関する新しい科学技術を用いることが含まれる。
22. 教育の分野におけるプログラム、プロジェクトおよびキャンペーンが、ロマの少女

および女性の不利な状況を考慮に入れることを確保すること。

23. 教師、教育者およびロマの生徒から選択された教育補助者を養成する緊急かつ持続的な措置をとること。

24. より頻繁にロマの人々から選抜された教育補助者を利用することによって、教育職員と、ロマの児童、ロマ社会および父母との間の対話および連絡を改善するために行動すること。

25. 成人であるロマ社会の構成員の読み書きの能力の向上のため、義務教育年限を超えた当該構成員のための適当な教育形態および体制を確保すること。

26. すべての適当なレベルにおける教科書にロマの歴史および文化に関する章を含めること、また、ロマの歴史および文化に関する書物その他の出版物を公刊し、普及させること、ならびに、適当な場合には、それに関するテレビおよびラジオのプログラムを放送すること（ロマが使用している言語によるそれを含む）を奨励しおよび支援すること。

D. 生活条件を向上させるための措置

27. 雇用における差別、およびロマ社会の構成員に影響を及ぼす労働市場におけるすべての差別的慣行を禁止する立法を採択しまたはより効果的なものとすること、ならびに、かかる慣行から当該構成員を保護すること。

28. 行政および公の機関ならびに私的企業におけるロマの雇用を促進するための特別の措置をとること。

29. 可能な場合には、中央または地方のレベルにおいて、公的部門の雇用においてロマを優遇する特別措置を採用しおよび実施すること。たとえば、次のような措置である。公機関との契約の締結および政府が行い、もしくは政府が支出するその他の活動、またはロマに対してさまざまな技能および職業訓練を行うこと。

30. 住居におけるロマ社会の隔離を回避することを目的とした政策およびプロジェクトを立案しおよび実施すること。住居の建設、修復および維持において、ロマの社会および結社を他の者と共にパートナーとして関与させること。

31. 住民資格の取得および住居の取得に関して、主として地方の当局および私的所有者による、ロマに影響を及ぼすいかなる差別的慣行にも確固として反対する行動をとること、ロマに住居を否認し、およびロマを不法に追放することになる地方当局の措置に確固として反対する行動をとること、ならびに、多数の住民が居住する地区の外にあり、孤立しおよび保健・衛生施設その他の施設が利用できないキャンプにロマを留め置くことを慎むこと。

32. 適当な場合には、旅行者であるロマの集団に対して、すべての必要な施設を備えた、キャラバンの野営地を提供するために必要な措置をとること。

33. 保健・衛生サービスおよび社会保障サービスの平等な利用をロマに確保し、ならびに、この分野におけるロマに対するいかなる差別的慣行をも撤廃すること。

34. ロマ（主として女性および児童）に対して、それらの者が極貧、低レベルの教育および文化の相違を原因として不利な状況にあることを考慮しつつ、保健・衛生の分野におけるプログラムおよびプロジェクトを立案しおよび実施すること。ロマの結社および社会ならびにその代表者（主として女性）を、ロマの集団に関する保健・衛生プログラムおよびプロジェクトの立案および実施に関与させること。

35. ロマ社会の構成員が、飲食店、ホテル、劇場および音楽堂、ディスコティックその他のものを含む、一般公衆の使用を目的

とするあらゆる場所およびサービスを利用することに関するいかなる差別的慣行をも防止し、撤廃し、および適切に処罰すること。

E. メディアの分野における措置

36. 条約の規定に従い、適当な場合には、メディアにおいて、人種的若しくは種族的優越性のいかなる思想、またはロマに対する人種的憎悪ならびに差別および暴力の扇動の撤廃のために行動すること。

37. すべてのメディア従事者に対し、偏見を流布せず、およびロマ社会の構成員である個人が関与した事件を当該社会全体を非難するような方法で報道することを避ける特別の責任があるという自覚を促すこと。

38. ロマの生活、社会および文化について、ならびに、その人権およびアイデンティティを尊重しつつすべての者を包含する社会を建設することの重要性について公衆を啓発するための、教育上およびメディアにおけるキャンペーンを企画すること。

39. ロマによるメディア（新聞、ならびにテレビおよびラジオのプログラムを含む）の利用、ならびに自らのメディアの設立、ならびにロマのジャーナリスト養成を奨励しおよび促進すること。

40. 人種的な、差別的なまたは偏見を含む言葉を避けるための、メディア団体の行動綱領を通じて、メディアによる自己監視方法を奨励すること。

F. 公的生活への参加に関する措置

41. ロマ少数者または集団が、中央および地方のすべての政府機関に参加する平等の機会を確保するために必要な措置（特別措置を含む）をとること。

42. ロマ社会の関心事項に関する問題を検討しおよびそれに関する決定を採択する際に、中央および地方の双方のレベルにおいて、ロマの政党、結社および代表者との協議の態様および仕組みを発展させること。

43. ロマに影響を及ぼす政策およびプログラムの立案およびその実施に、その最も早期の段階でロマの社会および結社およびその代表者を関与させること、ならびに、当該政策およびプログラムに関する十分な透明性を確保すること。

44. ロマ社会の構成員が公的生活および社会生活により積極的に参加することの必要性、および自らの利益を増進すること（たとえば、自己の児童の教育および自らの職業訓練への参加）の必要性について、当該構成員によりいっそうの自覚を促すこと。

45. ロマの公務員および代表者、ならびに将来のその候補者に対して、その政治的能力、政策作成能力および行政能力の向上を目的とした訓練プログラムを作成・組織すること。

委員会は、また次のことを勧告する。

46. 締約国が、その定期報告書の中に、適当な形式で、自国の管轄の下にあるロマ社会に関するデータを含めること。当該データには、政治生活へのロマの参加に関する統計データ、ロマの経済的、社会的および文化的状況に関する統計データ（ジェンダーの観点からのものを含む）、ならびにこの「一般的な性格を有する勧告」の実施に関する情報が含まれる。

47. 政府間組織が、さまざまな締約国との協力および援助のプロジェクトの中で、適当な場合にはロマ社会の状況に取り組み、ならびに、その経済的、社会的および文化的進展を奨励すること。

48. 人権高等弁務官が、その弁務官事務所の中にロマ問題担当部署または担当官を設けることを検討すること。

委員会は、また、さらに次のことを勧告す

る。

49. 「人種主義、人種差別、外国人排斥および関連する不寛容と戦う世界会議」が、ロマ社会が現代の世界にあって最も不利な地位にありかつ最も差別に服しやすいものの一つであることを考慮に入れて、上記の勧告に妥当な考慮を払うこと。

(訳：村上正直)

資料10

職業および世系に基づく差別

国連人権小委員会　第52会期
2000年8月11日採択
E/CN.4/SUB.2/RES/2000/4

人権の促進及び保護に関する小委員会は、

世界人権宣言第2条が宣言するように、すべて者が人種、皮膚の色、性、言語、宗教、政治的意見その他の意見、民族的若しくは社会的出身、財産、出生または他の地位等によるいかなる差別を受けることなく同宣言に掲げるすべての権利及び自由を享有することができることを再確認し、

職業及び世系に基づく差別が、歴史的に世界の様々な地域において社会の特性をなしてきたこと、及び世界の総人口の相当程度の人々に影響を及ぼしてきたことを認識し、

関係国政府が、職業及び世系に基づく差別の慣行を廃するためにとった憲法上、立法上及び行政上の措置を認め、

しかしながら、職業及び世系に基づく差別が当該社会に根強く存続していることを懸念し、

1. 職業及び世系に基づく差別が、国際人権法により禁止されている一形態の差別であることを宣言する。

2. 政府に対して、職業及び世系に基づく差別を禁止し、及び救済をはかるために必要なすべての憲法上、立法上及び行政上の措置（適当な形態の積極的差別是正措置を含む。）が適切なものであることを確保すること、並びに、当該措置があらゆるレベルのあらゆる国家の当局によって尊重され、及び実施されることを確保することを要請する。

3. 政府に対して、自国の管轄の下にあるすべての個人又は団体であって、職業及び世系に基づく差別の慣行に従事したと認められるすべてのものに、適当な法的処罰及び制裁（刑事制裁を含む。）が規定され、及び適用されることを確保することを求める。

4. グネセケレ氏に対して、財政支出を伴うことなく、次の目的をもって、職業及び世系に基づく差別の問題に関するワーキング・ペーパーを作成する任務を委ねることを決定する。

a) 職業及び世系に基づく差別が実際に継続して行われている社会を特定すること。

b) 当該差別を廃止するための、既存の憲法上、立法上及び行政上の措置を検討すること。

c) 当該差別を効果的に撤廃するための、当該検討に照らして適当と考えるいかなる一層の具体的な勧告及び提案をも行うこと。

5. 第53会期において、同一の議題のもとで、この問題を継続して審議することを決定する。

（訳：反差別国際運動日本委員会）

資料11

人種差別撤廃委員会最終見解
日本

人種差別撤廃委員会　第58会期
2001年3月6〜23日
CERD/C/58/Misc.17/Rev.3
（将来的にはCERD/C/58/CRP）
2001年3月20日

1.　委員会は、1997年1月14日および1999年1月14日にそれぞれ提出が予定されていた日本の第1回および第2回定期報告書を、2001年3月8日および9日に開催された第1443回および1444回会合（CERD/C/SR.1443 and 1444）において検討した。委員会は、2001年3月20日に開催された第1459回会合において、以下の最終所見を採択した。

A.はじめに

2.　締約国との建設的対話を開始する機会を得たことをとくに歓迎する。委員会は、幅広い政府省庁を代表する大代表団が出席したこと、および、締約国が認めたようにNGOが第1回報告書の作成の過程に関与したことによっても力を得た。

3.　委員会は、報告書の作成のためのガイドラインに従って作成され、締約国により提出された詳細で包括的な報告書、および委員会の委員が行った広範囲の質問に対する回答として代表団が提供した口頭による追加情報を歓迎する。委員会はまた、報告書の検討後に提供された文書による追加回答をも歓迎する。

B.肯定的な側面

4.　委員会は、いくらかの種族的および民族的マイノリティの人権の促進、ならびにその経済的、社会的および文化的発展の促進のために締約国が行った立法上および行政上の努力、とくに以下の努力を歓迎する。(ⅰ) 1997年の「人権擁護施策推進法」、(ⅱ) 1997年の「アイヌ文化の振興並びにアイヌの伝統等に関する知識の普及及び啓発に関する法律」、(ⅲ) 部落民に対する差別の撤廃を目的とした、同和対策事業のための一連の特別措置法。

5.　委員会は、アイヌ民族（the Ainu people）をその独特の文化を享受する権利を有する少数民族（a minority people）であると認定した最近の判決を関心をもって留意する。

6.　委員会は、とくに外務省のウェブサイトにおいて「あらゆる形態の人種差別の撤廃に関する国際条約」を含む基本的な人権条約の全文を公表していることを含め、既存の人権基準についての意識を喚起するために行っている努力を歓迎する。委員会はまた、諸条約の実施に関する締約国の報告書および国連の各履行監視機構の最終所見についても同様の普及を行っていることをも歓迎する。

C.懸念事項および勧告

7.　人口の民族的構成の確定に際して生ずる諸問題についての締約国の見解に留

195

意する一方で、委員会は、締約国の報告書にはこの点に関する情報が欠如していると認定する。締約国が次回の報告書において、委員会の報告書作成ガイドラインが求めるところに従い、人口構成の十分に詳細な情報、とくに、韓国・朝鮮人マイノリティ、部落民および沖縄人集団を含む、条約の適用対象となるすべてのマイノリティの状況を反映した経済的および社会的指標に関する情報を提供するよう勧告する。沖縄の住民は、独自の民族集団であることを認められるよう求め、この島が置かれている現状が沖縄住民に対する差別行為をもたらしていると主張している。

8. 条約第1条に規定されている人種差別の定義の解釈に関して、委員会は、締約国とは反対に、「世系（descent）」という文言が独自の意味をもち、人種や種族的出身、民族的出身と混同されてはならないと考える。したがって、委員会は締約国に対して、部落の人びとを含むすべての集団が、差別に対する保護、および条約第5条に規定されている市民的、政治的、経済的、社会的および文化的権利の完全な享受を確保するよう勧告する。

9. 憲法第98条が締約国によって批准された諸条約が国内法の一部である旨を規定しているにもかかわらず、「あらゆる形態の人種差別の撤廃に関する国際条約」の規定が国内裁判所によってほとんど援用されていないことについて、委員会は懸念をもって留意する。条約の諸規定の直接適用が、個々の特定の事案において関係する規定の目的、意味および文言を考慮して判断されるとする締約国からの情報に照らして、委員会は、国内法における「あらゆる形態の人種差別の撤廃に関する条約」およびその規定の地位を明確にする情報を締約国に求める。

10. 委員会は、締約国の法律においてこの条約に関連する唯一の規定が憲法第14条であることを懸念する。この条約が自動執行性を有さないという事実を考慮し、委員会は、とくに条約第4条および第5条の規定に従い、人種差別を禁止する特別法の制定が必要であると信ずる。

11. 委員会は、条約第4条(a)および(b)に関して締約国が維持している留保、すなわち、「日本国は……、日本国憲法の下における集会、結社及び表現の自由その他の権利の保障と抵触しない限度において、これらの規定に基づく義務を履行する」とする留保に留意する。委員会は当該解釈が条約第4条に基づく締約国の義務と抵触することに懸念を表明する。委員会は、委員会の「一般的な性格を有する勧告VII（32）」および同「XV（42）」に締約国の注意を喚起する。これらの勧告によれば、第4条のすべての規定が非自動執行的であることに鑑み同条は事情のいかんを問わず実施されるべき性格をもつ規定であり、また、人種的優越または憎悪に基づくあらゆる思想の流布の禁止は、意見および表現の自由についての権利と両立する。

12. 人種差別の禁止一般に関し、委員会は、さらに、人種差別それ自体が刑法において明示的かつ十分に犯罪とされていないことを懸念する。委員会は締約国に対して、その国内法秩序においてこの条約の諸規定を完全に実現することを検討すること、ならびに、人種差別を犯罪とするよう確保すること、およびいかなる人種差別行為に対しても権限のある国内裁判所および他の国家機関を通じて効果的な保護と救済措置を利用する機会を確保することを勧告する。

13. 委員会は、高い地位にある公務員による差別的な性格を有する発言、ならびに、とくに、条約第4条(c)の違反の結果として当局がとるべき行政上または法律上の措置がとられていないこと、および当該行為が人種差別を扇動し助長する意図がある場合にのみ処罰されうるという解釈に懸念をもって

留意する。締約国に対し、かかる事件の再発を防止するための適切な措置をとること、とくに公務員、法執行官および行政官に対し、条約第7条に従い人種差別につながる偏見と闘う目的で適切な訓練を行うよう求める。

14. 委員会は、韓国・朝鮮人（主に子どもや児童・生徒）に対する暴力行為の報告、およびこの点における当局の不十分な対応を懸念し、政府が同様の行為を防止し、それに対抗するためのより断固とした措置をとるよう勧告する。

15. 日本に居住する外国籍の子どもに関して、委員会は、初等教育および前期中等教育が義務教育となっていないことに留意する。さらに、委員会は締約国の次の立場に留意する。すなわち、「日本における初等教育の目的は、日本人をその社会のメンバーとなるように教育することにあるから、外国人の児童にかかる教育を受けるよう強制することは適切ではない」という立場である。委員会は、統合という目的を確保するために強制手段を用いることがまったく不適切なものであるという考え方に同意する。しかしながら、第3条および第5条（e）（v）に関し、委員会は、この点に関して異なった取扱基準を設けることが、人種隔離ならびに教育、訓練および雇用についての権利の不平等な享受をもたらすおそれがあることを懸念する。締約国が、人種、皮膚の色または民族的もしくは種族的出身による差別なしに第5条（e）が規定する関連する権利の保障を確保するよう勧告する。

16. 委員会は、韓国・朝鮮人マイノリティに影響を及ぼす差別を懸念する。朝鮮学校を含むインターナショナルスクールを卒業したマイノリティに属する生徒が日本の大学に入学することへの制度的な障害のいくつかのものを取り除く努力が行われているものの、委員会は、とくに、朝鮮語による学習が認められていないこと、および在日韓国・朝鮮人の生徒が上級学校への進学に関して不平等な取扱いを受けていることを懸念する。締約国に対して、この点における韓国・朝鮮人を含むマイノリティの差別的取扱いを撤廃し、公立の学校におけるマイノリティの言語による教育を受ける機会を確保するため、適切な措置とるよう勧告する。

17. 委員会は、締約国が先住民族としてアイヌ民族が有する権利をより一層促進するための措置をとるよう勧告する。この点に関し、委員会は、とくに、土地権の承認および保護、ならびに失われたものに対する原状回復および賠償を求める、先住民族の権利に関する「一般的な性格を有する勧告XXIII（51）」に締約国の注意を喚起する。また、締約国に対して、「先住民族および種族民族に関するILO第169号条約」を批准し、またはそれを指針として用いるよう要請する。

18. 日本の国籍を申請する韓国・朝鮮人に対して、自己の名前を日本流の名前に変更することを求める行政上または法律上の要求はもはや存在していないことに留意しつつ、委員会は、当局が申請者に対しかかる変更を求め続けていると報告されていること、および、コリアンが差別をおそれて、そのような変更を行わざるをえないと感じていることを懸念する。委員会は、個人の名前が文化的および民族的アイデンティティの基本的な一側面であることを考慮し、締約国が、かかる慣行を防止するために必要な措置をとるよう勧告する。

19. 委員会は、締約国が受け入れる難民の数が最近増加していることに留意しつつ、インドシナ難民と、その他の民族的出身を有する限定された数の難民に対して異なった取扱基準が適用されていることを懸念する。インドシナ難民は滞在・居住施設、財政支援および国が資金を負担する日本語講座を利用しうる一方で、他の難民はかかる支援を原則として利用することはできな

い。委員会は、締約国に対して、すべての難民がこのようなサービスを平等に受けることができるよう確保するために必要な措置をとることを勧告する。これに関し、さらに、すべての庇護申請者がとくに、十分な生活水準および医療についての権利を有するよう確保することを締約国に勧告する。

20. 委員会は、国家賠償法が相互主義に基づいてのみ救済を与えていることを懸念する。これは条約第6条に合致しない。

21. 委員会は、締約国に対して、今後の報告書において、条約違反にとくに関係する判例を、当該違反に対して裁判所が与えた適切な賠償に関する判例をも含めて提供することを求める。

22. 委員会は、締約国が次回の報告書に、ジェンダーならびに民族的および種族的集団ごとの社会・経済的データ、ならびに性的搾取および性的暴力を含むジェンダー関連の人種差別を防止するためにとった措置に関する情報を含めるよう勧告する。

23. また、締約国が次回の報告書において次のものがもたらした影響に関する一層の情報を提供するよう求める。(i) 1997年の「人権擁護施策推進法」ならびに「人権擁護推進審議会」の活動および権限、(ii) 1997年の「アイヌ文化の振興並びにアイヌの伝統等に関する知識の普及及び啓発に関する法律」、および (iii)「地域改善対策特定事業に係る国の財政上の特別措置に関する法律」および同法の適用終了後、すなわち2002年以降に、部落民に対する差別の撤廃のために検討されている戦略。

24. 締約国が条約第14条に定める宣言を行っていないことに留意し、委員会は、当該宣言を行う可能性を検討するよう勧告する。

25. 委員会は、締約国が、第14回条約締約国会合が1992年1月15日に採択した条約第8条第6項改正を批准するよう勧告する。

26. 委員会は、締約国の報告書の提出以降に今後も当該報告書を一般の人々が容易に入手できるようにすること、および報告書に関する委員会の所見についても同様に公表することを勧告する。

27. 委員会は、締約国が、その第3回定期報告書を、2003年1月14日までに提出する予定の第4回報告書とあわせて提出すること、およびこの所見において提起されたすべての諸点に触れることを勧告する。

＊本書では、基本的にConcluding Observationsを「最終見解」と訳しているが、ここでは反差別国際運動日本委員会の訳に従う。ただし、タイトルのみ他の論稿との整合性を考えて「最終見解」とした。

(訳：反差別国際運動日本委員会、監訳：村上正直)

㈶アジア・太平洋人権情報センター
（ヒューライツ大阪）

国連憲章や世界人権宣言の精神にもとづき、アジア・太平洋地域の人権の伸長をめざして、1994年に設立されました。ヒューライツ大阪の目的は次の4点です。
 (1) アジア・太平洋地域における人権の伸長を図る
 (2) 国際的な人権伸長・保障の過程にアジア・太平洋の視点を反映させる
 (3) アジア・太平洋地域における日本の国際協調・貢献に人権尊重の視点を反映させる
 (4) 国際化時代にふさわしい人権意識の高揚を図る
この目的を達成するために、情報収集、調査・研究、研修・啓発、広報・出版、相談・情報サービスなどの事業を行っています。資料コーナーは市民に開放しており、人権関連の図書や国連文書、NGOの資料を閲覧したり、ビデオを観賞できます。またコピーサービスも行っています。

センターの開館時間●
平日（月～金）の午前9時30分より午後5時
コピーサービス●
来館：1枚10円
郵送：B5・A4は1枚30円、B4・A3は1枚40円（送料別）

〒552-0007　大阪市港区弁天1-2-1-1500
（JR環状線・地下鉄「弁天町」駅下車すぐ）
TEL.06-6577-3577～8　FAX.06-6577-3583
webmail@hurights.or.jp
http://www.hurights.or.jp

アジア・太平洋人権レビュー2001
ドメスティック・バイオレンスに対する取組みと課題

2001年6月30日　第1版第1刷発行

編者●㈶アジア・太平洋人権情報センター（ヒューライツ大阪）
発行人●成澤壽信
編集人●西村吉世江
発行所●株式会社 現代人文社
〒160-0016 東京都新宿区信濃町20 佐藤ビル201
電話●03-5379-0307（代）
FAX●03-5379-5388
E-mail●daihyo@genjin.jp（代表）
　　　　hanbai@genjin.jp（販売）

発売所●株式会社 大学図書
電話●03-3295-6861
FAX●03-3219-5158

印刷●株式会社シナノ
装丁●スタジオ・ポット
検印省略　Printed in JAPAN
ISBN4-87798-056-3 C3030
©2001　by Asia-Pacific Human Rights Information Center

(財)アジア・太平洋人権情報センター 編
アジア・太平洋人権レビュー ●バックナンバー

アジア・太平洋人権レビュー1997
The Transformation of UN Human Rights System: its impact on the Asia-Pacific Region

国連人権システムの変動
アジア・太平洋へのインパクト

▶国連と覇権の狭間で:国連の人権活動の未来とアジア・太平洋地域／武者小路公秀▶人権高等弁務官:レトリックと実態との狭間で／フィリップ・アルストン▶国際人権条約と実施機関の役割:その変容と課題／金 東勲▶女子差別撤廃条約とアジアの女性の人権／米田眞澄▶国連とNGO:地球的な市民参加のうねりと人権／馬橋憲男▶アジアにおける先住民族の権利確立に向けて:先住民族の権利に取り組む国連人権機構の歴史と現状／上村英明

4-906531-28-8 C3030　定価2200円（本体）＋税

アジア・太平洋人権レビュー1998
Social Development and Human Rights in Asia

アジアの社会発展と人権

▶社会発展論の展開／西川 潤▶「対抗思潮」としての社会権:社会権規約の可能性と課題／阿部浩己▶国連における「発展の権利」の検討／山崎公士▶アジアにおける人権・発展に関わる課題／川村暁雄▶韓国の社会発展と人権・民主化活動／金 東勲▶フィリピンの開発政策における社会発展と人権:カラバルソン地域総合開発計画の展開をめぐって／ジェファーソン・プランティリア＋横山正樹▶タイの社会発展と人権活動／ラダワン・タンティウィタヤピタック▶インドネシアの人権状況／アリフ・ブディマン＋津留歴子▶カンボジアの社会発展と人権状況／川村暁雄▶インドのグローバリゼーションと先住民族の権利:生物多様性に関わる伝統的な知識の「所有」をめぐって／斎藤千宏

4-906531-48-2 C3030　定価2800円（本体）＋税

アジア・太平洋人権レビュー1999
Cultural Values and Human Rights in Asia

アジアの文化的価値と人権

▶人権と文化価値との調和:文献概括／ジェファーソン・プランティリア▶日本と東アジアの文化的発展:新たな人権文化の可能性／武者小路公秀▶アジアの文化的価値と人権の調和:アプローチの有効性:スリランカの経験／バシル・フェルナンド▶韓国の展望における文化的価値と人権／オ・ビョン-ソン▶ジャワの倫理的規範と人権／ジョハン・フェルディナンド▶アジアの文化的価値観と人権:フィリピンの視点から／ディエゴ・G・クエジャダII＋ロメリノ・オビナリオ▶インドの文化価値と人権推進／セバスチ・L・ラジ／バンシダル・プラダハン▶人権とスリランカの仏教倫理／ササンカ・ペレラ▶人権と文化、女性／ビナイ・スリニヴァサン

4-906531-78-4 C3030　定価2800円（本体）＋税

アジア・太平洋人権レビュー2000
Implementation of the International Covenant on Economic, Social and Cultural Rights in the Asia-Pacific Region

アジア・太平洋地域における社会権規約の履行と課題

▶社会権規約の実施における国家の義務:「人権」としての社会権が意味するもの／申 惠丰▶アメリカ合衆国における社会権の位置づけ／釜田泰介▶スウェーデンと社会権／竹崎 孜▶韓国における社会権の位相と課題／金 東勲▶ニュージーランドにおける社会権規約の履行:11条および12条を中心に／中井伊都子▶日本における社会権規約の履行と課題／米田眞澄▶フィリピンにおける社会権規約の履行:住居の権利を中心として／岡田仁子▶インドにおける社会権の保障／野沢萌子

4-87798-030-X C3030　定価2500円（本体）＋税